Déconstruire les mythes
de la croissance

Michel Stevens

Déconstruire les mythes de la croissance

Préface de Dominique Bourg
Professeur à l'Université de Lausanne
Vice-président de la Fondation Nicolas Hulot

DU MÊME AUTEUR :

Essai
Revenons sur Terre – Comment échapper à l'enlisement des négociations sur le changement climatique. Paris. L'Harmattan. 2011.

Travail de recherche
Analyse économique et juridique des nuisances. Louvain. UCL. 1976.

© L'Harmattan, 2016
5-7, rue de l'Ecole-Polytechnique, 75005 Paris

http://www.harmattan.fr
diffusion.harmattan@wanadoo.fr

ISBN : 978-2-343-09057-3
EAN : 9782343090573

Remerciements.

Je remercie vivement celles et ceux qui m'ont aidé et encouragé durant la rédaction de cet ouvrage. Ma reconnaissance va tout d'abord :

 - à mon épouse Doris Pella pour ses commentaires judicieux et son soutien de tous les instants ;

 - à ma fille Caroline, dont les observations constructives ont beaucoup fait pour rendre le texte lisible par un public non spécialisé ;

 - au Professeur Paul Favraux SJ, qui a veillé à ce que mes incursions dans le domaine philosophique atteignent la qualité que tout lecteur est en droit d'attendre ;

 - au regretté Professeur Jean-François Malherbe ; son amitié et ses conseils ont beaucoup contribué à l'aboutissement de la présente réflexion.

Préface.

« Soyons clairs, écrit Michel Stevens : croire que la poursuite de la croissance constitue pour un gouvernement une obligation, la politique indispensable à la satisfaction des principaux besoins de la société, constitue une illusion, une illusion très largement répandue, une illusion martelée à longueur d'année par nos décideurs, une illusion accréditée par certains des économistes les plus distingués et relayée par la presse. » Michel Stevens argumente de façon convaincante en faveur de cette thèse tout en décortiquant les mécanismes de la croissance et leurs origines. Il rejoint ce faisant ou croise d'autres analyses. Effectivement, depuis des décennies désormais, la croissance du PIB ne délivre plus les fruits qu'elle a dispensés durant les Trente glorieuses : une augmentation quasi générale du bien-être, une réduction des inégalités et une création nette d'emplois. Au sein du marché globalisé et peu régulé que nous devons aux révolutions thatchérienne et reaganienne, ainsi qu'à l'idéologie néolibérale, la poursuite de l'augmentation du PIB et de la compétitivité comme seul Orient, associée aux technologies numériques, devrait déboucher sur un paysage économique et social désastreux.*

Il suffit simplement de poursuivre les actuelles tendances pour dessiner cet avenir. Les pays de l'OCDE qui comptent déjà 47 millions de chômeurs pourraient en dénombrer le double. Les derniers paysans pourraient faire place à quelques grands groupes agroalimentaires. Il existe déjà des porcheries géantes de milliers d'animaux gérés informatiquement, avec quelques salariés, sans « fermier ». Les fermes de deux à trois mille vaches d'Allemagne de l'Est font pâle figure vis-à-vis de celle qui déjà aux Etats-Unis compte 40'000 laitières. A quand quelques « fermes » de centaines de milliers de têtes par région économique ? A quand la production mondiale de semences aux mains de deux ou trois grands semenciers mondiaux ? A quand les usines et les magasins remplis de robots avec des inactifs par millions, socialement inutiles les uns aux autres ? La Chine n'a-t-elle pas déclaré vouloir produire prochainement cent millions de robots ? Cette logique nous mène tout droit à un retour inversé à l'Antiquité : non plus des élites oisives et des masses d'esclaves, mais des élites industrieuses et richissimes, face des masses pauvres et désœuvrées, diverties à profusion et condamnées à un maigre revenu d'existence. Un horizon plus pervers que le cauchemar marxiste de la concentration mondiale du capital !

Poursuivons l'analogie avec l'Antiquité. Auguste était parvenu à fonder l'empire en prétendant sauver la République. Thatcher et Reagan, en prétendant ruiner le communisme, ont dévitalisé la démocratie. Il n'en restera bientôt plus que les apparences, comme sous l'empire. En réduisant les

Etats à de simples agents économiques en concurrence les uns avec les autres, ils ont ruiné la base territoriale du compromis économique et social. Les Etats sont condamnés au dumping fiscal et social. Le chantage économique dans un monde absolument ouvert, sans plus de protection possible, a fini par gagner tous les esprits. La démocratie tourne à vide, avec des élites à la solde des grands groupes, via les grands traités commerciaux internationaux, et des électeurs séduits en masse par un populisme haineux.

A quand un authentique sursaut démocratique ? Il ne pourra intervenir que lorsque l'idée selon laquelle les Trente glorieuses appartiennent au passé sera largement répandue, que lorsque nous nous serons débarrassés de la fable de la croissance du PIB.

D. Bourg

Introduction

La boussole de la civilisation technologique

La boussole constitue l'instrument de navigation par excellence. Des expressions courantes sont là pour en témoigner. «Etre déboussolé» ou «perdre la boussole» représentent des situations que l'on souhaite éviter, si possible.

Dans le monde social, les statisticiens et économètres mettent au point des indicateurs économiques pour assister les dirigeants, leur permettre de vérifier si les résultats de leurs décisions sont conformes à leurs prévisions et les aider ainsi à faire de meilleurs choix pour l'avenir. L'indicateur économique le plus usité, le niveau de croissance du Produit intérieur brut (PIB), constitue en quelque sorte « la boussole » de notre civilisation technologique.

Les enfants découvrent tôt la magie de la boussole : cette aiguille bleue qui, quel que soit le sens dans lequel on tourne le cadran sur lequel elle est fixée, indique invariablement la même direction. Ils apprendront rapidement que la direction indiquée est celle du Pôle Nord et que cette propriété de la boussole fait de celle-ci un instrument de navigation infaillible.

Infaillible ? Pas vraiment.

L'aiguille bleue de la boussole est aimantée et cette caractéristique lui permet, en s'alignant sur les lignes de force du champ magnétique terrestre, d'indiquer en permanence le pôle nord magnétique. En effet, contrairement à son satellite la Lune, la Terre, dont le noyau est composé à 90% de fer, possède un puissant champ magnétique. Les pôles magnétiques nord et sud sont les points où le champ magnétique terrestre se présente suivant un axe vertical. Les pôles magnétiques sont distincts des pôles géographiques qui constituent, quant à eux, les deux points de la surface de la Terre par lesquels passe son axe de rotation et autour desquels les géographes ont dessiné leur quadrillage du globe fait de méridiens et de parallèles.

Le Pôle Nord géographique et le pôle magnétique sont distants d'environ 1'900 km. Il existe donc un écart entre la direction donnée par l'aiguille de la boussole et le Pôle Nord géographique, le véritable repère des navigateurs. Cet écart s'appelle la déclinaison magnétique. Elle est différente selon le lieu où l'on se trouve. Pour la ville de Paris, par exemple, la déclinaison est faible ; elle correspond à environ un degré vers l'ouest. Pour Montréal, au Canada, la déclinaison est plus importante, soit environ quatorze degrés ouest.

Pour repérer sa position exacte à l'aide d'une boussole, un navigateur doit donc introduire une valeur rectificative en fonction de son lieu de départ approximatif.

Pour corser les choses, la position du pôle magnétique n'est pas stable. Elle se déplace chaque année d'une distance qui peut parfois excéder 50 km. C'est ainsi que, depuis la première fois que la position du pôle magnétique a été déterminée avec précision dans le grand Nord canadien par le britannique James Clark Ross en 1831, le nord magnétique a effectué un périple de plus de 2'000 km en direction de la Sibérie.

Plus surprenant encore, les scientifiques nous apprennent que, non seulement les pôles magnétiques se déplacent-ils en permanence, mais ils peuvent même s'inverser, un pôle magnétique nord apparaissant alors à proximité du Pôle Sud géographique et un nouveau pôle magnétique sud à proximité du Pôle Nord géographique. De la sorcellerie en somme !

Certains scientifiques pensent qu'une telle inversion, qui se serait produite la dernière fois voici environ 780'000 ans, serait susceptible de se produire dans un avenir relativement proche. Il se pourrait donc à l'avenir qu'un navigateur, qui se fierait entièrement à sa boussole, se mette à progresser dans le sens diamétralement opposé à celui qu'il souhaite.

Revenons maintenant à la civilisation moderne et à sa propre boussole sociale, la croissance du PIB. Une des hypothèses de la présente réflexion est que cette boussole sociale fonctionne de manière similaire à la boussole magnétique. Pendant fort longtemps les hommes se sont orientés vers la croissance, convaincus qu'elle leur apporterait le bien-être, voire « le plus grand bonheur pour le plus grand nombre », selon une formule consacrée. La production de biens et de services ayant augmenté constamment depuis la révolution industrielle occidentale, hormis les parenthèses des périodes de conflits majeurs, le sort du plus grand nombre apparaissait en amélioration permanente. Ce phénomène s'est poursuivi jusqu'au moment où a été atteint un point de basculement, marquant un découplage entre la croissance du PIB et l'amélioration du bien-être social. À un moment, qu'on pourrait situer dans le dernier tiers du XXe siècle, il y a eu un retournement de situation au-delà duquel la poursuite de la croissance s'est faite au détriment du progrès social ; une sorte d'inversion de pôles.

Depuis cette inversion des pôles sociaux, la boussole de la croissance, au lieu de guider les hommes vers le bien-être, les entraînerait vers une zone de risques. On peut évoquer ce phénomène en parlant des limites de la croissance[1]. Les effets néfastes de la croissance se seraient ainsi mis à l'emporter sur ses effets bénéfiques, les accidents industriels et les catastrophes écologiques se succédant, la biodiversité apparaissant en net recul, le volume des gaz à effet de serre dans l'atmosphère semblant avoir dépassé les limites biologiquement tolérables et les inégalités sociales étant devenues telles dans un nombre croissant de pays que la prospérité profite à un nombre de plus en plus restreint de personnes.

Les pages qui suivent sont consacrées à une réflexion sur la croissance, c'est-à-dire ce que mesure la boussole sociale de la civilisation technologique. Nous tenterons de mettre en lumière ses bienfaits, mais également ses limites. Nous montrerons en particulier que de nombreuses affirmations, que l'on entend à son propos, ne résistent pas à la réflexion et relèvent de ce fait bien plus du mythe que du savoir critique. Nous commencerons par nous interroger sur les raisons et les motivations profondes, qui poussent les sociétés modernes à faire de la poursuite de la croissance leur priorité, et verrons que les raisons de la croissance ne sont pas celles qu'on croit (chapitre 1). Nous verrons également que la focalisation des hommes sur la croissance tient à certaines valeurs propres à la société occidentale (chapitre 2) ainsi qu'à une certaine représentation de la réalité (chapitre 3). Nous jetterons ensuite un regard critique sur deux notions, qui jouent un rôle central dans le contexte de l'apologie de la croissance. Il s'agit d'une part de cette valeur clé de la société, qu'est l'esprit de compétition (chapitre 4), et d'autre part de cette autre notion primordiale qu'est le progrès, nous efforçant autant de voir ce que cette notion recèle de valorisant que ce qu'elle contient d'illusoire et de mythique (chapitre 5). Après avoir examiné deux illusions profondes de l'idéologie de la croissance, la croyance au caractère illimité des besoins humains et les ambitions de la doctrine utilitariste, qui se cache derrière cette idéologie (chapitre 6), nous aborderons le revers de la médaille de la croissance et parlerons de son coût social (chapitre 7), de son coût politique (chapitre 8) et de son coût environnemental (chapitres 9 et 10). Enfin dans le chapitre 11, nous évoquerons les propositions qui ont été faites pour remplacer l'indicateur du PIB, et nous terminerons en suggérant des alternatives à la politique de croissance (chapitre 12).

La présente réflexion ne constitue pas un exposé de théorie économique. Elle ne se restreint pas aux hypothèses et représentations restrictives de la

---

[1] Les limites de la croissance (« The limits to growth » en anglais) est le titre du rapport présenté par une équipe de scientifiques animée par Dennis Meadows en 1972 au Club de Rome. Ce dernier constitue un groupe de réflexion créé en 1968 par l'italien Aurelio Peccei, réunissant des scientifiques, des économistes, des hauts fonctionnaires et des industriels de nombreux pays, se sentant concernés par les problèmes auxquels sont confrontées les sociétés modernes.

pensée économique dominante, le paradigme néoclassique. Refusant de se couper d'aspects essentiels des réalités sociales et humaines, cette réflexion se veut transdisciplinaire, en ce sens qu'elle se nourrit des sciences humaines en général, y compris lorsque leurs enseignements contredisent les positions défendues par la pensée économique dominante. Un effort particulier a été fourni dans le but de rendre le texte aisément accessible à des non-spécialistes.

Chapitre 1   Les raisons de la politique de croissance

Il ne se passe sans doute pas un jour sans que, quelque part dans le monde, une personnalité politique, un porte-parole d'un gouvernement ou un organe de presse ne publie une déclaration évoquant les bienfaits de la croissance. S'il faut en croire nos hommes politiques, le maintien d'une croissance soutenue constitue aujourd'hui la mission première de tout gouvernement quel qu'il soit et quelle que soit son orientation politique. Les déclarations, ainsi que les actions, de personnalités du monde politique proclamant l'importance de la croissance ne manquent pas. En voici un échantillon.

En juin 2007 Nicolas Sarkozy, alors président de la République française, nommait Jacques Attali à la tête d'une commission chargée de rédiger un rapport qui devait fournir des recommandations et des propositions afin de relancer la croissance économique de la France. François Hollande, son successeur, lors de sa campagne électorale déjà, affirmait avec force : « La relance d'une croissance plus juste et plus durable est une nécessité ».

De l'autre côté de l'Atlantique, le président des Etats-Unis, Barak Obama, déclarait quant à lui dans son discours d'investiture du 20 janvier 2009 : « L'état de notre économie réclame une action courageuse et rapide et nous n'agirons pas seulement pour créer de nouveaux emplois, mais pour poser les fondations d'une nouvelle croissance. »

En Grande-Bretagne, les hommes politiques tiennent des propos similaires. Le Premier ministre conservateur David Cameron, dans le discours qu'il prononçait lors du congrès annuel de la Confédération de l'industrie britannique le 25 octobre 2010, promettait au patronat de soutenir la croissance «sans répit». Le 2 février 2011, son prédécesseur travailliste, Gordon Brown, publiait un article dans lequel il plaidait « Pour un pacte mondial porteur de croissance. »

Enfin en novembre 2011 dans son discours d'investiture, Mario Monti, à peine nommé président du Conseil italien, déclarait qu'il orienterait son action dans trois directions : rigueur, croissance et équité.

Assurément la cause semble ainsi entendue : hors de la croissance, pas de politique économique crédible. Toutes ces déclarations d'hommes politiques, destinées à impressionner leur électorat, reposent sur la conviction que la croissance est fondamentalement bénéfique pour la société.

Mais qu'est-ce donc que cette croissance dont on nous vante tant les bienfaits ?

1. La croissance, c'est quoi ?

Parler aujourd'hui de croissance sans autre précision c'est évoquer l'accroissement de la valeur d'un indicateur économique : le Produit Intérieur Brut (PIB)[2]. Une politique de croissance aujourd'hui a pour objectif de tirer la valeur du PIB vers le haut.

C'est par la sélection d'indicateurs appropriés qu'une société définit précisément ses choix politiques et se donne les moyens d'assurer leur concrétisation. Le PIB fait partie des indicateurs clés de la comptabilité nationale, une construction statistique complexe destinée à évaluer les principales grandeurs économiques d'un pays.

Bien que des efforts destinés à mesurer la force d'une économie aient été déployés dès le XVIIe siècle, la comptabilité nationale, dont fait partie le PIB, constitue une construction relativement récente. Elle n'a pas cent ans. Des travaux visant à mettre au point une forme de comptabilité d'ensemble de l'économie avaient été entrepris aux Etats-Unis et en Grande-Bretagne dès les années 1920. C'est en 1941 que le gouvernement britannique présente la première version officielle des comptes nationaux, reposant sur les concepts théorisés par l'économiste John Maynard Keynes. Leur principal intérêt alors était d'aider à planifier l'effort de l'économie de guerre. Dès 1953 l'ONU propose aux Etats membres d'adopter une méthode uniforme de comptabilité nationale. La Communauté européenne élaborera son propre système de comptes nationaux et régionaux, cohérent avec celui de l'ONU, devenu obligatoire auprès des Etats membres de l'Union depuis 2005.

Présenté simplement, le PIB correspond à la somme de la valeur de tous les biens et services produits au cours de l'année dans une économie donnée. Cette économie coïncide généralement avec un pays, voire un groupe de pays tel que l'Union Européenne, voire même parfois l'économie mondialisée dans sa totalité. En termes techniques, on dit que le PIB correspond à la valeur ajoutée totale produite par l'économie.

Pour saisir l'intérêt du PIB il est utile de retenir quels sont ses grands éléments constitutifs. La composition du PIB est donc la suivante :

---

[2] Le PIB est devenu l'indicateur économique vedette après avoir détrôné un autre indicateur, le PNB (Produit national brut). La différence entre ces deux indicateurs est cependant minime. Alors que le PNB se concentre sur la valeur ajoutée produite par les agents économiques nationaux, y compris lorsqu'ils sont actifs en territoire étranger, le PIB recense la valeur ajoutée produite sur le territoire national par tous les agents économiques, y compris ceux de nationalité étrangère.

Produit Intérieur Brut (PIB)	=	Consommation + Investissements + Exportations – Importations.

Cette structure repose sur le raisonnement suivant. Ce qui est produit dans un pays est soit consommé à l'intérieur du pays, soit exporté, ou encore investi, c'est-à-dire incorporé dans des machines, des outils ou des biens intermédiaires. Les biens que l'on consomme sans qu'ils aient été produits sur le territoire national, c'est-à-dire les importations, constituent une production négative qui vient en déduction du produit intérieur.

L'engagement des décideurs politiques à assurer la croissance revient à veiller constamment à ce que la production de l'ensemble de l'économie excède celle des années précédentes. Cette croissance, c'est-à-dire l'expansion de la production, peut résulter de l'accroissement de la population active (consécutive à l'accroissement démographique), mais elle est surtout l'expression de l'augmentation de la production par travailleur, c'est-à-dire de la productivité.

Mais pourquoi les sociétés technologiques ont-elles choisi la croissance comme boussole ? La justification principale de la croissance, celle à laquelle la population se montre le plus sensible, est sa contribution au progrès social. Elle n'en est pas la seule. Il faut en effet garder à l'esprit que la croissance joue un rôle important dans la réalisation de la politique de plein emploi, une mission essentielle des pouvoirs publics dans les sociétés contemporaines. En outre la croissance est également évoquée comme facteur de résorption de la dette des Etats, appelée aussi dette souveraine.

Enfin, et ce dernier facteur appartient à ces motivations généralement non déclarées, la poursuite de la croissance joue également un rôle important dans le cadre de la compétition entre les nations et le renforcement du pouvoir des Etats.

Nous allons examiner successivement ces différentes justifications de la croissance.

Qu'est-ce que la productivité ?

Au sens le plus large la productivité, parfois appelée rendement, est un rapport entre la quantité produite d'un bien et la quantité d'un des facteurs de production, ou ressources, requis pour sa production. Le facteur de production considéré peut être le travail humain, le capital (c'est-à-dire l'investissement en machines), l'énergie, la terre, etc. On précise habituellement le facteur dont on entend exprimer la productivité. Dans l'industrie, on s'intéressera surtout à la productivité du travail, en agriculture au rendement à l'hectare. On peut aussi vouloir connaître le rendement énergétique, etc.

Lorsque l'on utilise le terme de productivité sans autre précision, comme c'est assez souvent le cas, c'est de la productivité du travail que l'on parle, c'est-à-dire la quantité de biens produits divisée par la quantité de travail humain nécessaire à sa production. On entend dire qu'il y a amélioration constante de la productivité depuis les débuts de l'industrialisation. On indique ainsi que, au fil des années, on arrive à produire une même quantité de biens en recourant à une quantité toujours plus faible de travail humain ou, en d'autres termes, qu'une même quantité de main-d'œuvre permet de produire toujours plus de biens.

Tandis que la productivité du travail augmentait de manière considérable du fait de l'industrialisation, qu'en a t-il été des autres ressources utilisées par l'économie ? L'amélioration de la productivité du travail s'est accompagnée le plus souvent d'une augmentation de la quantité des autres facteurs de production entrant dans les processus de production, notamment le capital et l'énergie. Si une organisation plus rationnelle permet souvent une amélioration de la productivité, une très grande partie de celle-ci a été réalisée au moyen de la mécanisation, c'est à dire par le recours à des machines de plus en plus nombreuses, de plus en plus grosses, de plus en plus complexes et de plus en plus coûteuses. C'est pourquoi la création d'un nouveau poste de travail aujourd'hui nécessite généralement un investissement beaucoup plus important qu'un siècle plus tôt. Mécanisation de la production signifie également un recours plus large à l'énergie et aux énergies fossiles en particulier.

Il serait donc inexact de voir dans l'amélioration de la productivité un gain net. Il s'agit dans la plupart des cas d'une substitution d'un autre facteur de production au travail humain ; c'est-à-dire que la diminution de travail humain requis pour produire la même quantité de biens s'accompagne d'une augmentation d'un ou de plusieurs autres facteurs de production : capital, énergie, engrais, etc.

2. Faire advenir le progrès social

Est-il pertinent, se demandera-t-on, de s'interroger longuement sur les raisons de la croissance ? Celle-ci n'est-elle pas – comme le voudrait l'opinion dominante – une simple manifestation de la nature de l'homme, de la cupidité intrinsèque de ce dernier et de ses besoins insatiables ?

Pareille vision, largement répandue, ne correspond cependant pas à ce que l'on constate lorsqu'on se donne la peine d'observer les rouages de la société et leur emprise sur nos semblables. On s'aperçoit ainsi que, plutôt qu'une expression de la nature humaine profonde, la croissance constitue un choix social et que la consommation par chacun de biens en quantités sans cesse croissantes représente un mode de vie imposé par la société, auquel chaque individu est invité, au moyen de différentes formes de persuasion et de pressions sociales, à se conformer. La croissance économique ne serait donc pas indispensable au bonheur humain. Voilà, parmi d'autres idées, ce que l'auteur s'efforcera de mettre en lumière dans le présent chapitre et les deux suivants.

Les raisons officielles des choix politiques ne correspondent pas toujours à leurs motivations profondes. Il existe parfois des motivations non déclarées, bien que très réelles et souvent partagées par un large segment du corps social. Les raisons invoquées officiellement constituent une légitimation du choix, destinée à le rendre crédible et acceptable socialement. Pour diverses raisons, souvent liées à l'image qu'un Etat veut donner de lui-même, des motivations importantes peuvent être passées sous silence. Tant les raisons invoquées que les motivations non déclarées reposent sur des valeurs auxquelles le corps social et ses dirigeants adhèrent. Les valeurs sociales sous-jacentes à l'idéologie de la croissance seront abordées au chapitre suivant.

En ce qui concerne la politique de croissance, une première raison invoquée pour la justifier est son incidence positive sur le bien-être de chacun. L'opinion prévaut en effet que l'augmentation continue de la quantité de biens et de services produits assure à l'ensemble de la population un niveau de vie plus élevé, un plus grand bien-être matériel et finalement les conditions les plus favorables au bonheur. Certes la valeur monétaire des biens produits par l'économie n'est pas généralement jugée constitutive en elle-même de bien-être. Le bien-être, ou « l'utilité » pour utiliser le terme propre aux économistes, représente une qualité subjective supposée croître avec la consommation de biens marchands. Cette utilité n'étant pas observable, la société se contente de mesurer la valeur monétaire des biens produits, faisant l'hypothèse que l'utilité évolue de manière parallèle à l'évolution de la valeur de la production.

Manifestement une importante charge d'affects se trouve associée à l'idée de croissance. Et, dans l'esprit de la plupart de nos contemporains, la croissance est intimement liée à l'idée de progrès social, voire au progrès de civilisation.

La croissance tient son assimilation au progrès social à son association avec la notion de développement beaucoup utilisée, surtout au sein des organisations internationales. Empruntée à la biologie, la notion de développement évoque le passage de la société du stade infantile au stade adulte, en y intégrant une élévation intellectuelle, voire morale. C'est ainsi qu'on parlera de « pays développés » et de « pays en voie de développement ».

Le processus de développement économique, que les pays du Nord ont expérimenté au début du XIXe siècle dans le sillage de la Grande-Bretagne avec leur révolution industrielle, constitue tout d'abord un phénomène historique. Historiquement cette évolution économique a affecté en profondeur les pays concernés. Son influence ne se limitait pas en effet à la seule production manufacturière, mais à l'ensemble du tissu social. Le développement économique s'est accompagné d'un changement des techniques de production. Il a impliqué une transformation de l'agriculture et du secteur des services. Il a engendré l'apparition de marchés organisés et d'un système financier sophistiqué. Il a été accompagné d'une transformation des structures politiques, institutionnelles et sociales, créant davantage d'interdépendance entre les secteurs économiques et les catégories sociales.

Pour les principaux théoriciens du développement économique des années 1950, tels que Walt Whitman Rostow et Arthur Lewis, le développement était perçu comme une transformation bénéfique de la société tout entière. Ils utilisaient indifféremment les termes de croissance ou de développement économique, ne concevant pas qu'il puisse y avoir croissance sans progrès véritable. Mais c'était bien avant l'invention par l'agronome français René Dumont du terme de mal développement utilisé pour désigner une forme de croissance qui ne profite pas au plus grand nombre.

L'optimisme des théoriciens du développement apparaît clairement lorsqu'on lit les avantages qu'Arthur Lewis porte au crédit du développement économique[3] :

1. Le premier avantage de la croissance économique, dit Lewis, est, non qu'elle augmente le bonheur, mais qu'elle augmente l'éventail de nos choix,

---

[3] A. Lewis (1955).

2. De plus, la croissance économique permet à l'homme d'exercer un plus grand contrôle sur son environnement et, de ce fait, accroît sa liberté,

3. Elle écarte des sociétés humaines le spectre de la famine,

4. Elle nous permet de choisir de consacrer une plus grande partie de notre temps aux loisirs.

5. La croissance économique permet à un plus grand nombre de se consacrer aux arts et à la musique, du fait qu'elle les délivre de la nécessité de cultiver la terre.

6. Les femmes bénéficient plus particulièrement de la croissance économique qui les délivre des aspects les plus absorbants des tâches d'entretien d'une maison.

7. La croissance économique diminue la tension entre groupes sociaux, dans la mesure où ses fruits sont redistribués entre les différents groupes de la société.

A l'heure où les bienfaits de la croissance sont parfois mis en cause, la vision optimiste de Lewis jette une lumière instructive sur la perception de la croissance économique et sociale à son époque.

3. Assurer le plein emploi

Une deuxième raison pour laquelle nos dirigeants poursuivent une politique de croissance est de permettre aux personnes désireuses de travailler de trouver un emploi rémunéré. En effet, en raison de l'augmentation continue de la productivité, la croissance continue de la production constitue la seule façon, que les gouvernements ont trouvé, d'assurer l'équilibre économique de plein emploi, ou de s'en approcher au mieux.

Nous vivons dans des sociétés qui exigent de leurs membres la fourniture d'un certain travail en échange de leur accès aux richesses produites. C'est donc en veillant à ce que chacun ait la possibilité d'accéder à un travail rémunéré, un emploi, que l'Etat moderne permet l'accès de la population à une part de la richesse produite par l'économie. Sa mission n'est pas gagnée d'avance. Ainsi un grand nombre de pays européens tels que la France, l'Allemagne, l'Italie ou l'Espagne, ont connu, depuis les années 1980, des taux de chômage élevés, atteignant ou dépassant certaines années les 10 %. Dans de nombreux pays du Sud le sous-emploi atteint des niveaux encore plus élevés.

Les économies contemporaines sont caractérisées, nous l'avons vu plus haut, par une augmentation régulière de la productivité du travail, c'est-à-dire que d'une année à l'autre chaque personne active dans l'économie produit en moyenne un peu plus. (voir l'encadré sur la productivité)

La conséquence inévitable du phénomène d'augmentation permanente de la productivité est que, si la quantité de biens consommés demeure stable, le volume de travail nécessaire à leur production diminue continuellement. Dès lors, à moins de réduire d'année en année le temps de travail moyen, le nombre de personnes sans emploi augmentera inexorablement. Or assurer le plein emploi constituant une des missions prioritaires d'un Etat moderne, celui-ci ne peut permettre qu'un nombre croissant de personnes soient sans travail et sans ressources par suite de l'augmentation de la productivité.

La réponse donnée par les gouvernements au défi du plein emploi consiste à encourager l'augmentation de la production, c'est-à-dire la croissance économique. De nombreuses mesures mises en place sont explicitement justifiées par cet objectif. Il s'agit souvent de mesures visant à aider à dégager des ressources financières privées qui pourront ainsi être engagées dans de nouveaux investissements productifs (politique de faibles taux d'intérêt des banques centrales ; faible imposition des bénéfices des entreprises ; défiscalisation des intérêts sur les emprunts) ou d'investissements publics dans des travaux d'infrastructures (voies de communication, télécommunications, édifices publics) souvent financés par l'emprunt. Ainsi, si la productivité du travail augmente de 2% par an, les gouvernements s'efforceront d'assurer une croissance annuelle de 2% au minimum afin de permettre à la machine économique de créer suffisamment de nouveaux emplois. Bien sûr, s'il existe déjà un fort taux de chômage, un taux de croissance plus élevé sera recherché pour le résorber.

En définitive, la création d'emplois et la diminution du chômage constituent une motivation plus importante des politiques de stimulation de la croissance économique que la recherche de la prospérité et du progrès social.

4. Résorber la dette publique

Les phénomènes de dette, dette extérieure des pays du Sud et dette souveraine des pays avancés, résultent de la forte pression exercée par le système financier. Quoique souvent confondues, dette extérieure et dette souveraine sont deux notions bien distinctes.

La dette extérieure d'un pays constitue l'addition de toutes les sommes empruntées par les acteurs économiques résidant dans ce pays (individus, entreprises, organisations privées et publiques) à des créanciers étrangers. Ces dettes, qualifiées d'extérieures parce qu'octroyées par des créanciers résidant à l'extérieur du pays, sont généralement libellées dans une monnaie étrangère, souvent le dollar états-unien. Comme les emprunteurs, qui touchent des revenus en monnaie nationale, vont devoir payer les intérêts et les amortissements de leurs dettes dans une monnaie étrangère, ils deviennent particulièrement vulnérables en cas de dévaluation de leur monnaie nationale.

La dette extérieure des pays du Sud constitue un grave problème au niveau mondial. Elle accable leurs populations et compromet sérieusement les perspectives d'amélioration de leur sort.

On rapporte les propos suivants tenus par l'ancien président du Nigeria, Olusegun Obasanjo, dans le cadre du sommet du G20 qui s'était tenu en 2000 sur l'île d'Okinawa :

« Jusqu'en 1985 ou 1986, nous avons emprunté environ 5 milliards de dollars. À ce jour nous en avons remboursé 16. Maintenant on nous dit que notre dette se monte encore à 28 milliards ... en raison des taux d'intérêt de nos créanciers étrangers. Si vous me demandez ce qu'est la pire chose dans le monde, je vous répondrai : les intérêts composés. »[4]

Le CETIM[5] confirme les propos du président nigérian.

« Bien qu'ils aient déjà remboursé plus de 12 fois le montant dû en 1980, les pays en développement continuent de supporter à l'heure actuelle une dette extérieure plus de cinq fois supérieure à celle due au moment de leur conclusion. La dette fonctionne comme un mécanisme autoentretenu d'aggravation de la pauvreté, plaçant de ce fait les pays du Sud dans une dépendance perpétuelle à l'égard des pays créanciers du Nord. »[6]

Le public occidental s'est peu soucié des problèmes suscités par la charge des intérêts de la dette jusqu'au jour où un autre type de dette a fait la « une » de la presse de 2010 à 2012. Il s'agit de la dette publique des pays du Nord et plus particulièrement de celle de certains Etats membres de l'Union Européenne : Espagne, Irlande, Portugal, Grèce. Contrairement à la dette extérieure d'un pays, qui est la dette consolidée de l'ensemble des acteurs économiques du pays, la dette souveraine, ou dette publique, représente

---

[4] Cité par Bernard Lietaer dans B. Lietaer [et al.] (2012), page147-148. Voir également M. Kennedy, (2013).

[5] CETIM est l'abréviation de Centre Europe-Tiers monde, une association sans but lucratif de droit suisse ayant son siège à Genève. Elle a été créée en 1970 avec pour objectif de favoriser la connaissance des problèmes du développement.

[6] Ce texte provient du site de CETIM.
http://www.cetim.ch/fr/interventions/276/la-dette-exterieure-des-pays-en-developpement

l'endettement du gouvernement et de son administration envers l'ensemble de ses créanciers. Traditionnellement ses créanciers étaient les propres résidents et contribuables de l'Etat emprunteur. Mais les gouvernements se sont mis ces dernières années à emprunter de plus en plus largement sur les marchés financiers internationaux.

Afin de réduire l'endettement, jugé excessif de certains de ses Etats membres, l'Union Européenne a imposé la mise en place de plans d'austérité axés principalement sur la réduction des dépenses publiques et la privatisation de certains équipements collectifs. Pour de larges pans de la population aux revenus modestes, la mise en œuvre de ces plans de rigueur a été douloureuse. En raison de l'absence de solidarité budgétaire entre les Etats membres de l'Union Européenne et de désaccords profonds sur la manière de la gérer, cette crise de la dette a entraîné une crise de confiance dans l'euro, la monnaie commune européenne.

Dette, PIB et recettes publiques de quelques pays du Nord
(année 2014 – chiffres en milliards)

Pays	Devise	a) Recettes publiques	b) PIB	c) Dette (montant)	d) Dette/ PIB (%)	e) Dette/ recettes (%)
Canada	CAD	745	1'975	1'736	88%	233%
France	EUR	1'142	2'132	2'038	96%	178%
Allemagne	EUR	1'230	2'916	2'176	75%	177%
Italie	EUR	777	1'616	2'135	132%	275%
Japon	JPY	160'772	487'597	1'200'331	246%	747%
Royaume-Uni	GBP	640	1'792	1'602	89%	250%
Etats-Unis	USD	5'484	17'348	18'178	105%	331%
Grèce	EUR	81	179	317	177%	391%
Zone Euro	EUR		10'131	9'537	94%	

Bien que ce soient essentiellement l'Union Européenne et la monnaie européenne qui se sont trouvées sous les feux de l'actualité, le problème de l'endettement public n'est pas spécifique à la zone euro. L'endettement croissant des Etats constitue un problème beaucoup plus général. La dette publique de la plupart des grands Etats industrialisés a en effet atteint des niveaux préoccupants. Pour nous en donner une idée nous avons comparé dans un tableau la taille de la dette de quelques pays mesurée par comparaison au PIB et aux recettes publiques[7].

À la fin 2014, le montant de la dette publique de l'ensemble des pays de la zone euro s'élevait à 9'537 milliards d'euros, soit 94% du Produit intérieur brut (PIB) de la zone.

Les comptes-rendus de la presse pouvaient donner au public l'impression que le fort endettement des Etats n'avait qu'une cause : la mauvaise gestion des finances publiques par les gouvernements. Est-ce bien là la seule, voire la principale, source du problème ? Partant d'un niveau modéré durant les années 1970, les dettes publiques se sont considérablement gonflées depuis lors. Comment expliquer ce phénomène ?

Il y a bien sûr des particularités propres à chaque pays. Ainsi le Japon est devenu le champion des plans de relance et, malgré une dette souveraine qui est la plus élevée au monde, le gouvernement japonais décidait en janvier 2013 de mettre en œuvre son 13e plan de relance depuis 1990 ; la dette japonaise correspond en effet à 246% du PIB et 747% des recettes budgétaires, soit l'équivalent de 7 ans et demi de revenus de l'Etat. Aux Etats-Unis on connaît l'impact sur l'endettement des importantes réductions d'impôts consenties par les administrations Reagan (1981-1988) et Bush junior (2001-2008).

Les pays de la zone euro, quant à eux, se sont imposé des règles particulièrement contraignantes de gestion et de limitation des déficits et dettes publiques. L'Etat français, par exemple, avait coutume de se financer auprès de la Banque de France sans intérêts, pratique qui n'est plus autorisée depuis la loi du 3 janvier 1973 qui oblige l'Etat à trouver un financement à ses déficits sur les marchés privés. Le traité de Maastricht dans son article 104, dont la teneur est reprise par l'article 128 du traité de Lisbonne, étend cette obligation à tous les Etats de l'Union Européenne. Bernard Lietaer décrit les

---

[7] Chiffres 2014 provenant du International Monetary Fund, World Economic Outlook Database, octobre 2015sur son site :
http://www.imf.org/external/pubs/ft/weo/2015/02/weodata/index.aspx
Observations : L'importance d'une dette publique s'apprécie en fonction de la taille d'un Etat. C'est pourquoi son montant absolu (col. c) n'est pas significatif en soi. On obtient une meilleure appréciation de l'importance de la dette en la ramenant à un indicateur économique ou budgétaire majeur. Traditionnellement l'endettement public est comparé au PIB (col. d). Toutefois la meilleure appréciation de l'importance de l'endettement est donnée par le rapport entre l'endettement de l'Etat et ses recettes budgétaires (col. e). Si l'endettement d'un Etat vaut 100% de ses recettes, cela signifie qu'il correspond à un an de recettes. On voit ainsi que l'Etat le plus endetté est le Japon (endettement égal à plus de 7 ans de recettes), les moins endettés étant l'Allemagne et la France (endettement équivalent à 1,7 ans de recettes).

conséquences des règles que la France et l'Union Européenne se sont imposées pour le financement de leurs dettes publiques :

> « *Fin 1979 la dette publique de la France se montait à 239 milliards d'euros, soit 21% du PIB de l'époque. Trente ans plus tard, fin 2009, le montant a presque quadruplé et atteint 1'088 milliards d'euros ou 78% du PIB. En l'absence de l'article 25 de la loi du 3 janvier 1973, l'Etat n'aurait pas eu à payer la somme cumulée jusqu'en 2009 de 1'306 milliards d'euros d'intérêts, si bien que la dette publique équivaudrait à 8,6% du PIB actuel.* »[8]

Certains économistes avancent que le poids des dettes jouerait un rôle tel que, en dehors de toute autre considération, il ferait de la croissance une nécessité. Ils posent comme principe qu'une dette publique n'est tolérable que pour autant que le taux d'intérêt payé n'excède pas le taux de croissance de l'économie. Si le poids de la dette s'alourdit, c'est parce que la croissance serait insuffisante en regard des taux d'intérêts payés par les emprunteurs. Dans le but de dégager des recettes supplémentaires nécessaires au remboursement de l'endettement public, ces économistes préconisent une politique de relance économique devant stimuler la croissance. Le supplément de croissance devrait permettre à l'impôt de dégager un excédent de recettes susceptible de combler les déficits et de rembourser une partie de la dette.

Pareille politique est délicate. Il s'agirait donc d'augmenter dans un premier temps l'endettement pour stimuler l'économie dans l'espoir que cette stimulation dégagera suffisamment de recettes nouvelles pour pouvoir rembourser, non seulement la dette qui vient d'être contractée, mais également les dettes antérieures et l'accumulation des intérêts composés, auxquels elle a donné lieu. Voilà un pari risqué qui n'est pas gagné d'avance. Et les expériences malheureuses des pays du Sud avec leur dette extérieure, évoquées plus haut, n'incitent guère à envisager favorablement les chances de succès d'une politique de la relance pour rembourser la dette souveraine.

Enfin certains économistes attribuent les effets pervers de l'endettement au principe même des intérêts, et plus particulièrement des intérêts composés qui est d'application générale dans le monde bancaire.[9] Cette question toute-

---

[8] B. Lietaer [et al.] op. cit., page181-182.

[9] Les intérêts constituent une sorte de loyer dont s'acquitte l'emprunteur auprès du préteur. Une pratique courante du monde bancaire consiste à décompter les intérêts à des échéances régulières, trimestrielles ou mensuelles, et à les débiter en compte de manière à les ajouter au montant emprunté. Lors du décompte d'intérêts suivant, des intérêts seront calculés, non sur le montant initialement emprunté, mais sur le solde du compte, qui inclut les intérêts décomptés auparavant. Les intérêts, qui sont facturés au débiteur sur les intérêts des périodes précédentes, s'appellent intérêts composés.

fois touche un débat qui s'écarte considérablement de notre sujet de réflexion. Nous ne l'aborderons donc pas ici.

5. Asseoir son hégémonie

Bien qu'elle soit généralement passée sous silence, la volonté hégémonique constitue une puissante motivation de la politique de croissance. On peut même avancer qu'elle constitue son moteur principal. Le sujet est délicat, puisqu'il nous amène à jeter un regard sur un aspect de nos sociétés que nous préférerions probablement ignorer.

Un rapide survol de l'histoire nous montre que, aussi loin que nous pouvons remonter dans le temps, des centres de pouvoirs, puissances régionales ou empires, ont dominé ou tenté de dominer les autres peuples alentour. Dans l'Antiquité, l'Egypte des pharaons, puis Babylone et la Perse, se sont tour à tour imposé dans leur partie du monde. La Grèce, sous la direction du macédonien Alexandre, s'était elle aussi constitué un empire aussi vaste qu'éphémère à cheval sur l'Europe et l'Asie. Elle a été suivie par Rome qui, après avoir définitivement vaincu sa rivale Carthage, s'est imposé durant plusieurs siècles sur l'ensemble du monde occidental. Le Moyen Age européen a coïncidé avec une période d'expansion du monde arabe et les califats Omeyyades et Abbassides se sont successivement trouvés à la tête d'un vaste empire assis sur les trois continents de l'ancien monde. Au cours des siècles suivants, les monarchies portugaise et espagnole, les Provinces Unies des Pays-Bas, ainsi que le Royaume de France, se sont âprement disputé la suprématie de l'Occident avant le triomphe britannique, qui fut consacré par l'attribution en 1876 à la reine Victoria du titre d'impératrice des Indes par son premier ministre Benjamin Disraeli. À la domination de la puissance britannique a finalement succédé celle des Etats-Unis d'Amérique à la fin de la deuxième guerre mondiale. Et de nos jours de nombreux observateurs voient dans la Chine ou l'Inde, la puissance en devenir qui pourrait un jour supplanter les Etats-Unis.

♦ *Puissance économique*

Les manuels de théorie économique enseignent que la production économique a pour seul but de satisfaire au mieux les besoins des hommes au moyen de ressources limitées. Née à une époque, la deuxième moitié du XVIIIe siècle, qui connaissait encore des pénuries et des famines récurrentes,

---

Des réflexions ont également été faites sur ce thème par P. Derudder (2005) et M. Kennedy (2013).

la réflexion économique a traditionnellement été hantée par le problème de la rareté. On se souviendra de Thomas Malthus (1766-1834) et de sa sombre prédiction que les générations futures étaient condamnées à la famine, parce que, affirmait-il, la population croît selon une progression géométrique alors que les moyens de subsistance n'augmentent que de manière arithmétique. L'influence de ces sombres réflexions a été telle qu'elles ont valu à la pensée économique d'être qualifiée de science sinistre. [10]

Le problème économique fondamental, tel qu'il a été traditionnellement posé, est de répondre aux besoins essentiels des hommes, à commencer par celui de se nourrir. À la base du problème, comme les réflexions de Malthus permettent de s'en rendre compte, on trouve une faible productivité du travail, doublée d'une mauvaise répartition des biens rendus disponibles par les activités productives. Résoudre le problème économique revient donc à relever suffisamment le niveau de la productivité et à mieux distribuer les produits de l'activité économique. Si par la suite, une fois ce problème résolu, la productivité continue encore à augmenter, les hommes pourront de surcroît se permettre de réduire le temps qu'ils consacrent au travail. S'exprimant en 1930, l'économiste britannique, John Maynard Keynes, estimait que les hommes arriveraient à résoudre le problème économique vers la fin du siècle. [11]

Ces réflexions sur le problème économique reposent toutes sur le postulat que la seule raison d'être du travail est de produire assez pour répondre aux besoins humains et sociaux. Dès le moment où ces besoins sont satisfaits, il n'y a pas de raison de travailler davantage. Ainsi plus la productivité du travail augmente, moins il est nécessaire de consacrer de temps à un travail productif.

Or que constate t-on de nos jours ? Malgré une augmentation considérable de la productivité, le temps de travail se maintient, voire tend à augmenter. On se rappellera l'incitation faite aux français par l'ex-président Sarkozy de travailler plus pour gagner davantage. Il faut donc croire que le citoyen moyen n'est pas appelé à travailler seulement pour répondre à ses besoins fondamentaux. Non, il y a une autre raison au travail, une raison plus contraignante. Quelle est donc cette raison ?

Cette raison, semble-t-il, est l'expression des impératifs de la lutte pour l'hégémonie, que se livrent ceux qui détiennent le pouvoir tant économique que politique, une lutte pour l'hégémonie, qui a pris la forme d'une guerre

---

[10] Cette expression, en anglais « the dismal science », est attribuée à l'historien écossais Thomas Carlyle (1795-1881).

[11] Voir l'ouvrage de J.M. Keynes, (1931).

économique mondiale. Pareille proposition peut sembler audacieuse. Elle se lit pourtant en filigrane dans les déclarations de ceux qui incarnent le pouvoir économique.

La volonté d'hégémonie s'exerce tout d'abord à travers les relations économiques internationales. Les lignes qui suivent pourront nous éclairer sur ce point. Elles sont tirées d'un article écrit par un ancien directeur d'une banque centrale et publié dans un quotidien helvétique sous le titre : « L'excédent commercial ne nuit pas à la santé. »[12]

La Commission européenne a mis en examen la politique économique allemande. On reproche à la République fédérale une politique intérieure trop restrictive engendrant d'importants excédents commerciaux et appauvrissant ainsi ses voisins. Cette question interpelle la Suisse qui enregistre aussi des excédents extérieurs impressionnants. Pour l'année 2013, notre surplus extérieur devrait s'élever à 12% du PIB environ, bien plus que les 7% reprochés à l'Allemagne. En Europe, seule la Norvège connaît des excédents comparables aux nôtres, mais elle dispose de pétrole!

Que signifie ce chiffre de 12%? Il indique que notre pays, comme un ménage prudent, dépense moins qu'il ne produit et qu'il investit son excédent financier à l'extérieur. La présence internationale de nos entreprises en est le reflet. Selon la statistique de la Banque nationale, 2,9 millions de personnes travaillent dans des entreprises suisses à l'étranger, dont 1,3 million en Europe. Comme il y a 4,8 millions de places de travail en Suisse, cela signifie que notre économie, vue globalement, a une dimension correspondant au 160% de sa capacité de production sur sol helvétique. De telles performances ne sont atteintes que par Taiwan et Singapour.

Quel est l'intérêt de notre surplus extérieur? Il faut y voir trois avantages principaux. Le premier est celui dune division efficace du travail. Nos entreprises créent des emplois à faible valeur ajoutée à l'extérieur et préservent en Suisse la création de haute valeur, ce dont profite l'ensemble de notre population. ... Enfin, le troisième avantage, le plus important à mes yeux, est celui de l'indépendance financière : le développement de notre économie ne dépend pas d'un financement extérieur, souvent aléatoire, mais est totalement assuré par l'épargne nationale. Ainsi, grâce à son épargne abondante, notre pays couvre les besoins d'investissement de ses entreprises et sa capacité financière excédentaire contribue au développement du reste du monde. D'ailleurs

---

[12] L'auteur de ces lignes est Jean-Pierre Roth, ancien président de la Banque nationale suisse. L'article est paru dans le quotidien suisse Le Temps le 2 avril 2014.

re contribue au développement du reste du monde. D'ailleurs n'est-ce pas là le rôle d'une économie développée?

Vus sous cet angle, les reproches faits à l'Allemagne paraissent insensés. Est-ce une erreur de générer une épargne suffisante pour couvrir ses besoins de financement et de s'associer à l'essor des pays émergents par une exportation nette de capitaux ? Or, sans l'Allemagne, l'Europe serait en déficit et deviendrait dépendante financièrement de l'extérieur. Notre continent veut-il se développer grâce au goutte-à-goutte hautement politique, donc incertain, de financements asiatiques ou moyen-orientaux?

L'Europe ne pourra défendre ses intérêts dans un monde globalisé que si elle est financièrement forte. Le contraire serait une colonisation à rebours, une fragilisation progressive de sa position. L'Allemagne est ainsi un exemple que d'autres pays européens devraient suivre et non pas un modèle à sanctionner. N'oublions pas l'adage bien connu et qui s'applique aussi aux relations internationales: "Qui paie commande." »

Ce texte est particulièrement éloquent quant à la vision des relations internationales, que nourrit son auteur et qui est certainement très largement partagée au sein des élites dirigeantes occidentales. Il illustre assez bien ce que nous entendons par l'expression de « guerre économique ». Outre ce qu'il déclare explicitement de la vision de son auteur, ce texte a des conséquences implicites, qui ne semblent pas clairement assumées, et ne sont peut-être même pas pleinement conscientes.

« Qui paie commande. »

Le premier souci des élites dirigeantes n'est pas de savoir si les choix économiques ou politiques, qui sont faits, sont les bons, mais de s'assurer qu'ils sont faits par les « bonnes » personnes. Et il apparaît clairement que, pour l'auteur, en matière de relations internationales, c'est aux pays du Nord, dans le but de défendre leurs intérêts dans ce monde globalisé, de choisir et de commander ; non à l'Asie, ni aux puissances pétrolières du Proche-Orient, qui en auraient les moyens, ni à l'Afrique ou à l'Amérique latine. Notre auteur s'interroge en effet : « Notre continent veut-il se développer grâce au goutte-à-goutte hautement politique, donc incertain, de financements asiatiques ou moyen-orientaux? »

Ce serait donc à l'Europe de l'ouest et à l'Amérique du nord, les puissances occidentales, de commander, et au reste du monde d'obtempérer. On le voit bien, cette conception des relations internationales postule une asymétrie radicale dans les rapports entre nations, une vision ethnocentrique occidentale.

« *Le Nord doit entretenir un commerce excédentaire avec le Sud.* »

L'asymétrie dans les relations entre nations apparaît de manière particulièrement claire à travers la manière dont sont jugés les déséquilibres financiers réciproques entre l'Europe et les pays du Sud. Si l'Europe génère un commerce extérieur excédentaire et finance le Sud, elle contribue alors, selon l'auteur, au développement du Sud et c'est bien. Mais si l'Asie et le Proche-Orient devaient avoir un excédent commercial, qui financerait un déficit commercial européen, alors l'Europe subirait une « colonisation à rebours », selon les propres termes de l'auteur de cet article, et ce ne serait pas une bonne chose.

Il faudrait donc que l'Europe, afin d'être en position de commander, se donne comme objectif de maintenir sur le long terme un excédent de son commerce extérieur, c'est-à-dire qu'elle suive le modèle allemand, réputé vertueux, et produise plus qu'elle ne consomme.

« *Les activités à faible valeur ajoutée sont laissées aux pays du Sud.* »

L'auteur montre quelle devrait être l'attitude de l'Europe en donnant la Suisse en exemple : « Nos entreprises, déclare-t-il, créent des emplois à faible valeur ajoutée à l'extérieur et préservent en Suisse la création de haute valeur, ce dont profite l'ensemble de notre population. » Comprenons : les activités à forte valeur ajoutée devraient rester auprès des pays du Nord afin d'y maintenir un niveau de vie plus élevé que chez leurs partenaires commerciaux du Sud tout en permettant la constitution d'un excédent. Il ajoute en effet : « notre pays couvre les besoins d'investissement de ses entreprises et sa capacité financière excédentaire contribue au développement du reste du monde. » Et l'auteur de poser la question : « n'est-ce pas là le rôle d'une économie développée? » ; question qu'il reformule un peu plus loin. « Est-ce une erreur de générer une épargne suffisante pour couvrir ses besoins de financement et de s'associer à l'essor des pays émergents par une exportation nette de capitaux ? » C'est en la présentant comme utile au développement des pays du Sud que l'auteur justifie un mode de relations internationales, qui convient aux ambitions du Nord.

Certes la guerre économique est complexe. Ses principaux acteurs sont, nous l'avons vu, les Etats mus par leur volonté hégémonique. Mais une autre catégorie d'acteurs joue également un rôle de plus en plus important. Il s'agit des grandes entreprises, qui ont généralement une assise internationale. Les rapports entre ces acteurs évoluent. Les grandes entreprises basées dans un pays donné trouvent dans les dirigeants du pays hôte des alliés appréciables, qui vont souvent plaider leur cause auprès d'Etats tiers, aidant ainsi ces entreprises dans leur expansion. Ces mêmes entreprises peuvent cependant orchestrer des actions hostiles envers leur Etat hôte lorsqu'elles s'organisent, en délocalisant certaines activités, pour échapper à sa fiscalité. Elles peuvent également se retrouver adversaires d'autres Etats de moindre puissance lorsqu'elles s'efforcent de les contraindre à adopter des politiques conformes à leurs ambitions.

Les grandes entreprises cherchent notamment à accroître leur rentabilité et leurs parts de marchés. Pour ce faire elles accroissent leur productivité et exercent une pression constante à la baisse sur les prix de leurs facteurs de production. Les politiques de plein emploi des Etats, déjà évoquées, peuvent être vues comme une forme d'accommodement de la part des gouvernements nationaux aux ambitions des dirigeants des grandes entreprises multinationales.

La guerre économique, qui s'accompagne dans le discours politique d'une référence récurrente à l'importance de ne pas perdre sa place dans la course à la compétitivité entre nations, combat symbolique, constitue une allégorie permanente, non dite, de la guerre véritable, la guerre faucheuse d'hommes, dont la possibilité, ainsi constamment rappelée à l'attention de tous, invite à s'y tenir prêts en permanence.

Toutefois, pour les besoins de la présente réflexion, il est important de se rendre compte que cette logique de lutte pour l'hégémonie, appelée ici « guerre économique », engendre une pression générale à la surproduction, chaque pays s'efforçant de produire plus qu'il ne consomme de manière à dégager un excédent, qui lui permettra, en l'investissant, de contrôler l'économie du voisin. Si chacun joue à ce jeu à somme nulle, le succès, lorsqu'il est atteint, devient de plus en plus coûteux en termes de production de biens pour l'exportation, contribuant ainsi à une croissance économique mondiale sans fin.

Amin Maalouf nous parle de guerre symbolique

La guerre économique entre les peuples et les civilisations, est bien plus qu'une vue de l'esprit, comme en témoigne le texte suivant tiré d'un roman d'Amin Maalouf.[13] Ces lignes constituent la réponse donnée par un riche homme d'affaires musulman originaire du Liban à son ami, lui aussi libanais mais exilé volontaire depuis plus de vingt ans à Paris. Cet ami lui avait demandé quel sentiment il éprouve d'être devenu riche grâce à ses succès en affaires.

« *J'ai le sentiment d'avoir recouvré la moitié de ma dignité. ... Depuis des années, je me réveille chaque matin avec deux sentiments opposés, l'un de joie et l'autre de tristesse. La joie d'avoir réussi dans ma profession, d'avoir gagné beaucoup d'argent, d'avoir une belle maison et une vie familiale heureuse. Mais aussi la tristesse de constater que mon peuple est au fond de l'abîme. Ceux qui parlent ma langue, ceux qui professent ma religion, sont partout déconsidérés et souvent détestés. J'appartiens, de naissance, à une civilisation vaincue, et si je ne veux pas me renier, je suis condamné à vivre avec cette tache sur le front. ... Il ne s'agit pas seulement de solidarité avec les miens, d'empathie. Je me sens moi-même humilié, personnellement humilié. Quand je voyage en Europe, on me traite avec des égards, comme tous ceux qui sont riches. Les gens me sourient, ils m'ouvrent les portes avec des courbettes, ils me vendent tout ce que je désire acheter. Mais en eux-mêmes ils me détestent et ils me méprisent. Pour eux je ne suis qu'un barbare enrichi. Même lorsque je porte le plus beau costume italien, je reste pour eux, moralement, un va-nu-pieds. Pourquoi ? Parce que j'appartiens à un peuple vaincu, à une civilisation vaincue. Je le sens beaucoup moins en Asie, en Afrique ou en Amérique latine, qui ont été elles aussi maltraitées par l'Histoire. Mais en Europe je le sens. ...* »

♦ *Puissance militaire*

En touts temps, quelque part dans le monde, se déroulent un ou plusieurs conflits armés. Ainsi le Uppsala conflict data program, un centre de recherches qui dépend de l'Université d'Uppsala en Suède, recensait-il pour l'année 2011 trente-six conflits armés et six guerres. Le risque qu'un Etat soit agressé et entraîné dans un confit armé indépendamment de sa volonté existe donc bel et bien. Si de surcroît, un gouvernement décidait de réduire ses capacités de défense par rapport à celles de ses voisins, on peut penser

---

[13] A. Maalouf (2014).

qu'il accroîtrait la probabilité qu'un gouvernement voisin, avec lequel il a un contentieux, décide de régler celui-ci par le recours à la force armée ou par sa menace.

De tous temps la puissance d'un Etat, mais également sa simple crédibilité, a reposé sur une armée bien entraînée et solidement équipée. Ainsi, de la même façon que les chefs politiques, qui ont des visées expansionnistes, les peuples qui cherchent seulement à assurer leur défense doivent disposer d'un armement suffisant.

De tous temps aussi les armées ont coûté cher et les exemples de politiques guerrières coûteuses ne manquent pas. À Rome, l'empereur Auguste avait mis en place une armée considérable, puisqu'elle était composée de près de 300'000 hommes, soit environ 1% de la population de l'empire. Une force de plus de 20'000 hommes assurait la protection de la capitale. Quant au reste des effectifs, l'essentiel, il était principalement disposé le long des frontières extérieures de l'empire. Des données précises indiquant la part des dépenses publiques destinées à l'équipement et à l'entretien de ces troupes font défaut. Ce qui est certain c'est qu'elles représentaient une ponction importante sur le budget impérial. Plus près de nous, les guerres menées par le roi Louis XIV durant son long règne ont pesé très lourd sur les finances de la France. Le premier à effectuer des tentatives sérieuses d'évaluation du revenu intérieur en France, Pierre de Boisguilbert, se servit à l'époque de ces chiffres pour s'efforcer de montrer que la politique étrangère belliqueuse du monarque, ajoutée à ses politiques fiscale et économique, avaient considérablement appauvri le pays.

Et la guerre coûte de plus en plus cher. Il est donc utile à ce propos de rappeler que les principes de la comptabilité nationale ont été mis au point en temps de guerre, durant la deuxième guerre mondiale plus précisément. Et il ne fait pas de doute que c'est la volonté d'étendre l'effort de guerre qui a poussé le gouvernement britannique à cette époque à évaluer les ressources économiques dont il disposait.

La réflexion économique a d'ailleurs presque toujours été motivée en premier lieu par la volonté d'accroître la puissance du Prince ou de la nation. Certaines doctrines, en particulier le mercantilisme, qui avait la cote aux temps dits modernes, soit du XVIe au XVIIIe siècles, visaient à accroître l'influence de l'État, afin de mieux le défendre contre les agissements des autres nations, par des politiques autoritaires, protectionnistes, voire belliqueuses. Dans un tel contexte, les premières estimations connues du revenu national sont celles de William Petty, Gregory King et Charles Davenant, en Angleterre, entre 1667 et 1695, leur but principal étant d'évaluer la capacité de l'Angleterre à mener avec succès une guerre contre la France. Si le physiocrate François Quesnay était inspiré par des préoccupations plus larges lorsqu'il établit son Tableau Economique, autre précurseur de la comptabilité nationale présenté en 1758, les estimations du revenu national menées sous la Révolution Française, avaient, quant à elles, pour but premier d'évaluer les capacités militaires de la France alors en guerre contre une coalition européenne

Les idées véhiculées par Adam Smith dans son ouvrage célèbre[14] avaient notamment pour objectif de s'opposer aux principes du mercantilisme. Mais, malgré le succès de Smith, l'idée que l'économie doit avant tout être au service de la puissance de l'Etat n'a jamais totalement disparu. Dans le cas de la France et de l'esprit dans lequel ont été développés ses propres comptes nationaux au lendemain de la guerre, l'économiste François Fourquet relève les motivations de l'époque :

« Est productif ce qui crée de la richesse et la puissance d'une nation en guerre. L'économie d'une nation, c'est cette ressource, cette immense réserve de forces qui est derrière le fer de lance militaire, qui soutient la pointe avancée de la puissance, mais forme le corps réel et profond de cette puissance. L'économie c'est l'intendance de l'Etat de guerre. »[15]

La meilleure façon de se faire une idée du coût d'exploitation d'une force de combat est de regarder les budgets que différents pays consacrent de nos jours à la défense. L'institut de recherche indépendant SIPRI[16] a constitué une base de données sur les budgets dévolus à la défense. C'est ainsi qu'il évalue que pour 2010 une somme de $1'623 milliards a été consacrée à l'armement et à la défense au niveau mondial. Sur ce total la part des Etats Unis d'Amérique, le pays au budget le plus important s'élevait à $698 milliards, soit 43% du total mondial et 4.8% du PIB des Etats-Unis. Le deuxième budget d'armement le plus important était celui de la Chine avec $121 milliards, correspondant à 2.1% du PIB. En comparaison, le budget du Royaume-Uni était de $58 milliards, équivalent à 2.6% de son PIB.

Le cas du Royaume-Uni, mais également de l'Europe Occidentale alliée des Etats-Unis dans son ensemble, constitue un cas hors norme. Si l'on en juge par le niveau de leurs dépenses militaires fort réduites, on pourrait penser que les pays européens sont particulièrement pacifiques. En réalité ces pays se reposent largement en matière de défense, sur l'armement de leur puissant allié états-unien. En outre leurs équipements de défense sont spécia-

---

[14] Adam Smith *Recherches sur la nature et les causes de la richesse des nations*, en abrégé, *La Richesse des nations*. En anglais : « An Inquiry into the Nature and Causes of the Wealth of Nations », publié en 1776.

[15] Cité par D. Méda, op-cit., page 91.

[16] *Stockholm International Peace Research Institute.*

lisés dans le cadre d'un processus d'intégration au dispositif de défense de l'OTAN à dominante états-unienne.

Voyons maintenant en quoi le maintien d'une croissance régulière constitue un atout sérieux pour l'entretien dans la durée d'une solide force de combat.

Si le budget qu'un pays consacre à son armement représente toujours la même part du produit intérieur, lorsque l'économie de ce pays croît régulièrement, les ressources consacrées à l'armement augmentent en valeur absolue. Ceci rend possible une augmentation de la puissance militaire d'une année à l'autre sans réelle augmentation d'effort. Bien entendu, si tous les pays voient leur économie croître au même rythme, l'avantage stratégique qu'apporte l'augmentation bien réelle des capacités militaires du pays est annulé par la croissance équivalente de la capacité militaire des autres pays, adversaires potentiels. Ainsi, dans un monde, où tous les pays croissent au même rythme, aucun pays ne voit ses capacités militaires progresser relativement aux autres et chacun maintient sa place, mais à un coût sans cesse croissant en termes de ressources consommées ! C'est ainsi qu'en matière de défense, on peut dire que le *statu quo* coûte de plus en plus cher, tant en termes purement financiers qu'en termes de ressources naturelles utilisées.

Imaginons maintenant qu'un pays décide seul de renoncer à la croissance et de maintenir son PIB stable sur le long terme pendant que les autres pays poursuivent leur croissance à un rythme de 3,5%. S'il souhaite maintenir ses capacités de défense de manière à conserver sa position militaire relative, il ne pourra plus se contenter d'accorder à ses dépenses militaires la même part de son PIB. Au contraire, pour disposer d'un équipement militaire équivalent à celui des pays qui ont choisi de poursuivre sur le chemin de la croissance, il devra, d'année en année, augmenter la part de son PIB qu'il consacre aux dépenses militaires. En effet, si ses dépenses militaires restent stables, tandis que les autres pays poursuivent une croissance de 3,5% de leur PIB et donc également de leurs dépenses militaires, son PIB et ses dépenses d'armement auront reculé de 3,5% relativement aux autres pays. Et à mesure que les années passent, le fossé entre son potentiel militaire et celui de ces derniers se creusera.

Afin d'éviter de perdre son avantage militaire, il pourrait décider de maintenir le même niveau de défense relativement à ses voisins et choisir d'augmenter chaque année ses dépenses militaires de 3,5%. Dans ce cas, si au départ son budget de défense représentait, par exemple, 5% du PIB, il devra le faire passer à 10% du PIB en 20 ans et à 20% en 40 ans. Cet accroissement important de la part des dépenses militaires se ferait inévitablement au détriment d'autres dépenses, posant un difficile dilemme aux dirigeants du pays.

Deux guerres mondiales ont ravagé le monde au XXe siècle. L'humanité a peut-être frôlé un holocauste nucléaire durant la guerre froide, qui a opposé les Etats-Unis et l'Union Soviétique entre 1950 et l'arrivée au Kremlin de Mikhaïl Gorbatchev. La survenance de conflits régionaux parfois très meurtriers est récurrente et se poursuivra probablement à l'avenir. Il est même fort possible que, comme le suggère Harald Welzer[17], les dégradations du milieu naturel imputables au changement climatique engendrent de nouveaux conflits armés. Il semble donc assez logique de penser que, dès lors qu'un pays se trouve plongé dans un monde, où les autres sont engagés dans une croissance économique indéfinie, la poursuite sans fin de la croissance économique apparaisse inévitable pour de simples raisons de défense, c'est-à-dire pour la survie de chaque nation en tant qu'Etat.

Ce qui devrait nous inquiéter c'est précisément ce processus d'escalade en cours par lequel la peur des Etats voisins, qui est sans aucun doute présente, à des degrés divers, dans toutes les chancelleries du monde, pousse les uns et les autres à poursuivre cette surenchère en matière d'armement. Et la façon la moins douloureuse économiquement et donc la moins coûteuse politiquement de s'équiper militairement est de maintenir une croissance économique continue. Il s'agit d'une situation qui échappe à toute rationalité, une situation où la peur nourrit la peur. Et c'est en dernier ressort cette peur qui nourrit la croissance.

---

[17] H. Welser (2009).

Chapitre 2 Les valeurs qui sous-tendent la politique de croissance

Nous avons vu dans le chapitre précédent que le niveau de croissance du PIB, ce que nous avons appelé la boussole sociale de la civilisation technologique, constitue en termes techniques un indicateur économique. C'est par la sélection de tels indicateurs qu'un pays définit précisément ses choix politiques et se donne les moyens de les concrétiser.

Le choix d'une politique économique, ainsi que des indicateurs qui en rendent compte, est le résultat d'un processus complexe. Une chose toutefois est certaine : les choix que fait la société, sont l'expression à la fois du système de valeurs et des représentations de la réalité de ses élites politiques. Ceci est particulièrement vrai de l'indicateur du PIB. Nous allons dès lors nous efforcer de cerner dans ce chapitre les valeurs, qui ont contribué à donner aux variations du PIB le rôle central qu'elles jouent dans nos sociétés. Nous aborderons ensuite les représentations sociales sur lesquelles repose la croyance aux bienfaits de la croissance.

Les conceptions morales d'un groupe social, c'est-à-dire les principes qui orientent les actions de ses membres, reposent sur les valeurs auxquelles ces derniers adhèrent.

Les jugements de valeurs ne constituent toutefois pas des réalités objectives. En philosophie comme en sciences sociales, il est admis depuis fort longtemps que les valeurs ne constituent pas une affaire de connaissance objective, mais de choix individuel. Il est donc en principe possible que différents individus agissent au nom de valeurs qui s'opposent. Toutefois, les différences en matière de valeurs se manifestent surtout entre peuples, ou groupes sociaux. Les anthropologues et sociologues insistent en effet sur la dimension culturelle des valeurs, soulignant par là qu'en raison de l'influence du milieu social dans lequel baigne chaque individu, les valeurs tendent à être partagées par les membres d'une même communauté. Les anthropologues considèrent de manière plus générale que la culture, dont fait partie le système des valeurs, est acquise, d'abord par imprégnation et identification et ensuite, de manière moins intense, par apprentissage explicite. C'est ainsi que Théodosius Dobzhansky (1900-1975), généticien et évolutionniste américain d'origine russe, peut déclarer de manière peut-être un peu provocatrice :

> « *Étant donné que la culture s'acquiert par apprentissage, les gens ne naissent pas Américains, Chinois ou Hottentots, paysans, soldats ou aristocrates, savants, musiciens ou artistes, saints, chenapans ou moyennement vertueux : ils apprennent à l'être.* »

Les valeurs les plus largement répandues dans la société occidentale sont inspirées de la tradition judéo-chrétienne. S'y ajoutent les valeurs prônées au XVIIIe siècle par les philosophes des lumières, qui ont profondément influencé la pensée moderne.

Dans les pages qui suivent, nous nous limiterons toutefois à mettre en évidence, parmi les valeurs de la société occidentale, celles qui ont le plus fortement contribué à construire l'attachement intense que l'on y constate à la croissance économique.

1. Attachement aux biens matériels

Selon le discours, que tiennent les économistes, toute l'activité économique d'une société n'a qu'un seul but : répondre aux besoins des consommateurs, c'est-à-dire de tous les membres de la société. Les besoins étant l'expression d'une réalité à la fois biologique et psychologique et les valeurs relevant de l'ordre de la morale, si l'on s'en tient à cette vision convenue, les valeurs de la société n'auraient aucun rôle à jouer comme moteur de la vie économique.

La réalité est toute autre. Les entreprises ne se contentent pas de produire ce que les consommateurs réclament. Elles cherchent à anticiper et surtout à influencer les décisions d'achat des consommateurs. Elles génèrent ainsi, dans le cadre de techniques de vente sophistiquées, une abondance de messages destinés à signifier au consommateur qu'il est moralement bon de consommer les biens produits. Les entreprises contribuent ainsi à construire le système de valeurs du consommateur en le persuadant qu'acheter et consommer des biens matériels sont des actes positifs, qui contribuent au bien-être de tous, donc des actes vertueux.

Selon un dicton populaire, l'argent ne fait pas le bonheur. Le message ainsi véhiculé, qui ne semble pas manquer de bon sens, revient à dire qu'on ne réussit pas sa vie en la consacrant prioritairement à la poursuite des biens matériels. Fort curieusement, le choix par nos élites de la croissance du PIB comme indicateur économique privilégié représente en réalité l'inversion de cette proposition. C'est un peu comme si nos élites disaient : « C'est un devoir moral d'aspirer à gagner toujours plus d'argent et à consommer davantage de biens. »

Par ailleurs cette vision matérialiste trouve dans le discours social plusieurs justifications. Elle se nourrit tout d'abord d'une peur ancestrale de la pénurie, qui a été le lot commun d'une grande partie de l'humanité durant des millénaires. Il s'agit d'une peur transgénérationnelle qui est sans aucun doute transmise de manière non verbale encore de nos jours.

Une deuxième justification nous vient d'une représentation plutôt sombre de l'homme considéré comme un être fondamentalement matérialiste et égoïste, dont les intérêts personnels seraient a priori en conflit avec ceux de ses semblables. Avec l'apparition de la pensée économique moderne, cette représentation de l'homme se trouve complétée par une représentation de la société, marquée par une dynamique économique, qui s'organise spontanément grâce à une « main invisible », selon l'expression de l'économiste et moraliste écossais Adam Smith (1723-1790). Même si une telle manière de voir n'est probablement pas fidèle à la vision de Smith lui-même, l'opinion est aujourd'hui largement répandue que, grâce à cette main invisible, la confrontation des comportements égoïstes des uns et des autres aboutit infailliblement à l'accomplissement de l'intérêt général.

Enfin dans les années qui ont suivi le krach boursier de 1929 et la grande dépression, avec ses destructions d'emplois par millions, les théories de l'économiste britannique John Maynard Keynes (1883-1946) acquirent une grande notoriété. La vulgarisation – voire la déformation – de ses idées accrédita la notion, maintenant très répandue, que la consommation d'autant de biens matériels que permet le budget de chacun est devenue une obligation morale. On a pu persuader des millions de citoyens qu'il est important de consommer abondamment afin de contribuer ainsi à la création d'emplois.

Que la poursuite de la croissance repose sur une certaine forme de matérialisme, c'est-à-dire sur l'importance accordée aux biens matériels, n'étonnera pas. Il est sans doute moins évident qu'elle ne se limite pas à cette valeur, mais que d'autres valeurs prisées par la société occidentale y contribuent également de manière importante. En effet, le culte de la croissance s'alimente à d'autres sources, dont certaines sont très profondément ancrées.

2. Travail

L'Occident accorde une grande importance à la valeur du travail. Ce dernier, qui est habituellement échangé contre un salaire, apparaît comme un important facteur d'épanouissement humain. En outre le salaire constitue le canal par lequel les richesses se répandent au sein de la société.

Le travail est devenu, non seulement le moyen de recueillir une part des richesses produites par la société, mais il permet surtout de se sentir utile et d'obtenir une reconnaissance sociale, c'est-à-dire une place honorable dans la société. Le lieu de travail est en outre le principal lieu d'interaction sociale. En raison du nombre d'heures que chacun y passe, c'est aussi un lieu privilégié pour exprimer sa singularité, faire preuve d'initiative et de créativité, bref un lieu de choix pour se réaliser en tant qu'être humain.

Il existe donc en Occident une longue tradition de valorisation du travail. Elle trouverait une justification biblique, dans le livre de la Genèse, dans la parole que Dieu adresse à l'homme au moment où Il le chasse du jardin d'Eden pour avoir mangé du fruit de l'arbre contre lequel Il l'avait mis en garde : Désormais, dit Dieu, « tu mangeras ton pain à la sueur de ton front ». [18]

La place importante prise par le travail parmi les valeurs sociales se manifeste clairement dans les réflexions qui sont faites à son propos. Combien de fois n'avons-nous pas entendu dans notre entourage des personnes déclarer, sur un ton où se mêlent apitoiement sur soi et fierté, qu'ils sont tout simplement débordés de travail ? L'apitoiement sur soi souligne la dureté de son sort, le défi que celui-ci représente et l'appel permanent à se surpasser. La fierté est motivée par la conscience que l'on est effectivement capable de surmonter avec succès ce défi quotidien.

La valeur morale du travail joue également un rôle important dans le projet productiviste des milieux d'affaires, puisque la production sera d'autant plus importante que les travailleurs travailleront plus intensément.

Dans une société, qui a fait du travail salarié à la fois un critère d'appartenance sociale et, pour l'individu moyen, le seul véritable facteur d'accomplissement personnel, l'absence d'emploi revêt un caractère souvent tragique. Ce côté tragique est manifeste dans le regard que la société porte sur les personnes, qui se retrouvent sans emploi, et le regard, que ces dernières portent sur elles-mêmes. Le chômeur est l'objet d'une certaine réprobation ; il apparaît comme celui qui profite des biens, que produit la société, sans s'imposer le moindre labeur, c'est-à-dire sans vraiment le mériter. La perte d'emploi équivaut à une sorte de mort sociale, qui engendre souvent un sentiment d'incapacité et d'inutilité pouvant affecter profondément l'estime de soi chez ceux qui en sont atteints. Le chômeur se sent mal. Il ressent une certaine honte, mêlée d'impuissance. Bien que son statut de personne sans emploi découle le plus souvent de circonstances indépendantes de sa volonté, telles qu'une décision de licenciement prise par son employeur, le chômeur est le plus souvent traité comme si sa situation résultait d'un choix volontaire de sa part. Il est considéré comme fautif.

---

[18] Livre de la Genèse, chapitre 3, verset 19.

3. Compétition et dépassement de soi

Les valeurs de dépassement de soi et de compétition sont traitées ici conjointement parce que, dans la société occidentale, elles sont indissociables.

La volonté de se dépasser peut en principe être indépendante de toute confrontation avec un tiers. Il est donc tout à fait possible de se dépasser soi-même en dehors d'une logique de compétition. Cela amène à se donner des objectifs exigeants dans l'accomplissement de performances intellectuelles, sportives, sociales, etc. ... ; c'est-à-dire à se fixer l'objectif de faire mieux aujourd'hui que la fois précédente : gravir un plus haut sommet, faire une plus longue randonnée, faire preuve de plus de patience ou de plus d'écoute, éviter de s'abandonner à la colère, etc. Le dépassement de soi sera alors une expression de volonté guidée par l'image que l'on souhaite présenter de soi-même. Ce type d'objectif personnel, caractéristique d'une morale de la vertu, ne concerne au départ que soi-même. Certes les objectifs, qu'on se fixe dans une perspective de dépassement de soi, nous sont inspirés par la culture de la société dans laquelle nous vivons, puisque la culture sociale influence notre regard sur la réalité et nos aspirations personnelles. Il demeure néanmoins que les objectifs que je me fixe ne concernent *a priori* personne d'autre que moi. Les objectifs personnels, que je me fixe ainsi, sont des objectifs en soi, définis en termes absolus en quelque sorte, c'est-à-dire sans comparaison avec ceux des autres. Le but est ma progression personnelle, l'amélioration de mon estime de moi. Ma progression personnelle n'exige pas la régression ou le dépassement de l'autre !

Mais pareille conception du dépassement de soi n'est pas à l'honneur dans la société occidentale, qui privilégie à un degré élevé la fixation d'objectifs personnels déterminés en fonction des résultats et des performances réalisés par les autres. Le but n'est pas alors de suivre un chemin, que l'on se serait fixé de manière autonome, mais de progresser comme les autres, ou plutôt mieux que les autres, ou mieux qu'untel ou unetelle. Le dépassement de soi est ainsi subordonné à une logique de compétition et de dépassement de ses semblables. Triompher dans la compétition c'est se montrer supérieur à l'autre. Selon la tradition occidentale, c'est avant tout par la confrontation, le combat réel ou symbolique contre l'autre, qu'il est donné à chacun de dépasser ses limites, de se surpasser en permanence, et de pouvoir se sentir ainsi valorisé à ses propres yeux.

La logique de compétition est fortement stimulée par la société. Les institutions sociales, qui contribuent à sa promotion, sont extrêmement nombreuses ; l'école qui, dès le plus jeune âge, classe les élèves en fonction de leurs notes scolaires et offre des prix aux plus méritants ; le sport professionnel et amateur avec ses innombrables championnats ; la mode, la carrière professionnelle, les classements de toutes natures allant des individus aux nations en passant par les municipalités et les entreprises.

On peut juger de l'importante valorisation de la compétition sportive au fait, par exemple, que ce sont parmi les champions de disciplines sportives que l'on trouve certaines des personnes les plus généreusement rémunérées de la planète. Le sportif d'élite, incarnation du gagneur, constitue d'ailleurs un modèle social fortement médiatisé et valorisé.

Le combat symbolique se retrouve bien entendu dans la sphère économique : entre entreprises, mais aussi entre individus briguant une carrière au sein de la même organisation. Il se retrouve au niveau des nations engagées dans une guerre symbolique pour la place enviée de nation la plus compétitive. Songeons à cet égard au rapport annuel sur la compétitivité publié par l'IMD[19] qui classe chaque année les différents pays en fonction d'un indice composite composé de près de 300 critères, baptisé indice de compétitivité mondiale.

C'est par la compétition, que les individus acquièrent une place de choix dans la structure hiérarchique de la société. C'est seulement en dépassant les autres, semble-t-il, que la plupart des individus gravissent les échelons de l'échelle sociale et s'efforcent d'acquérir plus de confiance en eux et d'estime de soi. Tout se passe comme si la société amenait les individus à ne pouvoir se satisfaire de leur sort qu'en se dressant les uns contre les autres à travers un processus qui leur échappe.

4. Domination de la nature

Dans le rapport de l'homme à la nature deux attitudes sont possibles. L'homme peut se voir comme faisant partie de la nature. Il cherchera alors dans son comportement au quotidien à vivre en harmonie avec elle. Ou bien il voit dans la nature une force à maîtriser, une réalité à conquérir, et ce regard porté sur la nature l'incitera à un comportement de domination.

Si les hommes semblent de tous temps et sous toutes les latitudes avoir oscillé entre ces deux attitudes extrêmes, dans la culture occidentale tout particulièrement, ils se sont appliqués à exploiter la nature, puis à la trans-

---

[19] Acronyme anglais de : *International Institute for Management Development*. L'IMD est un institut de management situé à Lausanne en Suisse. Depuis 1989, l'IMD publie un *World Competitiveness Yearbook* qui constitue un classement des différents pays selon leur compétitivité, telle que l'institut la définit.

former à leur avantage, jusqu'à se donner l'illusion qu'ils pouvaient totalement la maîtriser.

La Bible est souvent invoquée pour justifier cette volonté de domination, en particulier le passage suivant du livre de la Genèse :

« Dieu les bénit et leur dit : "Soyez féconds, multipliez, emplissez la terre et soumettez-la ; dominez sur les poissons de la mer, les oiseaux du ciel et tous les animaux qui rampent sur la terre" »[20].

L'influence déterminante de la pensée judéo-chrétienne dans l'élévation de l'esprit de domination sur la nature au rang de valeur centrale de la société, ainsi que le rôle joué par cet esprit de domination dans la crise écologique, ont été développés par l'historien médiéviste américain Lynn Townsend White, jr (1907-1987) dans une célèbre thèse sur « Les racines historiques de notre crise écologique »[21] présentée pour la première fois en 1966.

La thèse de White peut se résumer ainsi. La manière de vivre et d'agir des hommes, tout comme les motivations, qui inspirent leurs décisions, sont profondément conditionnées par leurs croyances sur la nature et sur la vision de la destinée humaine, que véhiculent les religions. La croyance en un progrès permanent trouve son origine dans la théologie judéo-chrétienne. Le christianisme a hérité du judaïsme une conception linéaire du temps, complétée d'un récit de la création, création que Dieu a ordonnée pour le profit de l'homme, lui-même fait à l'image de Dieu. Non seulement le christianisme établit une dualité entre l'homme et la nature, mais encore soutient-il que c'est Dieu qui veut que l'homme exploite la nature à ses propres fins. Le christianisme se serait efforcé de détruire l'animisme païen qui avait pourtant une fonction fort utile. Dans l'Antiquité, chaque colline, chaque source, chaque rivière, chaque arbre était gardé par un esprit, qu'il convenait d'apaiser chaque fois que l'on voulait exploiter une ressource naturelle. En détruisant l'animisme qui imprégnait l'Antiquité païenne, la pensée occidentale aurait permis une large exploitation de la nature dans une attitude d'indifférence à l'égard de la valeur intrinsèque de celle-ci.

Cette attitude, dont White attribue la responsabilité aux auteurs du livre de la Genèse, a souvent été dénoncée comme une illusion. Certains exégètes ont contesté l'interprétation, que fait White du récit de la Genèse. A l'appui de leur position, ils soutiennent que, selon la Genèse, la domination que l'homme devrait exercer sur la nature doit se comparer à celle d'un jardinier

---

[20] Le livre de la Genèse, chapitre 1, verset 28.

[21] Voir D. Bourg et P. Roch (2010), pages 13-24.

sur le jardin dont il a charge d'entretien. L'homme serait ainsi appelé à prendre soin de la création, non à l'utiliser à ses propres fins.

Une autre thèse verrait plutôt dans le philosophe René Descartes (1596 - 1650) le penseur qui a ouvert la voie à la domination prédatrice de l'homme sur la nature. Comme argument à l'appui de leur thèse, ses défenseurs mettent en avant cette citation extraite du Discours de la méthode (1637), 6e partie :

> « ... il est possible de parvenir à des connaissances qui soient fort utiles à la vie, et ... nous les pourrions employer en même façon à tous les usages auxquels ils sont propres et ainsi nous rendre comme maîtres et possesseurs de la nature. »

Dans la tradition chrétienne dominante à l'époque de Descartes, le seul « maître et possesseur de la nature » est Dieu. Faire de l'homme un être, qui agit comme Dieu, donne à ce dernier un statut proche du créateur, qui le distancie ainsi du reste de la création.

Descartes voit dans la technique le déploiement de la puissance de l'homme, capable d'utiliser la nature à ses seules fins. N'est-ce pas en application de ce mot d'ordre de « nous rendre comme maîtres et possesseurs de la nature » que l'homme occidental considère la nature comme une matière qu'il pourrait modeler à sa guise ? Refusant de s'adapter à la nature, il aurait choisi de s'y confronter. La technique devient alors la pratique suprême de la raison humaine, le moyen ultime de sa force. La compréhension théorique de la nature n'est plus une activité désintéressée, mais elle est motivée par ses conséquences pratiques. La nature n'est plus un objet à contempler, mais un matériau à modeler.

Toutefois, quoi qu'on pense de l'influence de la Genèse et de celle de Descartes, on ne peut qu'admettre qu'une volonté de maîtrise sur la nature est indissociable du projet de l'idéologie de la croissance.

5. Technophilie

L'innovation technologique constitue une valeur centrale de la société contemporaine, au moins autant que le travail et le dépassement de soi. Elle est perçue, non seulement comme une manifestation du génie humain, mais également comme l'aboutissement d'un travail acharné et d'un perpétuel dépassement de soi de la part de tous ceux qui s'y investissent. La technique est en outre l'instrument privilégié de la domination sur la nature.

L'importance accordée à cette valeur est, elle aussi, fortement corrélée avec l'attachement à la croissance, qui apparaît, aux yeux de la société occidentale, comme un terrain d'accomplissement privilégié de l'inventivité technologique. Si bien que remettre en cause les vertus de la croissance reviendrait, selon la vision occidentale, à mettre en doute la valeur du progrès technique, du travail et du dépassement de soi. Ces valeurs étant centrales aux yeux de la culture occidentale, toute remise en question de la pertinence de la croissance se heurte inévitablement à de très fortes résistances.

En plus du fait d'accorder une valeur forte à l'innovation technologique sans considération pour ses avantages ou inconvénients pratiques, le rapport de l'Occident à la technique se manifeste également d'une deuxième manière, en l'occurrence par une représentation du monde, où le progrès technologique en soi apparaît comme un facteur d'amélioration humaine et sociale. Nous aborderons cette deuxième facette dans le chapitre suivant.

Chapitre 3   Les représentations sociales

Si les choix collectifs d'une société, à l'instar des choix individuels, sont profondément influencés par les valeurs auxquelles les individus adhèrent, ils sont de surcroît déterminés, dans une large mesure, par leurs représentations de la réalité.

Plusieurs facettes de la représentation occidentale du monde contribuent à susciter cet engagement profond en faveur de la croissance économique. Il s'agit tout d'abord de l'attachement à la notion de progrès, qui trouve son origine dans le terreau de la tradition chrétienne, au sein de laquelle il se comprenait initialement comme un progrès spirituel. La croyance selon laquelle l'écoulement du temps s'accompagnerait d'un progrès technologique et social, c'est-à-dire qu'il serait un phénomène nécessairement bénéfique, joue ainsi un rôle fort important dans les choix collectifs des sociétés occidentales.

Les représentations sociales de la classe dirigeante doivent également beaucoup à la doctrine de l'utilitarisme, qui postule qu'un gouvernement a pour mission d'assurer le bonheur du plus grand nombre. Elles comprennent également une vision de la nature humaine qui, fortement influencée par les économistes néoclassiques, voit dans l'être humain une créature aux besoins matériels illimités.

Nous allons aborder successivement la vision occidentale du progrès technique et du progrès social, l'influence de la doctrine utilitariste et enfin la nature humaine telle que l'imaginent les économistes néoclassiques.

1. Le progrès

L'Antiquité gréco-romaine privilégiait une conception cyclique du temps. Observant les révolutions des astres et leur retour périodique à leur emplacement initial sur la voûte céleste, les anciens y voyaient une succession répétitive d'âges, qui trouvait son pendant dans la réalité sociale. Parmi les âges de l'humanité relevons tout particulièrement « l'âge d'or », mythique époque d'abondance et de bien-être, qui voit l'homme vivre au sein d'une nature généreuse, où tout pousse sans travail, où les animaux domestiques et sauvages vivent en paix entre eux et avec les hommes, où les hommes cohabitent pacifiquement, dans la concorde et la justice. Platon (env. 428 - env. 347 av. J.C.) décrit dans le Politique la vie des humains durant cet âge mythique.

> *« Ils vivaient sans vêtement et dormaient le plus souvent sans lit, à la belle étoile : car les saisons étaient si bien tempérées qu'ils n'en pouvaient souffrir ; et leurs couches étaient molles parmi l'herbe foisonnante. »*

Les anciens situaient l'âge d'or dans le passé. Toutefois, en raison du caractère cyclique du temps, il était appelé à revenir un jour. C'est ce retour que chante le poète latin Virgile (70-19 av. J.C.) dans sa Quatrième Eglogue :

> *« Le grand ordre des siècles renaît depuis ses débuts. Désormais est revenue la Vierge, sont revenus les temps où règne Saturne ; désormais, une race nouvelle est envoyée des hauteurs célestes. »*

Contrastant avec la vision gréco-romaine, le monde, selon le livre de la Genèse, que partagent les traditions judaïque et chrétienne, a un début, puisqu'il a été créé en six jours. Pour la théologie chrétienne de surcroît, le monde a une fin. Le dessein de Dieu se réalisera en effet un jour à la fin des temps. Dieu viendra alors juger les vivants et les morts. Du fait de sa vision eschatologique, la tradition chrétienne a rompu avec la conception cyclique du temps et ouvert le monde à un développement linéaire, dans lequel se réalise le dessein voulu par Dieu. Mais, si l'histoire acquiert une valeur positive, ce caractère relève de l'ordre de la grâce et non de celui de la nature. Le dessein de Dieu n'est pas matériel ; il est d'ordre spirituel.

La société occidentale actuelle est largement laïcisée. La croyance en un au-delà de la mort, lieu où seraient récompensés ceux, qui ont mené une vie intègre, s'est considérablement affaiblie. Pour beaucoup de nos contemporains le progrès dans cette vie est la seule source d'espoir. La croyance au progrès matériel a peu à peu remplacé l'espoir d'une vie meilleure après la mort. On comprend donc que beaucoup soient très attachés au progrès et à ce qu'il évoque.

Le terme de progrès provient du latin *progressus*, qui désigne l'action d'avancer spatialement, de se rapprocher de sa destination. Le français lui a donné un sens métaphorique pour désigner une progression qualitative, c'est-à-dire une amélioration, le fait d'avancer vers le mieux.

La notion de progrès incarne la croyance dans la perfectibilité de la société, voire de l'humanité toute entière. Selon cette croyance, la société est supposée se développer, c'est-à-dire évoluer vers le « mieux ». Ce mieux englobe le progrès scientifique et technique, ainsi que l'amélioration du bien-être, mais également l'amélioration des institutions, des mœurs et même de l'esprit humain.

La notion contemporaine de progrès se scinde en deux conceptions différentes, qui peuvent être évoquées par deux images. La première image est celle du mythe antique de Prométhée, celui qui a apporté aux hommes le feu, ce feu qui leur a rendu possible l'invention des différentes techniques, les arrachant ainsi à la vie sauvage. Cette première conception du progrès associe celui-ci aux idées de liberté et de pouvoir sur les choses, que donne aux hommes l'usage d'outils techniques. La deuxième conception du progrès, certes inspirée par la théologie chrétienne, se trouve en quelque sorte confortée par le spectacle de l'évolution, telle qu'elle a été théorisée par Charles Darwin. Le phénomène de l'évolution suscite très souvent l'idée que la nature s'améliore lentement et que les progrès de la société ne font que poursuivre à une vitesse accélérée ce processus naturel, qui a commencé dans la nuit des temps. Dans cette deuxième acception, le progrès devient en quelque sorte le destin de l'humanité voulu par Dieu ou par la Nature. La notion de progrès, à laquelle chacune de ces images donne lieu, est donc très différente : la première évoque la liberté d'action de l'homme ; la seconde évoque le destin auquel il serait promis. Nous les appellerons à l'avenir respectivement progrès-liberté et progrès-destin.

L'idée du développement économique, que le niveau du PIB est censé mesurer, représente en quelque sorte une manifestation du progrès-destin. Croire au développement économique et au progrès social, c'est en effet croire que l'histoire a un sens, une direction, et donc une valeur en soi. C'est la percevoir comme une trajectoire d'ensemble, une marche ascendante de l'humanité. [22]

◆ *Progrès technique*

C'est seulement à travers un lent processus de sécularisation que l'idée d'un développement spirituel de l'humanité s'est transformée, au fil des siècles, en un développement des connaissances et, par la suite, des techniques. À chaque étape de ce processus, qui l'a déplacée du plan de la théologie à celui de la technique, l'idée de progrès a perdu quelque chose de son contenu spirituel originel.

Pour le savant et moine franciscain, Roger Bacon (1220-1292), c'est l'expérience, qui nous fait découvrir les secrets de la nature. C'est donc grâce à

---

[22] L'ascension de l'humanité, *The ascent of man*, constituait précisément le titre d'une série télévisée britannique réalisée par la BBC en 1972 et consacrée à l'histoire des sciences et techniques depuis les premiers outils en silex jusqu'à la théorie de la relativité. Le succès de l'émission persuada les producteurs de mettre le contenu de l'émission à la disposition du public sous la forme d'un livre : J. Bronowski (1973).

la science expérimentale que l'esprit peut contempler l'éclat de la vérité. Ainsi pouvait-il déclarer : « Négliger la science, c'est négliger la vertu. »

À partir de la Renaissance, l'idée d'un progrès cumulatif, malgré son origine religieuse, servira principalement à l'avancement des sciences. Le développement des sciences dans ses débuts a en effet été fortement valorisé en étant présenté comme une manière de découvrir la richesse de la création divine. C'est dans cet esprit que nombre de savants au XVIIe et au XVIIIe siècles ont accompli des avancées considérables dans la connaissance de la nature, notamment en matière de mécanique céleste (Copernic, Galilée et Kepler), mais également en physique avec la formulation par Isaac Newton des « lois » de la gravitation.

L'importance accordée aux progrès de la science et de la technique tenait à ses débuts, nous l'avons vu, au désir d'ouvrir la conscience aux merveilles de la création. Par la suite cependant, l'aspect de pouvoir, que le progrès technique donne à l'homme sur la nature, et l'impression, sans doute illusoire, de maîtriser cette dernière ont indéniablement pris une place de plus en plus importante. La fascination pour le progrès technique a également été liée très tôt au pouvoir que les réalisations techniques offrent aux hommes, notamment dans le domaine militaire. Dans les lignes suivantes, attribuées à Roger Bacon, on perçoit la fascination qui découle de la conscience que la technique donne un pouvoir sur la nature et sur l'homme. Cette fascination a certainement beaucoup contribué par la suite à stimuler la recherche scientifique.

> *« On peut réaliser pour la navigation des machines sans rameurs, si bien que les plus grands navires sur les rivières ou sur les mers seront mus par un seul homme avec une vitesse plus grande que s'ils avaient un nombreux équipage. On peut également construire des voitures telles que sans animaux elles se déplaceront avec une rapidité incroyable. ... On peut aussi fabriquer des machines volantes telles qu'un homme assis au milieu de la machine fera tourner un moteur actionnant des ailes artificielles qui battront l'air comme un oiseau en vol. ... On peut aussi réaliser facilement une machine permettant à un homme d'en attirer à lui un millier d'autres par la violence et contre leurs volontés et d'attirer d'autres choses de la même façon. »*[23]

Suite aux remarquables avancées accomplies au fil du temps, des membres éminents de la communauté scientifique avaient fini par acquérir dès le XIXe siècle une confiance extrême dans les capacités de la science. Pour illustrer ce propos, nous pouvons évoquer la réponse donnée par l'astronome

---

[23] Roger Bacon, cité par P. Thuillier (1997), pages 28-29.

et mathématicien français Pierre-Simon de Laplace (1749-1827) à l'empereur Napoléon 1ᵉʳ qui lui faisait observer : « Monsieur de Laplace, je ne trouve pas dans votre système de mention de Dieu ». Le savant lui aurait répondu : « Sire, je n'ai pas eu besoin de cette hypothèse. »

Une autre illustration de cette assurance se trouve dans la loi des trois âges de l'esprit humain énoncée par le sociologue et philosophe Auguste Comte (1798-1857). Un premier âge, l'âge théologique, correspond selon Comte à l'enfance de l'humanité, le début de l'exercice de la pensée, dans lequel l'esprit recherche la cause des phénomènes, leur pourquoi, soit en attribuant aux objets des intentions, soit en supposant l'existence d'êtres surnaturels ou d'un Dieu unique. Le deuxième âge, l'âge métaphysique, correspond – toujours selon Comte – à l'adolescence de la pensée. Cet âge, estime-t-il, constitue un progrès par rapport à la pensée théologique, les agents surnaturels étant remplacés par des forces abstraites, « Nature », « Matière », « Raison ». La pensée reste toutefois prisonnière de concepts métaphysiques abstraits et universels. On attribue à des principes premiers l'explication des phénomènes. Un troisième âge, l'âge positif, est celui qu'a atteint l'Occident à l'époque où vit Auguste Comte. Il constitue l'âge adulte, l'état viril de l'esprit humain. L'esprit positif rejette la recherche du « pourquoi ultime » des choses pour considérer, au moyen de l'expérimentation, les faits, leurs relations invariables de succession et de similitude, c'est-à-dire le principe de causalité.[24]

Tandis que les sciences de la nature avaient atteint un niveau d'évolution étonnant, la mise en œuvre des connaissances acquises à travers les développements de la technique n'était pas en reste. Le machinisme issu des applications multiples de la machine à vapeur depuis la fin de XVIIIᵉ siècle avait déjà transformé en profondeur le paysage social. L'intérêt pour les techniques et leurs possibilités d'évolution se met à dépasser au cours du XIXᵉ siècle le cadre des seuls professionnels : ingénieurs, techniciens, chefs d'entreprise. Une véritable fascination pour le progrès technique voit le jour dans la population, encouragée notamment par les récits de l'écrivain français Jules Verne, ainsi que tout un nouveau genre littéraire, celui de la science-fiction, qui remettait au goût du jour un thème déjà ancien, celui de l'utopie sociale, en mettant particulièrement l'accent sur les transformations techniques. Ce genre littéraire n'a cessé de fasciner les foules jusqu'à nos

---

[24] Curieusement, celui que l'on retient comme l'initiateur du positivisme, le contempteur de la pensée théologique, avait choisi de créer sa propre religion. Cette religion polythéiste était vouée au culte d'un Grand-Être, idéalisation de l'humanité, constitué de l'ensemble des êtres, passés, futurs et présents, qui concourent à perfectionner l'ordre universel. Comte lui-même, en sera le grand prêtre.

jours, au point de devenir au XXe siècle une véritable mine pour l'industrie cinématographique.

Les nouvelles réalisations technologiques se succèdent rapidement. Si le XIXe siècle a vu l'extension du chemin de fer en Amérique du Nord et en Europe, la première partie du XXe a vu l'avènement de l'automobile et de l'aéronautique, et la fin du XXe a vu triompher l'informatique et les télécommunications. Cette succession ininterrompue d'exploits technologiques a pu sembler légitimer une croyance dans le potentiel illimité du progrès technique, croyance, qui va parfois jusqu'à imaginer que les réalisations technologiques dépasseront un jour les limites naturelles formalisées par la science fondamentale : la barrière de la vitesse de la lumière, les principes de la thermodynamique, notamment celui de la croissance de l'entropie. Certains ne rêvent-ils pas de partir coloniser des exoplanètes, qui tournent autour d'étoiles lointaines, comme les pèlerins du Mayflower étaient partis coloniser le Nouveau Monde en 1620 ?

On comprend aisément que les progrès techniques impressionnants accomplis, particulièrement au cours de ces deux derniers siècles, fournissent à l'homme moderne une image extrêmement valorisante de lui-même et qu'il soit tenté par le triomphalisme. On en est arrivé ainsi à ce que les Occidentaux, grisés par leur réussite technologique, jugent les autres peuples selon le seul critère de leur niveau de développement technique. Les populations qui n'ont pas connu la mécanisation se situent ainsi particulièrement bas dans leur estime.

Si la poursuite du progrès technologique permet à l'homme contemporain d'avoir une image valorisante de lui-même, la réciproque est également vraie. À partir du moment où il s'imagine que la société menace de ne plus poursuivre sa marche ascendante vers le progrès, l'image positive qu'il en a s'en trouve dévalorisée. Dès l'instant où la société arrête sa marche en avant sur la voie du progrès technologique, il la voit en déclin, en régression. Si elle n'avance pas, elle recule.

L'anecdote suivante illustre cette vision très largement répandue. Le tremblement de terre suivi d'un raz-de-marée, qui a ravagé le nord-est de l'île de Honshu au Japon le 16 mars 2011 et gravement endommagé la centrale nucléaire de Fukushima, a suscité de larges débats dans les jours qui ont suivi. Nombreux étaient celles et ceux qui voyaient dans cette catastrophe, survenant 25 ans après celle de Tchernobyl, un argument de poids en faveur de l'arrêt définitif des programmes électronucléaires. Nombreuses aussi étaient les personnes qui, malgré l'extrême gravité de cet accident, refusaient d'envisager de ne pas poursuivre le développement de cette filière technologique. On pouvait ainsi entendre, dans le cadre d'un débat télévisé, les propos tenus par un homme dans la soixantaine, sans doute un ingénieur, qui déclarait avec véhémence que renoncer à l'industrie nucléaire équivaudrait à un retour à l'âge de la pierre ! Cette déclaration en dit long sur la vision du monde de cet homme. À ses yeux, la maîtrise de la technologie nucléaire, sans considération pour les services qu'elle rend ou les inconvénients qui la caractérisent, constitue en soi un élément de civilisation. Aux yeux de cet homme, si un pays décidait de renoncer à la maîtrise de cette technologie ou d'autres technologies sophistiquées, alors même que son choix serait dicté par des considérations de sécurité, il se trouverait relégué au même niveau, peu flatteur aux yeux de beaucoup de nos contemporains, que les Boschimans du Kalahari !

Cette représentation de soi et de la société basée sur une fascination extrême pour la technologie a entraîné l'apparition aux alentours des années 1980 de toute une mouvance intellectuelle d'enthousiastes, qui cherchent à dépasser les limites humaines, tant individuelles que collectives, grâce à la technoscience. Ce mouvement a reçu le nom de transhumanisme. Il est profondément marqué par le genre littéraire de la science-fiction ; la plupart de ceux qui s'en réclament en sont des lecteurs enthousiastes. Les ambitions du transhumanisme sont multiples. Au niveau de l'individu, il s'agit d'abord de prolonger la vie humaine, voire d'atteindre l'immortalité. Mais il s'agit également de reprogrammer le cerveau humain afin d'atteindre une forme de superintelligence.

Raymond C. Kurzweil, un des principaux maîtres à penser du transhumanisme, considère que le rythme du changement technologique est en train de s'accélérer et que les cinquante prochaines années verront apparaître non seulement des avancées technologiques radicales, mais aussi une singularité technologique prévue entre 2020 et 2050. Par « singularité technologique », il entend un point d'inflexion, qui changera la nature même de l'homme. C'est ainsi que Kurzweil estime que le progrès, qui aura lieu au cours du XXIe siècle, correspondra à l'équivalent des 20'000 ans d'évolution humaine antérieure. Robert Zubrin, spécialiste des voyages interplanétaires, juge que la singularité technologique nous conduira à une civilisation de Type I sur l'échelle de Kardashev. Cette dernière a été baptisée du nom de l'astronome soviétique, Nikolaï Kardashev, qui a proposé en 1964 une méthode de classement des civilisations technologiques en fonction de leur consommation d'énergie.

Selon Kardashev, le niveau d'une civilisation se mesure essentiellement à son degré de développement technologique. Les autres éléments culturels étudiés par les anthropologues (arts, urbanisme, institutions sociales et politiques, musique, spiritualité, etc.) ne sont pas considérés comme des critères pertinents. Il propose donc une classification des civilisations selon un critère purement technologique, en l'occurrence la quantité d'énergie qu'elles peuvent extraire de la nature. Son échelle contient trois échelons qui suivent une progression exponentielle. Une civilisation de type I serait capable de capter l'intégralité de l'énergie produite par sa planète. Une civilisation de type II peut consommer directement l'énergie de l'étoile autour de laquelle gravite sa planète. Enfin, une civilisation de type III est capable de capter la totalité de l'énergie émise par sa galaxie. Bien que l'existence de civilisations extraterrestres soit tout à fait hypothétique, l'échelle de Kardashev a été largement adoptée par les futurologues et par les chercheurs du projet SETI.[25]

Paradoxalement, alors qu'il valorise à l'extrême les réalisations technologiques, l'homme contemporain est habité par une peur fantasmatique, celle de la rencontre avec une intelligence extra-terrestre maléfique, infiniment plus avancée technologiquement que la sienne. La science-fiction a maintes fois véhiculé ce thème, qui nourri l'inconscient de l'homme moderne d'une peur irrationnelle et persistante. Ce thème fut inauguré dans sa forme moderne par « La guerre des mondes », roman de science-fiction écrit par H.G.Wells en 1898, qui relate l'invasion de la Terre par des martiens. La diffusion de sa version radiophonique aux Etats-Unis en 1930 aurait, dit-on, fait croire à de nombreux auditeurs à une véritable invasion martienne, provoquant la panique.

♦ *Progrès social*

Au XVIIIe siècle, dans le sillage des révolutions américaines et françaises, alors que le progrès technique compte déjà à son actif un certain nombre de réalisations marquantes, le progrès social deviendra un thème mobilisateur.

Les vues des philosophes des Lumières, pourtant contemporains de ces deux événements, ne sont pas unanimes sur la question.

Diderot, l'encyclopédiste, (1713-1784), déclare : « Le monde a beau vieillir, il ne change pas ; il se peut que l'individu se perfectionne, mais la masse de l'espèce ne devient ni meilleure ni pire ». Quant à Jean-Jacques Rousseau (1712-1778) il déclare dans « Émile » que « tous les esprits partent toujours du même point [...] il n'y a point de vrai progrès de raison dans l'espèce humaine ».

D'autres représentants des Lumières se montrent plus hardis. Ainsi le philosophe et mathématicien Leibniz (1694-1716) s'interroge sur l'idée de progrès. Y a-t-il progrès, régression ou stabilité ? Il finit par estimer que le

---

[25] Ce sigle provient de « Search for extraterrestrial intelligence », soit en français « recherche d'intelligences extra-terrestres ». SETI est un programme américain qui a démarré vers 1960. Il fédère de nombreux projets destinés à détecter les signaux radio que d'hypothétiques êtres extraterrestres intelligents pourraient émettre ou avoir émis.

monde varie selon une loi qui est celle du meilleur. Le philosophe Emmanuel Kant (1724-1804) identifie l'*Aufklärung*, c'est-à-dire la philosophie des Lumières, à la sortie de l'homme de sa minorité et estime « que les dernières générations seules auront le bonheur d'habiter l'édifice auquel a travaillé une longue lignée de devanciers ».

Croyances bourgeoises

Au XVIIIe siècle occidental l'air du temps est bien à la croyance en un progrès de civilisation cumulatif. On considère alors que, grâce à la raison, le bien, la vertu et le bonheur se trouvent devant l'humanité, et que l'éducation et les lois rendront les hommes meilleurs.

Au cours du siècle suivant, différentes personnalités contribueront à entretenir une véritable idéologie du progrès. Le philosophe britannique Herbert Spencer (1820-1903), acquis au principe de l'évolution, assigne à l'univers une direction constante et reconnaît dans le progrès l'« effet d'une bienfaisante nécessité ». L'article « Progrès » du Grand Larousse universel du XIXe siècle reflète bien l'idéologie propre à cette époque :

> « *Cette idée que l'humanité devient de jour en jour meilleure et plus heureuse est particulièrement chère à notre siècle. La foi en la loi du progrès est la vraie foi de notre âge. C'est là une croyance qui trouve peu d'incrédules.* »[26]

La croyance en un progrès de l'humanité conduisait alors la bourgeoisie à voir dans la civilisation occidentale moderne la matérialisation d'une étape avancée dans un processus ascendant et continu ; les populations extérieures à l'Occident et étrangères à cette dynamique sociale, apparaissant à ses yeux comme des sociétés prisonnières de l'état stationnaire, caractéristique des peuples dits primitifs, ceux qui n'ont pas évolué et se trouvent toujours dans leur état premier. Cette idéologie du progrès, qui animait la bourgeoisie européenne, prenait indéniablement les traits d'une vision ethnocentrique du monde.

Utopies sociales

La perception du progrès n'était cependant pas uniforme. Elle s'articulait de manière différente selon la place, qu'occupaient les individus dans la hiérarchie sociale. L'idéologie du progrès, cette croyance exaltante que la civilisation occidentale constituait l'heureux aboutissement d'une longue évolution, était portée essentiellement par une classe bourgeoise, qui jouis-

---

[26] Cité par B. Valade, article « Progrès » in Enyclopaedia Universalis 2012, édition sur CD.

sait des bienfaits du modernisme, ainsi que du progrès technique et économique. Au XIXe siècle, les laissés pour compte de la révolution industrielle, ceux que Marx désignera sous le terme de prolétaires, n'avaient aucune raison de partager l'enthousiasme des milieux favorisés. Ils ne restaient pourtant pas tous totalement étrangers à l'idée de progrès social. Mais, au lieu de le voir comme un aboutissement qui se donnait à voir dans l'état présent de la société, ils le situaient dans un avenir plus ou moins lointain. Leur vision du progrès prenait la forme d'une utopie sociale à conquérir.

Le terme d'utopie, forgé par Thomas More (1478-1535), est le titre de l'ouvrage dans lequel il décrit la « meilleure des républiques » située dans l'île d'Utopie. Tirée du mot grec *topos* (τοπος), lieu, et du préfixe *ou* (ου) qui exprime la négation, l'utopie est ce qui n'a pas de lieu, c'est-à-dire ce qui ne se trouve nulle part. Le thème de l'utopie sociale a, au fil du temps, attiré de très nombreux adeptes. Ce terme a donné lieu à un genre littéraire propre. Il a aussi servi d'échappatoire à la dureté de la vie présente pour de larges segments de la société, principalement au XIXe siècle, à travers les utopies sociales qui permettaient d'évoquer la société vers laquelle le progrès devrait un jour amener les couches sociales laborieuses. Une génération de penseurs, principalement en Grande-Bretagne et en France, a marqué ce socialisme qui sera qualifié plus tard d'utopique par Marx.

Ainsi en Grande Bretagne Robert Owen (1771-1858), industriel philanthrope et autoritaire, crée en Ecosse, à New Lanark, une usine modèle, bientôt célèbre à travers toute l'Europe. Il y améliore les conditions sociales des ouvriers, réduit le temps de travail, crée des logements salubres pour les familles ouvrières, ouvre des écoles et crée la première crèche pour les jeunes enfants dont la mère travaille. Il s'engage dans de nombreux projets sociaux en Grande-Bretagne, aux Etats-Unis et au Mexique qui se soldent souvent par des échecs. Il publiera ses idées dans son ouvrage « Le livre du nouveau monde moral »[27] Son influence sur les « utopistes » français fut très importante.

Parmi ceux-ci, Claude Henri de Rouvroy, comte de Saint-Simon (1760-1825), est parfois présenté comme le premier socialiste français de l'ère industrielle. Il fut surtout le chantre de l'industrialisme et anticipa, dès le début du XIXe siècle, tous les développements de la société industrielle. La doctrine à laquelle il donna son nom, le saint-simonisme, fut surtout l'œuvre de ses principaux disciples, Prosper Enfantin et Armand Bazard. Le saint-simonisme met en cause la répartition et la transmission des richesses, l'héri-

---

[27] Titre anglais : *Book of the New Moral World*, 1845.

tage et la propriété. Il propose une réforme du mode de gouvernement, ainsi qu'un nouveau christianisme.

Charles Fourier (1772-1837), autre précurseur du socialisme, développe ses idées dans « La Phalange » (1836). Il préconise une organisation communautaire conforme aux exigences de la nature, qui assurera le passage à l'ère de « l'industrie sociétaire, véridique et attrayante ». Vivant dans des phalanstères, ou phalanges, communautés agricoles de 1'620 hommes et femmes où se combinent les 810 caractères, que Fourier a dénombrés, on travaille dans l'harmonie et le plaisir selon ses propres passions.

Karl Marx (1818-1883), à la fois juriste et philosophe de formation, présentera dans son œuvre majeure «Das Kapital» une critique de la pensée économique dominante de son temps, celle de l'économiste britannique David Ricardo à laquelle il adresse le reproche de n'être que la traduction de l'idéologie bourgeoise, sans réflexion critique sur le système capitaliste.

Marx soutient que l'histoire a un sens et prétend ainsi dégager les lois du développement historique. Il estime que la société capitaliste est caractérisée par une lutte des classes sans merci entre la bourgeoisie riche et dominatrice d'une part et le prolétariat pauvre et opprimé de l'autre. Il prévoit que la société capitaliste évoluera dans le sens d'une baisse inexorable de la marge de profit, entraînant progressivement la faillite d'un nombre toujours plus grand de capitalistes, qui iront ensuite gonfler les rangs du prolétariat. Ce processus se poursuivra jusqu'au basculement révolutionnaire final, qui verra le triomphe du prolétariat sur la bourgeoisie et l'avènement de la société communiste sans classes.

Marx se présentait lui-même comme le théoricien du « socialisme scientifique » par opposition à ses devanciers qu'il qualifiait d'utopistes. Cependant la société communiste, qu'il annonce, n'est-elle pas elle aussi une forme d'utopie, à l'instar des sociétés modèles que Saint Simon ou Fourier appelaient de leurs vœux ? Sa pensée sur ce point est d'ailleurs ambivalente, puisqu'il évoque dans son œuvre un lointain passé mythique où aurait régné un communisme primitif.

L'influence de Marx a été considérable, puisque ses idées ont inspiré Lénine lorsqu'il initia la révolution d'octobre 1917 en Russie, ouvrant ainsi la voie à un régime politique, qui tiendra plus de 70 ans. L'attrait exercé par l'utopie marxiste a toutefois fini par s'atténuer, notamment en raison du succès des réformes profondes, qu'ont connues les économies capitalistes au XXe siècle, en particulier durant les années qui ont suivi la deuxième guerre mondiale. La chute du mur de Berlin en 1989 et la fin de la plupart des régimes d'inspiration marxiste à parti unique ont achevé de discréditer aux yeux d'une grande partie de la population la lecture marxiste de l'histoire. La mise en œuvre du progrès social est ainsi apparue possible, voire même plus probable, dans les économies de marché que dans les économies se réclamant du marxisme.

À côté des visions « matérialistes » qui viennent d'être évoquées, les conceptions spirituelles du progrès n'ont toutefois pas disparu pour autant. Il vaut la peine de citer à cet égard celle de Pierre Teilhard de Chardin (1881-1955). Ce dernier était à la fois un religieux, prêtre jésuite, et un scientifique reconnu en géologie et en paléontologie. Ses travaux, notamment ses recherches sur l'homme fossile de Choukoutien (*Homo erectus pekinensis*) ont fait référence en leur temps. Toutefois Teilhard de Chardin est surtout reconnu pour sa pensée spirituelle, en raison des réflexions contenues dans son ouvrage posthume « Le phénomène humain ».

Il avait très tôt été conquis par la théorie de l'évolution, qui marque profondément sa pensée et dont il voit le champ s'étendre non seulement à la Terre, mais à tout l'univers. Il considère que la matière contient une puissance spirituelle, qui fait de l'évolution du cosmos, non seulement un processus de complexification croissante, mais également de spiritualisation. Au-delà de l'apparition du vivant, la complexification, devenue hominisation, a permis l'apparition d'*homo sapiens*. Celui-ci ne constitue cependant pas un aboutissement final, seulement une étape. Orienté vers le futur, l'univers poursuit son évolution à travers un ultra-humain, vers un point de convergence de l'humanité, point Oméga, qui marquera, comme dans le livre de l'Apocalypse, le retour du Christ en gloire.

2. L'héritage utilitariste

Outre la notion de progrès, appréhendé principalement sous ses formes de progrès technique et social, on peut voir dans les représentations sociales de l'Occident l'influence, aussi profonde que largement ignorée, d'une doctrine sociale particulière, l'utilitarisme. Cette doctrine a profondément influencé la pensée économique dominante, qui guide l'action de la plupart des hommes politiques, quelle que soit leur obédience.

L'héritage utilitariste est rarement proclamé et les partisans de la croissance n'en sont souvent même pas conscients. Étant donné l'importance de la dette de l'idéologie de la croissance à l'égard de l'utilitarisme, il est difficile de comprendre cette idéologie sans un examen de la doctrine à laquelle elle est grandement redevable.

Qu'est ce que l'utilitarisme ?

L'utilitarisme se présente à la fois comme une philosophie morale et une doctrine sociale. Selon son fondateur, Jeremy Bentham (1748-1832), les principes de l'utilitarisme constituent le cœur de la morale, qui devrait guider l'élite dirigeante de la société.

L'utilitarisme fat partie des doctrines morales dites de responsabilité, parfois également appelées conséquentialistes. Si les principes de base de l'utilitarisme reviennent à Jeremy Bentham, ceux-ci ont été complétés par la suite par plusieurs penseurs, principalement John Stuart Mill (1806-1873) qui, outre ses contributions à la philosophie morale, fut un économiste de renom.

Les utilitaristes font du bonheur, qu'ils appellent utilité, une réalité objective. La doctrine utilitariste est simple ; elle s'articule autour du principe d'utilité de Bentham, qu'on pourrait résumer par cette formule: « le plus grand bonheur du plus grand nombre ». Bentham entend en effet par principe d'utilité le principe selon lequel toute action envisagée doit être évaluée en fonction de son aptitude à augmenter ou à réduire le bonheur, voire le plaisir, des parties affectées par l'action. Il s'agit donc d'agir (ou de renoncer à agir) de manière à maximiser la somme de bonheur des individus concernés.

Bentham considère qu'il ne peut y avoir de conflit entre les fins poursuivies par l'individu et celles de la communauté, car si l'un et l'autre fondent leur action sur le principe d'utilité, leurs intérêts seront identiques. De ce fait sa doctrine peut être considérée autant comme une philosophie morale que comme une doctrine sociale.

La recherche du plus grand bonheur va d'ailleurs loin. Bentham estimait possible de déterminer scientifiquement la quantité de plaisir et de peine générée par nos diverses actions. C'est ainsi qu'il avait mis au point une méthode, "Le calcul du bonheur et des peines", qui identifie sept critères permettant d'évaluer la moralité d'une action: la durée du plaisir ou du bonheur qu'elle procure, son intensité, sa certitude, sa proximité, son étendue, sa fécondité, sa pureté. L'action la plus juste est celle qui réunit le plus grand nombre de ces critères.

Se démarquant quelque peu de Bentham, qui place le plaisir au centre de sa version hédoniste de l'utilitarisme, John Stuart Mill prône un utilitarisme eudémoniste qui privilégie le bonheur. Mill s'attache en outre à la dimension qualitative des plaisirs, les plaisirs les plus souhaitables étant ceux qui mettent en œuvre les facultés supérieures de l'être humain. Il justifie ainsi qu'on puisse préférer une quantité moindre d'un plaisir de plus grande qualité à une plus grande quantité d'un plaisir de qualité médiocre.

L'utilitarisme a connu un succès considérable, principalement dans les pays anglo-saxons. Il s'est attiré de nombreuses critiques au fil du temps. Il s'est modifié et diversifié en plusieurs variantes à mesure qu'il s'efforçait de tenir compte des critiques, dont il faisait l'objet. Sans trop entrer dans les nuances, on peut néanmoins distinguer l'utilitarisme de l'acte et l'utilitarisme de la règle. Il est en outre utile de noter que la conception de Bentham correspond à ce qu'on appelle l'utilitarisme de la règle. Pour l'utilitarisme de la règle, il ne s'agit pas de se préoccuper des conséquences immédiates d'un acte particulier mais de l'ensemble des conséquences probables de l'adoption d'une règle. Ainsi l'œuvre principale de Bentham « An Introduction to the Principles of Morals and Legislation »[28] publiée en 1789 se préoccupait des principes sur lesquels devait reposer la loi. Son calcul hédoniste définissait, non pas les critères que devait satisfaire chaque action individuelle, mais les buts que devait se fixer le législateur.

Comment l'utilitarisme à t-il pu servir à justifier les politiques de croissance ?

Le calcul scientifique des plaisirs, inspiré dans sa forme par les méthodes de la physique de Newton, a séduit les économistes de l'école néoclassique, qui ont beaucoup contribué à sa célébrité en le reprenant à leur compte, tout en le transformant quelque peu. Avec les économistes néoclassiques, l'utilitarisme passe du statut de doctrine morale à celui de théorie psychologique. L'être humain, selon ces économistes, serait toujours guidé dans ses choix par la recherche égoïste de son plaisir, rebaptisé « utilité ». Cette utilité a été modélisée en équations mathématiques comme on le ferait d'un flux matériel. Comme l'utilité ne se laisse pas observer, encore moins mesurer, les néoclassiques, pour pouvoir la décrire, ont été obligés de poser que son comportement obéit à un minimum d'axiomes, les amenant à postuler que l'utilité de tout individu s'accroît avec l'accroissement de ses revenus. En additionnant les utilités des uns et des autres, ils en sont ainsi arrivés à soutenir que l'utilité consolidée de tous les acteurs au sein d'une économie donnée s'accroît quand leur revenu consolidé s'accroît. Ce revenu consolidé n'est autre que le PIB.

3. L'insatiabilité des besoins humains

La théorie économique dite néoclassique, qui se trouve incarner encore de nos jours la pensée économique dominante, adoptera vers les années 1870 le terme d'utilité, emprunté à la doctrine utilitariste, en le dénaturant quelque

---

[28] En français : Une introduction aux principes de la morale et de l'élaboration des lois.

peu, ainsi que nous venons de le voir, pour décrire le comportement du consommateur. Les économistes néoclassiques font en effet du principe d'utilité, plutôt qu'une doctrine morale, comme le concevaient Bentham et Mill, un principe psychologique, selon lequel le consommateur rationnel, l'« homo economicus », serait exclusivement mu par la recherche de la maximisation de son plaisir ou de son bonheur égoïste, appelé désormais son utilité personnelle. Il est intéressant de relever que, aux yeux des économistes néoclassiques et contrairement au point de vue de Bentham, les êtres humains, étant supposés mus par leur seul intérêt personnel, ne se comportent pas habituellement en conformité avec les principes de la morale utilitariste, puisque celle-ci postule une part d'altruisme. Il s'agissait, pour Bentham, de rechercher le bonheur du plus grand nombre et non pas son seul bonheur personnel. Précisons néanmoins, en espérant ne pas semer la confusion dans l'esprit du lecteur, qu'il existe une branche de l'économie théorique qui s'attache à la doctrine utilitariste d'origine. Il s'agit de l'économie normative,[29] une discipline qui entend conseiller « scientifiquement » les pouvoirs publics sur les bons choix économiques à opérer.

Il faut garder à l'esprit que l'utilité, substance non observable et donc non mesurable, est une création *ad hoc* dont la principale vertu est de pouvoir légitimer le postulat du caractère illimité des besoins matériels humains. On pourrait comparer cette substance à l'éther des physiciens du XIXe siècle. Pendant longtemps les physiciens ont fait l'hypothèse de l'existence dans l'espace d'un fluide, l'éther, à travers lequel les ondes lumineuses étaient supposées se propager comme les ondes sonores dans l'air. Ce fluide était censé remplir l'univers tout en n'opposant aucune résistance aux déplacements des objets physiques tels que la Terre, qui n'était visiblement ralentie par rien dans son mouvement de rotation autour du soleil. La lumière était supposée avoir une vitesse fixe par rapport à l'éther, repère absolu. Comme l'éther constituait un référentiel absolu par rapport auquel tout mouvement pouvait être mesuré, le succès de la théorie de la relativité, qui niait l'existence d'un tel référentiel, amena les physiciens à abandonner ce concept devenu inutile.

Contrairement à l'éther, le concept d'utilité est encore … utile aux économistes de l'école néoclassique, ainsi qu'aux décideurs privés et publics. Elle se trouve au centre des raisonnements et des recommandations de la théorie économique. De surcroît elle contribue à soutenir l'idée que fournir sans fin aux hommes toujours plus de biens matériels est de nature à augmenter leur bonheur.

---

[29] Cette discipline est appelée « Welfare economics » en anglais, c'est-à-dire littéralement l'économie du bien-être.

Mais comment calculer l'utilité, cette substance que l'on ne peut ni mesurer, ni observer ?

Les économistes néoclassiques ont mis au point un dispositif rigoureux de calcul des utilités. Pouvoir formaliser un tel calcul était essentiel pour ces théoriciens, qui avaient comme projet de représenter sous forme mathématique le comportement du consommateur. Cette représentation devait s'intégrer dans une formalisation mathématique générale dans le cadre d'une théorie dite de l'équilibre général[30], dont l'ambition était de justifier la célèbre intuition de la « main invisible » d'Adam Smith.

Les économistes néoclassiques admettent que l'utilité ne peut être mesurée. Elle ne constitue pas, disent-ils, une grandeur cardinale, c'est-à-dire une grandeur à laquelle on peut assigner une quantité. En revanche elle constitue, selon eux, une grandeur ordinale. Cela signifie que, bien qu'on ne puisse pas dire d'une personne qu'une pomme lui apporte telle quantité d'utilité, toute personne est capable de classer ses préférences, c'est-à-dire de déterminer, par exemple, qu'entre une banane et une pomme, elle préfère la banane. En outre, toujours selon ces économistes, entre deux combinaisons de biens de consommations, qui ne se différencient que par la présence dans l'une d'un bien en quantité plus grande, l'« homo economicus » choisira toujours la quantité supérieure. Ainsi, nous disent les néoclassiques, si vous offrez à un consommateur quelconque le choix entre deux paniers, l'un contenant 2 pommes et 2 bananes. L'autre contenant 2 pommes et 3 bananes, il choisira toujours le deuxième panier.

Ainsi est posée comme principe l'idée que, en vertu de la nature humaine, « plus » sera toujours préféré à « moins » et que la seule limitation posée à la quantité de biens, qu'un individu consomme, provient de la contrainte financière, que lui impose son budget. Grâce à ce postulat, avec quelques hypothèses supplémentaires, les économistes néoclassiques arrivent à réaliser leur calcul d'utilité.

Ayant présenté les valeurs et les représentations de la réalité sous-jacentes à l'idéologie de la croissance, nous allons maintenant passer à leur examen critique.

---

[30] L'ambition de la théorie de l'équilibre général, présentée en 1874 par Léon Walras, était de justifier au moyen d'une formulation rigoureuse l'intuition avancée en 1776 par Adam Smith, le fondateur de la pensée économique moderne, à travers l'allégorie de la « main invisible » souvent évoquée. Cette allégorie suggère l'idée selon laquelle les marchés rendraient compatibles et conformes à l'intérêt général les décisions égoïstes d'innombrables agents économiques, sans qu'une autorité centrale ait à se soucier du bon fonctionnement d'ensemble du système.

Chapitre 4 L'esprit de compétition est-il une vertu ?

Parmi les valeurs occidentales évoquées au chapitre 2, l'une d'entre elles retiendra tout particulièrement notre attention en raison de son influence profonde sur ce que nous avons choisi d'appeler l'idéologie de la croissance. Il s'agit de l'esprit de compétition, qui est généralement associé en Occident au dépassement de soi.

Nous avons vu plus haut que la société occidentale accorde une importance toute particulière à la valeur de l'esprit de compétition, qui y est perçu comme la meilleure voie vers le dépassement de soi et le progrès personnel. Or on peut se demander s'il n'y a pas quelque chose de fondamentalement malsain dans la promotion de l'esprit de compétition et de rivalité, puisque cela revient à enseigner qu'on ne peut s'estimer qu'au mépris de l'autre, c'est-à-dire en se confrontant à lui pour le vaincre, l'abaisser. Les penseurs de l'Antiquité grecque avaient déjà relevé ce problème éthique, comme le montre le récit tragique de la rivalité irréductible entre, Etéocle et Polynice, les deux fils d'Œdipe, autre héros tragique, devenu roi de Thèbes par son mariage avec Jocaste.

Après qu'Œdipe eût quitté Thèbes, Étéocle, l'aîné des deux frères, convient avec Polynice qu'ils régneront sur la ville de manière alternée chacun pour une année, celui qui ne règne pas se tenant alors à l'écart de la ville. Polynice accepte la proposition. Étéocle règne alors le premier. Mais, à la fin de la première année, il refuse de céder le trône à son frère.

Ulcéré, Polynice se rend d'abord à Colonne pour obtenir la bénédiction de son père, aveugle. Mais celui-ci le rabroue sèchement. Polynice va trouver ensuite son beau-père, Adraste, le roi des Argiens.

Adraste, dans le but de rétablir son gendre dans ses droits, accepte de lever une armée considérable, qui marchera sur Thèbes. S'engage alors une guerre rude et meurtrière. Pour que des innocents cessent de payer de leur vie cette lutte fratricide, Étéocle et Polynice sont finalement amenés à mettre un terme à leur querelle par un combat singulier, et finissent par se donner mutuellement la mort.

Ce que ce récit mythologique nous fait entrevoir c'est le caractère démesuré, que peut prendre une rivalité. Pour celui qui est entraîné dans cette logique d'affrontement, il n'y a pas de limite aux moyens qu'il est prêt à mettre en œuvre pour l'emporter. Il est prêt même à sacrifier la vie de nombreux innocents, totalement étrangers à sa querelle. Comme cette folie est partagée par son adversaire, aucun des deux n'acceptera de s'incliner devant l'autre et seule la mort d'un des protagonistes y mettra un terme. Toutefois, le récit mythologique faisant disparaître les deux protagonistes, il laisse entendre qu'aucun des adversaires ne sort réellement vainqueur de ce type de confrontation.

Mais le plus surprenant, dans la logique folle de la rivalité, c'est qu'il n'est pas nécessaire de haïr l'autre pour vouloir triompher, coûte que coûte, de lui. Dans la version qu'Henry Bauchau a écrit de ce récit mythologique, il fait dire à Étéocle au moment de son dernier souffle : « Pourtant frère je t'aimais. » Et Polynice de lui répondre : « Moi aussi je t'aimais. »[31] En effet le ressort ultime de la rivalité n'est pas la haine de l'autre ; non, c'est le besoin impérieux de se sentir valorisé.

Ce détour par la mythologie permettra peut-être au lecteur de se montrer circonspect à l'égard de la valorisation par l'Occident de la compétition, c'est-à-dire du combat contre l'autre dans ses diverses manifestations. Cela ne signifie pas que la lutte symbolique soit à proscrire en toutes circonstances. Non. Mais il importe de surveiller attentivement ce qu'on en fait et de savoir où est la limite. Et dans notre société nous ne savons plus par où passe cette limite.

Le grand problème de la compétition, que notre société idéalise, est que l'obsession du but, c'est-à-dire la victoire et la suprématie sur l'autre, amène les protagonistes à perdre totalement le sens de la mesure, à perdre tout contrôle sur les moyens utilisés. Pour s'en convaincre on pourra prendre quelques exemples tirés de la vie moderne. Songeons ainsi aux jeux olympiques. Si le mouvement olympique a pour but déclaré de contribuer à un monde meilleur, plus pacifique, dans un esprit d'amitié et de respect, chaque olympiade tend toutefois à devenir un terrain d'affrontement, où les villes organisatrices rivalisent de faste et d'ostentation bien au-delà du raisonnable. En 1972 la ville de Munich organisa des jeux pour une dépense totale de l'ordre de $2,4 milliards. Trente-six ans plus tard les dépenses engagées dans les jeux de Beijing (Pékin) de 2008 se chiffraient à $43 milliards, soit 18 fois le coût des jeux de Munich, pour être dépassés six ans plus tard par les jeux d'hiver de Sotchi en 2014, qui auront dépassé de plusieurs fois leur budget initial, pour s'établir à un coût final estimé à $44 milliards! Sans doute faut-il considérer ces deux derniers cas comme des extravagances tout à fait exceptionnelles, puisque les jeux de Londres de 2012 n'ont coûté « que » $19 milliards.[32] Cela représente néanmoins presque 8 fois le coût des de ceux de

---

[31] H. Bauchau (1997), page 265.

[32] Chiffres fournis par l'étude « Pourquoi le coût des jeux olympiques est-il toujours sous-estimé? » de Wladimir Andreff
Consultable à l'adresse : revistas.ucm.es/index.php/PADE/article/download/41093/39328

Munich, soit une augmentation moyenne de 23% d'une olympiade à l'autre. C'est plus que la croissance annuelle du PIB mondial.

Prenons un autre exemple ; celui des dépenses engagées dans les campagnes électorales, aux Etats-Unis en particulier.[33] En 2012, lorsque Barack Obama se présentait pour sa réélection, les deux candidats à l'élection présidentielle ont conjointement englouti $2,6 milliards dans leurs campagnes. Cette somme, bien qu'en baisse légère par rapport à la campagne de 2008 où le candidat Obama se présentait pour la première fois, représente tout de même une hausse de 85% par rapport à la campagne présidentielle de 2000, soit un taux de croissance identique à celui des dépenses consacrées à l'organisation des jeux olympiques. Les sommes consacrées aux élections du Congrès, qui ont lieu tous les deux ans, augmentent plus rapidement encore. Elles ont ainsi augmenté de 125% entre 2000 et 2012, passant de $1,6 à $3,6 milliards.

Ce que ces données chiffrées illustrent c'est le fait que, dans une lutte où l'objectif est de supplanter l'autre, il n'y a pas de limite aux moyens que l'homme est prêt à mettre en œuvre pour atteindre son objectif. Il n'y a donc aucune raison de s'étonner si les coûts engendrés par la lutte dépassent largement les gains initialement escomptés en cas de victoire. Ainsi peut-on dire que, dans certains combats, même le vainqueur est perdant. Il se peut même que la lutte ne se termine que par l'anéantissement des protagonistes, comme dans le combat mythologique entre Etéocle et Polynice.

Les nations du monde sont engagées dans un combat pour la suprématie. Toutes les ressources de la planète suffiront-elles à permettre à un des protagonistes d'atteindre son objectif ?

Il est, pensons nous, important de relever que l'esprit de compétition, si cher à l'Occident, est fondamentalement destructeur et souvent mortifère. Il est de surcroît incompatible avec les principes de moralité énoncés par Kant (cf. l'impératif catégorique[34]), puisqu'il réduit l'autre à un simple moyen au

---

[33] D'après les estimations du Center for responsive politics, consultables à l'adresse http://www.opensecrets.org/bigpicture/index.php?display=T

[34] La notion d'impératif catégorique constitue un apport de la philosophie morale d'Emmanuel Kant (1724-1804). Il l'a repris plusieurs fois selon des formulations différentes. L'esprit de compétition apparaît contraire à la formulation no 2.
1. « Agis seulement d'après la maxime grâce à laquelle tu peux vouloir en même temps qu'elle devienne une loi universelle. »
2. « Agis de façon telle que tu traites l'humanité, aussi bien dans ta personne que dans toute autre, toujours en même temps comme fin, et jamais simplement comme moyen. »
3. « L'idée de la volonté de tout être raisonnable conçue comme volonté instituant une législation universelle. »

service de ma réalisation personnelle. Ceux, qui vantent l'esprit de compétition, valorisent une forme d'épanouissement personnel, qui ne peut se réaliser qu'au prix de l'abaissement de l'autre. Cette vision-là est antisociale ; elle est incompatible avec une vie pacifiée entre égaux.

Qu'on se le dise : l'esprit de compétition est une plante particulièrement toxique, aux effets dévastateurs, dont on ne se méfie pas au premier abord en raison de son apparence séduisante. Il confond dépassement de soi et dépassement de l'autre. Il est pourtant possible de se réaliser, de se dépasser, sans porter atteinte à l'autre, considéré comme un égal, non un rival. Le dépassement de soi c'est faire mieux aujourd'hui qu'hier et se fixer pour objectif demain de faire mieux qu'aujourd'hui. Ce n'est pas un combat contre l'autre, mais un combat pour son amélioration personnelle.

♦ *Qui choisirions nous comme héros ?*

Pour mettre en lumière cette distinction entre le dépassement de l'autre, sur lequel repose l'esprit de compétition, et le dépassement de soi, voici évoquées trois destins, ceux de trois explorateurs audacieux, qui se sont lancés, au cours des premières années du XXe siècle, à la découverte de territoires inconnus, dans un des climats les plus hostiles de la Terre, l'Antarctique. Ces personnalités sont Roald Amundsen, Robert Falcon Scott et Ernest Henry Shackleton.

Scott

Le 24 octobre 1911 Robert Falcon Scott, officier britannique de la Royal Navy, quitte les rives de la mer de Ross sur le continent Antarctique, accompagné de 13 hommes, 19 poneys, 34 chiens, 13 traîneaux et 2 traîneaux motorisés à chenilles, emmenant trois tonnes de vivres, combustible et équipements. Le but de l'expédition est double : devenir les premiers hommes à atteindre le Pôle Sud géographique et compléter un ambitieux programme de recherches scientifiques. Afin de pouvoir emporter un maximum de vivres et d'équipements, Scott décide de démarrer le périple avec tous les membres de l'expédition, pour organiser ensuite, une fois leur tâche accomplie, leur retrait progressif vers le camp de base.

L'expédition joue toutefois de malchance. Des traîneaux se brisent. Les poneys, manifestant une grande difficulté à progresser dans la neige, s'épuisent et succombent, remplacés par des hommes qui s'épuisent également. Pour accomplir les 277 derniers kilomètres l'équipe est réduite à cinq hom-

---

4. « Agis selon les maximes d'un membre qui légifère universellement en vue d'un règne des fins simplement possible. »

mes. Peu avant leur arrivée au Pôle, ils découvrent dans la neige les traces laissées par une autre expédition, celle d'Amundsen qui les a devancés. Ils atteignent finalement le Pôle le 17 janvier 1912. Sur le chemin du retour, le manque de nourriture et le froid provoquent scorbut, engelures et dépression. Ceci n'empêchera pas les membres de l'expédition de récolter en cours de route plusieurs kilos d'échantillons géologiques. Deux équipiers périront en chemin. Les trois survivants, dont Scott, périront à leur tour à seulement 18 km d'un dépôt de vivres, immobilisés depuis plusieurs jours par le blizzard, peu après le 29 mars 1912, date à laquelle s'achève le journal de bord tenu par Scott.

Amundsen

L'expédition menée par le norvégien Roald Amundsen fut la première à atteindre le Pôle Sud. Amundsen et quatre compagnons arrivent au Pôle le 14 décembre 1911, cinq semaines avant l'expédition menée par Scott.

Après des mois de préparation, de mise en place de dépôts de provisions sur la route qu'ils vont emprunter, et malgré un faux départ provoqué sans doute par la précipitation découlant de la compétition avec les britanniques, le 19 octobre 1911 l'expédition quitte sa base située à quelques centaines de kilomètres à l'Est de celle de Scott. Elle se compose de cinq hommes, quatre traîneaux et 52 chiens. La maîtrise du déplacement à skis et l'expertise avec les chiens de traîneaux assureront un voyage, certes éprouvant, mais rapide et sans incident majeur. Une importante reconnaissance océanographique et la première exploration de terres encore inconnues comptent parmi les autres réussites de l'expédition. Amundsen et ses équipiers atteindront le Pôle le 14 décembre 1911 et reviendront ensuite à leur base sains et saufs.

Shackleton

Après la conquête du Pôle Sud par Roald Amundsen, Ernest Henry Shackleton porte son attention sur ce qu'il estime être le dernier grand objectif de l'exploration Antarctique : la traversée du continent depuis la mer de Weddell, située au Sud du continent sud américain, à la mer de Ross en passant par le Pôle. Il monte une expédition à cette fin.

Toutefois l'expédition, comme celle de Scott trois ans auparavant, sera vite frappée par la malchance. Quittant l'île de la Géorgie du Sud, située dans l'Atlantique Sud, pour la mer de Weddell le 5 décembre 1914, le navire de l'expédition, l'Endurance, sera bloqué dans la glace dès le 19 janvier 1915. Au cours des mois suivants, le navire, enserré dans la banquise, dérivera lentement vers le Nord sans possibilité de naviguer. Le 24 octobre 1915, l'eau commence à s'infiltrer dans la coque et Shackleton décide alors d'abandonner le navire. Les hommes transfèrent les provisions et les équipements sur la glace. Le 21 novembre 1915, le bateau est totalement broyé et disparaît sous la banquise.

Après des mois de dérive, leur banquise finit par se disloquer le 9 avril 1916. Shackleton et son équipage mettent alors les canots de sauvetage à la mer afin de gagner la terre la plus proche. Il leur faudra cinq jours et cinq nuits de navigation sur une mer agitée et glaciale pour débarquer enfin sur la terre ferme, à l'île de l'Éléphant, lieu inhospitalier, loin de toutes routes maritimes. Shackleton prend donc le risque de partir à bord du mieux équipé des trois canots, avec cinq compagnons, rejoindre la Géorgie du Sud où il sait pouvoir trouver de l'aide dans les stations baleinières du nord de l'île.

Le 24 avril 1916 six hommes embarquent à bord du canot et, au bout de seize jours, parviennent à accoster sur la rive sud de l'île, malheureusement déserte. Après neuf jours de récupération, trois des hommes sont encore trop faibles pour risquer de se rendre sur la côte septentrionale de l'île où se trouvent les stations baleinières. Shackleton décide alors de tenter la traversée de l'île par l'intérieur et, laissant les trois plus faibles sur place, en 36 heures il traverse l'île montagneuse, avec deux compagnons, pour atteindre la station de Stromness où il trouvera de l'aide.

Dès son arrivée, il envoie un bateau chercher les trois hommes restés sur la côte sud de l'île. Il organise ensuite le sauvetage des membres de l'expédition, qui attendent toujours sur l'île de l'Éléphant et qui seront tous ramenés sains et saufs.

* * * * *

Lequel de ces trois exploits mérite le plus d'admiration ? Lequel de ces personnages pourrait être notre héros ?

Amundsen a réussi l'exploit remarquable de diriger la première expédition qui a atteint le Pôle Sud. L'exploit de Scott fut également très impressionnant ; malheureusement, en raison d'une combinaison de facteurs, dont le moindre ne fut pas le manque de chance, il ne fut pas couronné de succès. De surcroît, dans son malheur, Scott a entraîné quatre hommes avec lui vers la mort. Shackleton n'a rien accompli en termes d'exploit historique. Son expédition fut un échec complet. Pourtant, dans les circonstances difficiles où il s'est trouvé, il a réussi, au prix d'efforts extraordinaires, à ramener vivants tous les membres de son expédition.

La société contemporaine porte en très haute estime tant les personnages victorieux que ceux qui ont rencontré, dans le combat, un destin tragique. Amundsen, le grand vainqueur de la course au Pôle Sud, est vénéré encore aujourd'hui, et pas seulement en Norvège. La mémoire de Scott le battant, malgré son échec, est également célébrée pour le courage et la détermination dont il a su faire preuve jusqu'au bout. Beaucoup moins de gens se souviennent de Shackleton, celui qui n'a pas réalisé de conquête, ni connu de disparition tragique. Contrairement aux deux autres, qui ont éprouvé leurs limites lors d'une rude et mémorable rivalité, Shackleton n'a pas testé ses limites contre un adversaire ; il les a éprouvées en portant secours à ses équipiers, dont il s'estimait responsable. Qui sait ? Peut-être qu'une société qui, plutôt que de porter aux nues les « Amundsen » et les « Scott », proposerait des « Shackleton » comme modèles, saurait mieux gérer les rudes défis auxquels est aujourd'hui confrontée l'humanité.

Chapitre 5 Qu'est-ce que le progrès ?

Examinons maintenant de manière critique la croyance au progrès évoquée plus haut. Deux conceptions du progrès ont été mises en lumière : celle de progrès-destin et celle de progrès-liberté.

1. Le progrès-destin

Le progrès-destin, dans sa déclinaison laïque, fait de l'accomplissement du progrès technique un but en soi, contrairement à la logique qui voudrait que la technique soit un moyen au service de nos fins. On peut dire que l'attachement au progrès-destin tient en partie à une illusion, à un effet de perspective propre à notre point de vue particulier sur l'histoire du développement humain.

Une analogie peut être établie entre notre regard sur le passé de l'humanité et le regard que nous portons sur la Voie Lactée, la galaxie à laquelle appartient notre système solaire. Lorsque nous regardons la voûte céleste la nuit par temps dégagé, loin de la ville, la galaxie nous apparaît comme une sorte de large barre lumineuse, qui traverse notre champ visuel, composée d'une myriade de points minuscules de luminosité variable. Or la Voie Lactée, nous disent les astronomes, est une galaxie spiralée comme il en existe des millions, voire des milliards, dans l'univers. Elle a donc plutôt la forme d'un disque, forme que nous ne distinguons pas, parce que nous nous trouvons en son sein même, près de sa périphérie. C'est donc le point d'observation, duquel nous contemplons la galaxie qui nous en donne une vision trompeuse. Ainsi, d'une manière similaire, l'humanité, et plus particulièrement le monde occidental, se trouve au terme de deux siècles de changements rapides qui sont généralement considérés comme positifs.

L'Occident conçoit le parcours récent de sa civilisation comme un processus d'amélioration constante, une marche vers le mieux. Et l'homme contemporain imagine spontanément l'avenir comme la simple continuation de ce mouvement. Toutefois cela fait plus de quatre cent mille ans que notre espèce, *homo sapiens*, est apparue sur Terre. La période de progrès technique considérable, qui occupe la plus grande parie de notre horizon historique, n'a duré que deux cents ans. Il est physiquement impossible – nous le verrons plus loin – que la croissance économique se poursuive pendant longtemps encore. Avec l'arrêt de la croissance, le progrès technique lourd, gros consommateur de ressources, s'arrêtera lui aussi. Alors imaginons un observateur qui viendrait sur Terre dans quatre cent mille ans contempler l'histoire humaine. La période de croissance économique rapide qui fascine tant nos contemporains y apparaîtrait sans aucun doute comme un minuscule accident de l'histoire.

Par ailleurs la conception du progrès-destin, dans la mesure où elle est influencée par la théorie darwinienne de l'évolution, se trouve être affectée d'une autre erreur, qui est assez similaire à celle que dénonçait le philosophe écossais David Hume et que les anglo-saxons appellent « the is-ought problem ». Hume avait observé qu'il existe une différence fondamentale entre les énoncés descriptifs (les énoncés qui portent sur ce qui est) et les énoncés prescriptifs (ceux qui portent sur ce qui devrait être). Il tira argument de cette différence de nature, ou de statut, pour soutenir qu'on ne peut logiquement tirer des conclusions sur ce qui devrait être à partir d'un énoncé sur ce qui est. G.E.Moore a défendu une position similaire dans son argument dit « de la question ouverte », destiné à réfuter toute assimilation de propriétés morales à des objets naturels. La conception du progrès-destin, dans la mesure où elle prétend se justifier sur la base de l'évolution du vivant, tombe sous le coup de la critique de Moore. En effet l'observation de l'évolution des espèces nous amène à constater qu'il existe une tendance à la complexification. Ceci constitue un fait d'observation, une propriété de la nature. À partir de là, les adeptes de cette conception du progrès soutiennent que les espèces actuelles, plus complexes, sont plus avancées, supérieures, donc « meilleures » que les espèces plus simples qui peuplaient la Terre voici un milliard d'années et que la Terre se serait ainsi améliorée par rapport à son état antérieur. Selon l'argument de Moore, il n'y aurait pas de sens à tirer parti de la plus grande complexité actuelle du vivant pour soutenir que la période, que nous vivons, serait supérieure à celles qui l'ont précédée.

L'idée a par ailleurs été avancée que la complexification de certaines populations animales pourrait n'être que la conséquence de leur nécessaire adaptation à un environnement en transformation. Alors que les populations d'espèces simples (bactéries) répondent aux variations imprévues des conditions de leur environnement par une baisse de leurs effectifs, les espèces plus complexes (humains, insectes sociaux) parviennent à mieux survivre aux changements de leur environnement grâce à leur structure complexe. On observe en outre, entre proies et prédateurs, ce qu'on pourrait appeler une coévolution antagoniste, c'est-à-dire une compétition perpétuelle qui maintient les populations des unes et des autres en équilibre. Il s'agit en somme d'une sorte de « course aux armements » génétique. Ainsi, compte tenu des performances du vivant et des contraintes du milieu, il existe, selon l'expression du biologiste Stephen Jay Gould, un mur de complexité minimale en dessous duquel on ne peut plus concevoir d'organismes viables et susceptibles de se reproduire. Le vivant peut donc se complexifier autant que l'exige l'adaptation constante à son environnement, mais n'a pas la latitude de se dé-complexifier en deçà de ce « mur ». La complexification se trouverait, dans une telle perspective, réduite à une simple exigence de survie, l'excès de complexité pouvant même représenter un handicap dans certaines circonstances. Si la complexité d'une espèce n'a d'autre raison d'être que l'adaptation à son environnement, considérer les espèces complexes comme plus avancées relèverait alors d'une vision anthropocentrique de l'évolution.

Enfin la croyance au progrès-destin devient particulièrement difficile à défendre lorsqu'elle franchit le fossé entre l'évolution des espèces et l'évolution de la société, faisant du développement économique et social un prolongement de l'évolution du vivant. Une telle position philosophique ne peut trouver un soutien dans la théorie de l'évolution des espèces, qui s'en tient au cadre de la biologie. Elle revient en outre à soutenir que le développement de la société, tel que nous l'avons connu dans le passé et tel qu'il se poursuit aujourd'hui, est une chose fondamentalement bonne, qui aurait rendu la société objectivement meilleure et que celle-ci continuerait de s'améliorer. Notre démarche de réflexion dans les pages suivantes va peut-être nous permettre de jeter un éclairage sur cette question.

La croyance au progrès, nous l'avons vu au chapitre précédent, était largement répandue en Occident jusque dans les années 1960 et 1970. Ceci était particulièrement visible dans l'utilisation qui était alors couramment faite du terme de « civilisation ». Seul l'Occident, du fait principalement de son avance technologique, était considéré comme pleinement civilisé. Et il appartenait aux habitants du reste de la planète de suivre son exemple, de se développer à leur tour et de devenir enfin, eux aussi, pleinement civilisés. Depuis lors, le souci de l'environnement, ainsi qu'un intérêt croissant de la part des occidentaux pour les autres cultures, (chinoise, indienne, amérindienne, africaine) a progressivement amené une frange grandissante de la population à remettre cette croyance en question.

De nos jours, de plus en plus de personnes se demandent si le degré de civilisation d'un peuple se mesure réellement à la puissance de son armement, à la sophistication technique de ses outils de production, ainsi qu'à sa capacité à marquer la nature de son empreinte. Au lieu d'imposer de manière obstinée une poursuite des innovations technologiques, certains dirigeants deviennent peu à peu conscients que la question du progrès doit être débattue et faire l'objet d'une profonde réflexion.

Relevons enfin que – chose curieuse – un progrès qui advient quoi que l'homme fasse, fait de lui un être soumis au plan de Dieu ou de la Nature, qui lui échappe totalement. Qu'il fasse le bien ou qu'il fasse le mal, qu'il soit passif ou qu'il se démène, rien n'y changera : un progrès bienfaisant s'imposera à lui. Il n'y a dans pareille vision aucune stimulation à agir, à être inventif, créatif ou entreprenant… . Pareille vision du progrès incite à la passivité.

L'idéologie de la croissance se nourrit indéniablement de cette croyance dans le progrès-destin.

C'est maintenant que la deuxième acception de la notion de progrès, celle du progrès-liberté, peut prendre tout son sens.

2. Le progrès-liberté

On peut soutenir que des progrès considérables sont intervenus dans le quotidien des femmes et des hommes entre le Moyen Age et la période contemporaine. Ces progrès seront détaillés plus loin. Toutefois le « mieux » qu'ils apportent ne devrait pas être perçu comme une réalité objective, qui dépasserait les humains et surviendrait indépendamment de leur volonté et de leurs jugements de valeur. Non, ce « mieux » prend son sens par rapport à des valeurs auxquelles les acteurs et les bénéficiaires de ces progrès sont subjectivement et profondément attachés.

Dans la conception du progrès-liberté, le progrès se présente comme une opportunité, un pouvoir offert à l'homme d'agir et d'influer positivement ou négativement – selon ses propres valeurs – sur son devenir. Il n'est pas acquis. Il n'est pas conforme au sens de l'histoire. L'homme reste libre d'agir pour le meilleur, mais aussi pour le pire, selon sa propre échelle des valeurs.

L'apparition de cette acception du concept de progrès aux alentours du XVIIe siècle constitue un changement par rapport aux périodes précédentes et en particulier le Moyen Age. Régnait alors la pensée de Saint Augustin (354-430), qui a profondément marqué la théologie chrétienne. La vie de Saint Augustin coïncide avec la lente désagrégation de l'Empire romain. Le sentiment dominant à cette l'époque est celui de l'approche de la fin d'une civilisation vieille de mille ans. La fin de Rome signifiait la fin du Monde, du moins tel que l'Occident le connaissait.

À la chute de l'Empire, succède une longue période marquée, au niveau des idées, par la conviction que l'on doit se fier exclusivement aux savoirs des anciens, jugés insurpassables. Cette attitude d'effacement des penseurs de l'Occident durera plusieurs siècles. On voit poindre une modeste tentative d'affranchissement de la tutelle des Anciens dans la citation suivante attribuée à Bernard de Chartres (décédé vers 1125) :

> « *Nous sommes des nains juchés sur les épaules de géants ; nous voyons plus qu'eux, et plus loin ; non que notre regard soit perçant, ni élevée notre taille, mais nous sommes élevés, exhaussés, par leur stature gigantesque* ».

On peut dire que ce n'est finalement qu'aux environs du XVIIe siècle que l'émancipation est accomplie. C'est alors, en 1623, que Francis Bacon ose un ouvrage au titre ambitieux : « De dignitate et augmentis scientiarum »[35]. C'est à la même époque que se déroulera en Italie, puis surtout en France, la querelle entre les Anciens et les Modernes, qui se terminera à l'avantage de ces derniers. Cette « querelle », qui concernait plus particulièrement les lettres, voit s'affronter d'une part les tenants de la valeur indépassable des auteurs de l'Antiquité gréco-latine et de l'autre ceux qui pensent au contraire que leur propre époque pouvait amener des progrès dans les arts et les lettres.

La vision du progrès, qui fait ainsi son apparition, marque une nette rupture par rapport aux représentations pessimistes du Moyen Age. Elle traduit une foi dans les possibilités du genre humain, dans son pouvoir de résoudre les grands problèmes qui l'assaillent.

Dans cette conception du progrès, le progrès-libeerté, celui-ci est évalué par rapport à une valeur que les hommes ont la capacité d'actualiser. Dans le cas plus spécifique du progrès technique, la technique nouvelle est envisagée comme un moyen, un outil, au service d'une fin. Cette fin sera elle-même déterminée par rapport à des valeurs.

Avec le progrès-liberté, les communautés humaines ne font plus de l'innovation technologique une obligation. Il devient alors tout à fait concevable qu'une technologie particulièrement novatrice, voire même révolutionnaire, soit rejetée parce qu'elle n'est pas en accord avec les valeurs, qui ont cours au sein de la société.

---

[35] En français : De la considération et des progrès de sciences.

Un progrès technique sans fin est-il possible ?

L'économiste américain Robert James Gordon avance l'idée que la croissance du XXe siècle fut une parenthèse dans l'histoire humaine et que les pays avancés ne connaîtront plus les niveaux de croissance des décennies précédentes. La raison en est que la forte croissance du siècle passé a été marquée par un certain nombre de progrès importants qui constituaient chaque fois des phénomènes uniques qui ne pourront pas se répéter.

Gordon cite ainsi, en matière de transport, l'accélération qui a permis de passer du véhicule hippomobile de 1900 se déplaçant à 1% de la vitesse du son au Boeing 707 en 1960 se déplaçant à 80% de la vitesse du son, vitesse autour de laquelle plafonne depuis l'aviation civile.

Pour s'éclairer entre 1875 et 1929 nous avons échangé le bec de gaz contre l'électricité, que nous connaissons encore aujourd'hui, réalisant ainsi un énorme saut de productivité, qui n'est pas appelé à se répéter.

En matière de confort des habitations, on vivait au début du vingtième siècle dans des habitations, dans lesquelles il faisait froid en hiver et chaud en été. Le progrès, qui a consisté à assurer une température confortable tout au long de l'année a été accompli une fois. Il est acquis et ne peut, lui non plus, être répété.

Sur le plan démographique, l'arrivée des femmes sur le marché du travail a contribué dans une large mesure à la croissance. Il s'agit là aussi, nous dit Gordon, d'un phénomène unique, auquel on ne pourra pas trouver d'équivalent dans le futur.

* * * *

Dans le domaine des sciences, on pourrait faire un raisonnement analogue. C'est ainsi qu'en 1996 le journaliste scientifique John Horgan écrivait un livre au titre provocateur, « The end of science », dans lequel il soutenait l'idée que toutes les grandes découvertes scientifiques, plus particulièrement celles qui ont donné lieu à des réalisations techniques aux retombées sociales considérables (électricité, thermodynamique, informatique), ont déjà eu lieu et ne peuvent plus être répétées.

> Les développements de la physique théorique de ces dernières décennies - pensons à la théorie des supercordes - ont d'ailleurs de quoi nous laisser songeurs. Née de la volonté d'unifier les deux grandes théories physiques du XXe siècle, la relativité générale et la physique quantique, cette théorie n'offre pas de pouvoir explicatif meilleur que ses deux devancières. Elle n'élucide aucun fait nouveau. Elle se caractérise cependant par un niveau de sophistication mathématique considérable et postule l'existence d'un univers à neuf dimensions spatiales qui ne correspond en aucune façon à nos perceptions sensibles qui n'ont quant à elles accès qu'à trois dimensions spatiales et une dimension temporelle.
>
> On peut se demander si cette théorie a apporté un progrès dans la compréhension que les hommes ont de la nature.

3. Progrès et modernité

Il y a indéniablement un rapport entre la croyance au progrès et la valorisation de la modernité, propres à la culture contemporaine. Bien que la notion de modernité soit largement utilisée, son sens reste plutôt confus. On peut néanmoins, en schématisant, y discerner deux sens principaux : un sens philosophique et un sens sociologique.

Dans son acception philosophique, la modernité traduit l'idéal développé par les philosophes des Lumières, c'est-à-dire la lutte menée au moyen de la raison contre les préjugés, contre le carcan intellectuel de la tradition et contre l'arbitraire de l'autorité. C'est dans cette première acception qu'il faut comprendre la querelle des anciens et des modernes, évoquée plus haut, dont les conséquences ne se limitaient pas à la littérature, mais s'étendaient de manière générale à l'ensemble des productions intellectuelles de l'homme.

Selon une deuxième acception, sociologique, la modernité correspond à un modèle culturel, qui s'oppose au modèle de la tradition. Cette modernité sociologique se vit comme une réalité polymorphe. On entend ainsi parler de technique moderne, mais également d'art moderne, d'État moderne, voire d'idées et de mœurs modernes. Mais la modernité est bien plus que cela. Elle constitue une création culturelle de l'ordre du mythe, dans le cadre duquel le progrès est présenté comme une valeur sociale, qui dicte à ses nombreux adhérents une morale de l'innovation et du changement, en opposition avec le respect statique des usages et de la tradition. Le mythe de la modernité fait de la crise, qu'elle soit économique ou sociale, une valeur, comme l'illustre la notion de « destruction créatrice » développée par l'économiste autrichien Joseph Schumpeter[36].

La valorisation du mythe de la modernité a sans doute permis d'aider à surmonter la crise structurelle profonde de la société, qu'a entraînée le processus traumatisant de l'industrialisation. Vu sous cet angle, il a alors assumé une fonction de régulation culturelle et permis d'atténuer considérablement les graves tensions nées des transformations, que traversait la société.

Mais, si le mythe de la modernité a pu jouer un rôle bénéfique de régulation sociale dans un passé, où les progrès apportés par les mutations de la société apparaissaient bien réelles, aujourd'hui plus que jamais il vaut la peine de se poser la question de savoir si cette construction culturelle continue à jouer un rôle positif. Renoncer à se poser cette question et adhérer spontanément au mythe de la modernité revient à adhérer à la conception du progrès-destin.

On tend à considérer que toute attitude irrationnelle, y compris en dehors de la sphère religieuse, relève de la superstition. Le mythe de la modernité, avec sa croyance irrationnelle en la supériorité des œuvres et réalisations les plus récentes, a t-il plus de pertinence que les croyances des sociétés traditionnelles dénoncées par les adeptes de la modernité ?

Paradoxalement, c'est une adhésion assumée à l'acception philosophique de la modernité qui permet de mettre en cause la pertinence actuelle de son acception sociologique.

4. Réalité historique des progrès sociaux accomplis

Si les pages qui précèdent ont mis en doute la croyance en la possibilité de l'avènement d'un progrès illimité, le progrès-destin, il semble cependant pertinent de considérer que, lorsqu'ils vivent dans la souffrance, le dénuement et l'oppression, les hommes ont la possibilité d'améliorer leur sort. C'est l'idée de progrès-liberté. Et il y a tout lieu de penser que des progrès sociaux ont été réalisés dans le passé.

---

[36] La « destruction créatrice » désigne le processus, à l'œuvre dans les économies modernes, qui voit simultanément survenir la disparition de secteurs d'activité entiers et l'apparition de nouvelles activités productives. Inspirée de Friedrich Nietzsche (1844-1900), l'idée a été développée par Joseph Schumpeter dans son livre « Capitalisme, Socialisme et Démocratie », publié en 1942.

Examinons donc l'évolution des conditions de vie en Occident au cours des siècles passés et plus particulièrement les aspects suivants :

* la durée moyenne de la vie, ou ce que les démographes appellent l'espérance de vie à la naissance
* le niveau de santé de la population, qui peut être grossièrement reflété par la présence ou l'absence de grandes épidémies faucheuses d'hommes
* la mesure dans laquelle les individus pouvaient manger à leur faim, qui se traduit pratiquement par la présence ou l'absence de grandes famines
* la pénibilité de la vie de la plus grande partie de la population.

Nous pourrons nous interroger ensuite sur les causes des progrès observés et voir dans quelle mesure ils sont imputables à la croissance ou bien à d'autres facteurs.

♦ *Espérance de vie*

L'attachement à la vie constitue une valeur largement répandue. Bien peu de gens contesteront que le fait de pouvoir mener une vie jusqu'à son terme naturel, sans qu'elle soit abrégée par la maladie, un accident ou la violence, constitue un bienfait.

Selon les démographes, l'espérance de vie a été très faible en Occident jusqu'au XVIIIe siècle. On estime qu'elle devait se situer au Moyen Age entre 23 et 30 ans, soit guère mieux que 10'000 ans auparavant, au Mésolithique. Elle était encore de l'ordre de 28 ans en 1750, 40 ans vers 1850, 50 ans en 1900 et environ 65 ans en 1950. Elle s'établit autour des 80 ans au début du XXIe siècle.

La faible espérance de vie que l'on constate jusqu'à la révolution industrielle est imputable avant tout à une mortalité infantile élevée. En 1750 sur 1'000 enfants qui naissent, 300 n'atteignent pas l'âge d'un an et la moitié n'atteint pas 10 ans. Un autre facteur important, qui assombrissait considérablement les perspectives de vie, se trouve indéniablement dans les épidémies et les famines fréquentes. L'histoire humaine jusqu'au XIXe siècle, comme nous le verrons plus loin, en a été profondément marquée.

Les progrès sanitaires, l'amélioration de l'alimentation et de l'hygiène, les transformations économiques également, ont progressivement fait baisser la mortalité, tandis que la natalité restait encore élevée dans de nombreuses parties du monde. Il en est résulté une croissance démographique rapide, reflétée dans les chiffres de la population mondiale : 1 milliard d'habitants en 1800, 2 milliards en 1930, 4 milliards en 1974, 6 milliards en l'an 2000 et 7 milliards en 2011. La croissance rapide de la population mondiale à laquelle on assiste pourrait engendrer de sérieux risques de surpeuplement à l'avenir.

Cependant ces risques sont diminués par ce qu'on appelle la transition démographique, un processus de passage d'un régime démographique à natalité et mortalité élevées, qui était probablement celui de l'ensemble de la population mondiale avant la révolution industrielle, à un régime nouveau où une natalité et une mortalité faibles permettent de stabiliser le niveau de la population.

Il semble toutefois que la plupart des pays, qui n'ont pas encore réalisé leur transition démographique, soient actuellement en voie de l'accomplir. Pour cette raison, les prévisions démographiques de l'ONU envisagent une stabilisation de la population mondiale à un niveau situé entre 8 et 10,5 milliards d'habitants en 2045 – 2050.

♦ *Santé*

Connaître une vie exempte de maladies ou d'infirmités est généralement considéré comme un destin souhaitable.

Les conditions sanitaires étaient très souvent mauvaises depuis l'Antiquité jusqu'au XIXe siècle et les grandes épidémies, hélas, très fréquentes. Au Moyen Âge certaines maladies, telle la lèpre, étaient endémiques. D'autres maladies surgissaient périodiquement et parcouraient telle ou telle région en grandes vagues épidémiques. La peste avait déjà ravagé l'Occident médiéval au VIe siècle. Venue d'Orient, elle sévit pendant un demi-siècle à partir de 543, en Italie, en Espagne et dans une partie de la Gaule. Certains historiens mettent sur le compte de cette première épidémie la régression démographique qui fit de l'Europe du haut Moyen Âge un continent très faiblement peuplé.

Particulièrement dramatique fut l'invasion de l'Europe en 1348 par la peste noire, variante de la peste bubonique, transmise par les rats, doublée d'une forme pulmonaire foudroyante, qui se transmettait par contagion directe. Originaire d'Asie centrale, elle atteint l'Europe par l'intermédiaire des navigateurs et se répand à travers le continent à partir des ports de la Méditerranée. Elle provoqua des taux de mortalité dépassant par endroits les 60%. Cette peste s'installa pour longtemps en Europe, se « rallumant » périodiquement pendant plus d'un demi-siècle et entraînant une contraction progressive de la population européenne. Ainsi en 1400 l'Europe était deux fois moins peuplée qu'un siècle plus tôt.

Lorsqu'au XVIIIe siècle la peste, ou les maux que les chroniqueurs de l'époque désignent de ce nom, de même que la lèpre, sont en recul, de nouvelles maladies prennent le relais : fièvre jaune, choléra, grippe asiatique, syphilis. Ces maladies infectieuses finissent toutefois par disparaître presque totalement à la fin du XIXe siècle, la grippe espagnole de 1918 étant la dernière grande épidémie à sévir en Occident.

L'espacement et ensuite la quasi disparition des grandes épidémies ne sont pas le fruit du hasard. Une lutte s'était engagée contre ces fléaux qui lentement ont produit des résultats. La baisse du taux de mortalité est due, dans un premier temps, aux progrès de l'hygiène corporelle et des conditions sanitaires. La captation des sources d'eau potable et la construction d'égouts suppriment ainsi un terrain favorable à la propagation des maladies infectieuses. La généralisation du port du linge de corps contribue à la disparition des épidémies de peste. La pratique de la vaccination se répand tout au long du XIXe siècle. Accompagnée des progrès de la médecine, elle fera reculer fièvre jaune, peste, choléra et paludisme. Des mesures de précaution, telles que la mise en quarantaine des personnes atteintes de maladies fortement contagieuses, sont prises par les États et systématisées. Des conférences sanitaires internationales sont organisées. On assiste à une mondialisation de la lutte contre les épidémies, culminant avec la création de l'Organisation mondiale de la santé (O.M.S.) en 1948.

♦ *Alimentation et pouvoir d'achat*

On peut difficilement nier que de pouvoir manger à sa faim et vivre selon le niveau et la qualité de vie de son choix représentent un progrès par rapport à la misère et le dénuement. Pourtant la difficulté de satisfaire les besoins alimentaires de base a hanté de nombreux peuples durant des milliers d'années. En raison des faibles rendements agricoles, en temps normal déjà, c'est-à-dire en l'absence de guerres ou de sécheresses, le menu de l'individu moyen était frugal et sa consommation de calories dépassait à peine le minimum vital. Mais il n'était pas rare qu'une guerre ou une mauvaise récolte découlant d'une sécheresse prolongée, prive une population d'une partie de ses moyens de subsistance. Survenait alors la famine.

Des progrès en matière de cultures vivrières se manifesteront cependant déjà dès le Moyen Age. À partir de l'an 1000 de nombreux aménagements techniques améliorent les rendements agricoles permettant souvent d'éviter la disette. Le remplacement de la faucille par la faux assure des récoltes de foin plus importantes. Celles-ci permettent de fournir du fourrage en hiver à un nombre plus important d'animaux, qui produisent davantage de déjections et de fumier. Celui-ci intégré en tant qu'engrais dans les sols permet d'augmenter le rendement des cultures. Les instruments de labour eux aussi s'améliorent : utilisation de la herse, ferrage des sabots, mise au point du collier d'épaule et du joug frontal. Néanmoins jusqu'à la révolution industrielle, les récoltes vivrières suffisent tout juste en temps normal à nourrir la population.

De son côté, la famine mettra du temps à être vaincue. De 1845 à 1849, la grande famine due à la maladie de la pomme de terre, principale ressource des paysans, frappe encore, entraînant en Irlande une forte mortalité et une émigration massive, qui fit passer la population du pays de 8 millions d'habitants à moins de 6 millions en 1851. Ce fut la dernière grande famine que le monde occidental a connue.

Les rendements agricoles s'amélioreront considérablement avec la révolution industrielle pour atteindre quelque 43 quintaux de blé à l'hectare en 1900. Ces progrès sont le résultat de l'introduction de nouvelles techniques : mécanisation, sélection de semences à haut rendement, engrais minéraux, pesticides. Ces méthodes introduites plus tard dans de nombreux pays du Sud (la mécanisation en moins) ont été désignées par le terme de révolution verte. On assiste parallèlement au cours de cette période à un accroissement des superficies cultivées.

Comparées aux 1'800 kilocalories (kcal) par personne dont bénéficiait le français moyen en 1780, soit l'équivalent du minimum vital, la ration énergétique journalière moyenne a pu monter jusqu'à quelque 3'300 kcal. En outre les régimes alimentaires se sont diversifiés : le sucre, les produits animaux, les corps gras, puis les fruits et les légumes frais ont pris de l'importance, réduisant la part des céréales et des légumineux secs.

Parallèlement les revenus et les dépenses non alimentaires (santé, logement, loisirs ...) ont augmenté plus vite que les dépenses alimentaires, la part de celles-ci dans les dépenses totales de consommation ayant considérablement baissé. Elle représente au début du XXIe siècle 11% des dépenses aux États-Unis, 18% en France.

Cette situation d'abondance alimentaire ne concerne d'abord qu'une fraction de l'humanité. En effet, comme l'attestent nombre de documents, disettes et famines frappent encore de nos jours dans beaucoup de pays du Sud. Dans ces derniers, la part de l'alimentation dans les dépenses d'une bonne partie des ménages dépasse encore 50%, et peut même atteindre 80% chez les plus pauvres.

Pour ce qui concerne les dépenses non alimentaires, l'augmentation des revenus, rendue possible par les gains de productivité, est tout aussi remarquable. Dans un article rédigé pour l'Encyclopaedia Universalis[37], Jean Fou-

---

[37] J. Fourastié (1989)

rastié (1907-1990), économiste et sociologue français, mettait en lumière cette progression remarquable en suivant l'évolution du prix d'un certain nombre de biens de consommation courante entre 1900 et 1980 comparée au salaire horaire d'un manœuvre français. Dans le but de pouvoir comparer leur évolution et la dissocier de l'effet de l'inflation sur ces quatre-vingt ans, il a en quelque sorte converti les prix des mêmes articles dans une monnaie fictive, qui est l'heure de travail.

En 1900, nous rapporte Fourastié, la bicyclette la moins chère vaut 360 Francs, soit 1'385 salaires horaires. En 1921, cette même catégorie de bicyclettes vaut 255 salaires horaires. Elle vaut 113 heures de travail trente ans plus tard en 1950. En 1980, le prix réel de cette bicyclette (avec roue libre, deux freins, couvre-chaîne et garde-boue, porte-bagages arrière, éclairage électrique avec dynamo, catadioptre) était tombé à 37 heures 30 minutes de salaire.

Autre exemple : un véhicule automobile de type « 11 CV Renault » valait 8'500 Francs en 1914, soit 25'500 salaires horaires de manœuvre. La Renault de même puissance, mais évidemment de plus en plus maniable et techniquement améliorée, valait 7'800 salaires horaires en 1930 et 4'333 en 1939.

Dernier exemple : en1925, le kWh électrique coûte 1 Fr., soit ce que gagne un manœuvre en 28 minutes de travail. En 1980 il est facturé 0,38 Fr., soit l'équivalent de seulement une minute de travail.

Cette exploration par le menu de l'évolution du prix de certains objets de consommation courante méritait qu'on lui consacre un instant. C'est en effet par de tels exemples concrets que nous pouvons réellement saisir les changements sociaux profonds intervenus durant ces cent ou deux cent dernières années.

♦ *Pénibilité des conditions d'existence*

Vivre dans des conditions dignes, exemptes de souffrances inutiles, est une vœu largement partagé.

Depuis l'apparition des civilisations rurales jusqu'au XVIIIe siècle en Europe et jusqu'au XIXe siècle dans la plupart des autres continents, l'esclavage a constitué la forme la plus répandue d'organisation du travail, la base de la structure de l'économie. Bien que le statut d'esclave à proprement parler ait été quasi-inexistant dans l'Europe du Moyen Age, la condition de serf, qui y était largement répandue, lui est à certains égards comparable.

Pour alimenter les marchés d'hommes, les négociants ont organisé de très vastes réseaux de migrations forcées, qui ont atteint leur paroxysme dans le bassin méditerranéen durant l'Antiquité, puis sur les rives de l'Atlantique après la découverte du Nouveau Monde et la création des plantations coloniales.

Vers 1825, à l'initiative de la Grande-Bretagne et jusqu'à la fin de la guerre de sécession des Etats-Unis en 1865, le monde occidental s'est lancé dans un programme d'abolition de la traite et de suppression du statut d'esclave.

Toutefois, l'abolition de l'esclavage au XIXe siècle, n'a été que le premier épisode d'un long processus d'amélioration des conditions de travail des classes laborieuses. Tout au long du XIXe siècle, mais surtout du XXe, les conditions de travail se sont en effet considérablement améliorées. Le temps de travail tout d'abord, qui diminue de presque moitié, passant d'une moyenne de 3'000 heures de travail par an et par individu en âge de travailler à un peu plus de 1'600. Les conditions sociales également se sont considérablement améliorées grâce à toute une série de conquêtes sociales acquises les unes après les autres : interdiction du travail des enfants et du travail forcé, amélioration des conditions d'emploi des travailleurs (niveau des rémunérations, pratiques discriminatoires ou attentatoires à la dignité des travailleurs), amélioration de la sécurité sur les lieux de travail, mise en œuvre de la sécurité sociale, instauration des congés payés, liberté syndicale et droit de grève, procédures judiciaires protégeant contre les arrestations arbitraires et les jugements sommaires, suppression des peines cruelles et dégradantes, droit de vote et éligibilité pour tous les citoyens.

* * * * *

On peut ainsi difficilement nier qu'en Occident et dans de nombreuses parties du Monde il y ait eu, à l'aune des valeurs de l'Occident, un véritable progrès social depuis le Moyen Age et plus particulièrement au cours des XIXe et XXe siècles. Le sort de générations entières a été allégé, assurant à une grande partie de l'humanité une solide victoire contre la pénurie et la dureté de la vie. Il semble en particulier difficile de contester que la disparition de l'esclavage, qui avait affecté des millions de personnes durant plusieurs milliers d'années, a constitué un progrès social considérable.

Cependant tous ces progrès, et ceci mérite d'être souligné, n'ont pas été apportés par la seule croissance économique. Ils relèvent d'autres dimensions tout aussi importantes : scientifique, éducative, humaniste, et si l'on s'en tient aux manifestations du développement depuis le milieu du XIXe siècle jusqu'au début des années 1980, on voit qu'ils répondent dans l'ensemble aux critères avancés par Arthur Lewis, évoqués dans le premier chapitre.

En outre pendant la période des trente glorieuses (1945-1975)[38], durant laquelle l'Amérique du Nord et l'Europe occidentale ont connu la plus longue période de croissance soutenue de leur histoire, on a pu assister à une diminution des écarts entre les revenus, c'est-à-dire à une plus grande équité dans leur répartition, avec l'apparition d'une importante classe moyenne.

---

[38] On doit cette expression à J. Fourastié (1979).

Chapitre 6 Deux illusions majeures de l'idéologie de la croissance

Nous venons de voir qu'on peut distinguer grossièrement deux conceptions du progrès : l'une, le progrès-liberté, qui représente en quelque sorte une marche vers la réalisation de ses projets ; l'autre, le progrès-destin, qui correspond à la croyance que l'écoulement du temps revêt une valeur positive amenant spontanément l'humanité vers le mieux.

Nous avons pu voir que, si l'on s'en tient à la première de ces deux conceptions, le progrès-liberté, on peut considérer qu'il y a effectivement eu un réel progrès social depuis le Moyen Age et plus particulièrement au cours des deux derniers siècles.

A l'opposé, il apparaît clairement que l'adhésion à l'idéologie de la croissance suppose la croyance au progrès-destin. Cette idéologie repose également sur un certain nombre d'illusions. Il sera certainement utile, à ce stade de notre réflexion, de signaler deux illusions majeures à laquelle elle succombe

1. Celle de considérer les besoins humains comme illimités, cette illusion constituant une condition suffisante à justifier une croissance sans fin.

2. L'illusion des utilitaristes, dont elle partage les croyances, à savoir que le bien-être, que l'économie est censée nous apporter, constituerait une réalité objective.

Voyons cela de plus près.

1. Les besoins supposés illimités de l'homme

Les économistes néoclassiques, nous l'avons vu, défendent le postulat du caractère illimité des besoins matériels humains. Cette position théorique pose un problème du fait qu'elle est tirée d'une intuition, que les économistes néoclassiques évitent de confronter à la réalité. Le modèle présenté par les économistes néoclassiques ignore ainsi les modalités concrètes d'organisation d'un marché, qui seraient susceptibles de mettre en lumière des faits, qui contrediraient leur intuition. Si bien que le marché, dont parlent les économistes néoclassiques, constitue moins une institution sociale réelle, dont ils chercheraient à comprendre le fonctionnement, qu'un modèle abstrait destiné à rendre plausible leur postulat de base. Dès qu'on sort de l'abstraction générale, les quantités demandées par un consommateur apparaissent inévitablement limitées. Il suffit déjà d'introduire le facteur temps dans l'équation pour qu'un plafonnement de la demande intervienne rapidement. Ainsi, si elles ne sont pas rapidement consommées, la ménagère, personnage emblématique de la théorie du consommateur, cessera d'acheter des denrées alimentaires périssables de peur qu'elles ne s'abîment. De manière générale d'ailleurs, tout produit non immédiatement utilisé devra être stocké et la quantité achetée sera limitée par le coût du stockage. On s'aperçoit donc vite que dans la réalité apparaissent couramment des phénomènes de saturation ou autres contraintes limitant la demande des acteurs économiques.

Mais voilà ! Le postulat du caractère illimité des besoins matériels est central dans les raisonnements de la théorie économique néoclassique, puisque, sans lui, il n'est plus possible de soutenir que la croissance constitue nécessairement un progrès. La caution intellectuelle des économistes est donc très précieuse pour les adeptes de l'idéologie de la croissance.

♦ *L'utilité existe t-elle ?*

Poser comme réelle une entité non observable – l'utilité – est contraire aux méthodes généralement admises en sciences.

Le philosophe autrichien Karl Popper s'est efforcé dans les années 1930 de délimiter le domaine des sciences en partant de l'analyse des énoncés. Il a ainsi imaginé un critère destiné à décider si un énoncé donné entre dans la catégorie scientifique ou pas. Popper propose comme critère de scientificité d'une théorie, ou d'un énoncé, sa réfutabilité. Pour qu'une théorie puisse être considérée comme scientifique, il faut que ses énoncés offrent la possibilité d'expériences critiques qui permettent sa réfutation ou, dira Popper, sa falsifiabilité. Sans cela elle est éliminée du domaine scientifique. Et tant qu'une théorie, dont les énoncés sont formellement falsifiables, n'est pas réfutée, elle est, non pas vérifiée, mais plus ou moins solidement « corroborée » par les observations, qui s'y conforment. Les énoncés non-falsifiables, dont la syntaxe se conforme à celle des énoncés scientifiques, sont assimilés à des énoncés métaphysiques, c'est-à-dire non-scientifiques.

Les sciences sociales, auxquelles est supposée appartenir la théorie économique, ne se limitent pas à relater des expériences intérieures. Elles ont la prétention de construire un savoir partageable ou, si l'on préfère, scientifique. À ce titre, il est légitime de leur imposer des exigences identiques à celles des autres sciences, à savoir que ses énoncés soient falsifiables et qu'ils reposent sur des faits et entités observables. Cela implique qu'une réflexion logique, fût-elle formalisée mathématiquement, comme c'est le cas de la théorie économique néoclassique, qui ne reposerait pas sur des faits observables et ne serait pas réfutable, ne se déroule pas dans le champ des sciences, mais dans celui de la métaphysique. Les propositions de la théorie néoclassique relatives à l'utilité ne sont pas vérifiables par l'expérience. Du fait que l'utilité ne se donne pas à être observée, on ne peut pas en effet contrôler si le niveau d'utilité ou de bien-être de deux individus, qui ont consommé une quantité identique d'un produit donné, s'est élevé de manière identique.

Le moine franciscain Guillaume d'Occam a énoncé au XIVe siècle un des principes heuristiques fondamentaux en sciences, souvent appelé "rasoir d'Occam", selon lequel il ne faut pas multiplier les entités (non observables) sans nécessité. Il apparaît donc sage de considérer, conformément à la recommandation d'Occam, que l'utilité, cette entité *ad hoc* inaccessible à l'expérience, n'existe pas. Il est d'autant plus sensé de lui refuser le statut d'entité réelle que, dès qu'on s'intéresse réellement aux motivations du consommateur, elle perd tout intérêt.

♦ *Les économistes ignorent les enseignements des sciences humaines*

Alors que les autres sciences humaines et sociales s'interrogent sur les motivations profondes des différents comportements humains, y compris les comportements de consommation, les économistes néoclassiques se l'interdisent. Ils refusent également de tirer les conséquences d'enseignements des autres sciences humaines, qui seraient pertinentes pour leur propre discipline.

Il est pourtant clair que de nombreux comportements de consommation trouvent des explications, non dans un besoin, mais dans les usages et les traditions. Citons-en quelques uns : la consommation de poisson le vendredi jadis dans les milieux chrétiens, ou la tradition d'offrir des cadeaux à l'approche de la fête de Noël ; chez les musulmans, le fait de manger un agneau le jour de la fête de l'Aïd, qui clôt le Ramadan.

D'autre part, les sociologues ont mis en lumière la valeur symbolique de nombreuses consommations liées aux interactions sociales, notamment dans le cadre du don. Les psychologues ont mis en lumière des motivations inconscientes dans certains modes de consommation. Ils ont également attiré l'attention sur les comportements pathologiques ayant un impact sur les schémas de consommation, tels que l'alcoolisme, la boulimie ou l'anorexie.

L'économiste et sociologue américain, Thorstein Veblen (1857-1929), avait déjà, de son côté, relevé l'importance de la consommation ostentatoire des biens de prestige parmi la nouvelle classe aisée que la révolution industrielle avait fait naître à la fin du XIXe siècle. Dans la logique de ce type de comportement, la consommation n'est pas destinée à répondre à un besoin immédiat, ni même à un besoin véritable. L'acte d'achat constitue plutôt un signe, un message. Il est accompli dans le seul but d'affirmer son statut social, qu'il consacre à travers l'exhibition de la capacité du consommateur à acquérir des biens aussi coûteux. S'inscrivant dans une logique de compétition, il est destiné à montrer aux autres que l'on se trouve haut placé dans la hiérarchie sociale, et ainsi à se persuader de sa propre supériorité, de sa propre valeur.

Christopher Clark nous offre un exemple caractéristique de consommation ostentatoire dans la Russie tsariste. Il raconte qu'en janvier 1910, la comtesse Thekla Orlov-Davydov, lors d'un immense bal organisé dans son palais personnel, un bâtiment conçu sur le modèle de Versailles, eu l'idée originale de parer les galeries et les salles de bal de milliers de fleurs fraîchement cueillies dans des serres de la Côte d'Azur et expédiées à grands frais à bord d'un train spécial à travers le rude hiver nordique.[39]

John Maynard Keynes n'était pas loin de penser la même chose que Veblen. C'est ainsi que dans un écrit datant de 1931, il écrivait ceci :

« ... il est vrai que les besoins des êtres humains peuvent paraître insatiables. Mais ils peuvent être rangés selon deux catégories : les besoins absolus, en ce sens que nous les éprouvons quelle que soit la situation de nos semblables; les besoins relatifs, en ce sens que nous ne les éprouvons que si leur satisfaction nous procure une sensation de supériorité vis-à-vis de nos semblables. Les besoins qui rentrent dans la seconde catégorie, qui satisfont notre désir de supériorité, peuvent bien en effet être insatiables, car plus le niveau s'élève, plus eux aussi grandissent. Mais cela n'est pas vrai pour les besoins absolus – et l'on atteindra peut-être bientôt le point (bien plus tôt peut-être que nous ne le supposons) où ces besoins seront si bien satisfaits que nous préférerons consacrer nos énergies à des buts autres que des buts économiques. »[40]

L'importance de la consommation ostentatoire reste particulièrement vive de nos jours. Dans le monde anglo-saxon, il y est fait référence par l'expression populaire : « To keep up with the Jones ».[41] Ce type de consommation reflète invariablement une forme de compétition sociale.

En opposition radicale avec les comportements d'hyperconsommation et de valorisation de la richesse matérielle des nouveaux riches d'hier et d'aujourd'hui, on rencontre également des attitudes de rejet de la richesse et des excès de consommation, démontrant que l'acte de consommation ne

---

[39] C. Clark (2014), page 111.

[40] J.M. Keynes (1931), page 6.

[41] Expression que l'on peut traduire par : Se maintenir au niveau des Jones.

répond pas à un besoin profond de la nature humaine, mais constitue un comportement social, que l'on peut apprendre, mais aussi désapprendre. Que l'on songe à Diogène le cynique, philosophe grec contemporain d'Alexandre le grand qui, vivant dit-on dans un tonneau, prêchait par l'exemple une morale d'autosuffisance ascétique, qui entendait satisfaire les seuls vrais besoins de l'homme au mépris des servitudes de la vie sociale.

Plus proche de nous, le philosophe anglo-autrichien Ludwig Wittgenstein, qui a apporté des contributions remarquées à la logique et à la philosophie du langage, manifestait de son vivant un détachement certain à l'égard des richesses matérielles. Ayant grandi à Vienne dans un milieu d'une haute tenue intellectuelle, il hérita d'une fabuleuse fortune en 1913 à la mort de son père, Karl Wittgenstein, qui avait fait fortune dans l'industrie sidérurgique. Ludwig fit don de son héritage à des auteurs et des artistes, notamment Rainer Maria Rilke, ainsi qu'à ses frères et sœurs. Durant la même année, afin de se consacrer plus efficacement à sa recherche, il se retira, loin du confort urbain, dans une cabane située dans une montagne reculée de Norvège, qui n'était pas accessible en voiture.

Avant la révolution industrielle, l'idée de travailler plus pour gagner davantage était, semble-t-il, totalement étrangère à la classe paysanne qui composait alors la plus grande partie de la population. Ainsi le sociologue Max Weber écrit-il :

> « *L'homme qui recevait, par exemple, 1 mark pour faucher 1 arpent, fauchait 2 ½ arpents et gagnait 2 ½ marks (dans sa journée). Lorsque la rémunération passait à 1 mark 25 par arpent, il ne fauchait pas 3 arpents comme on l'avait escompté, et comme il aurait pu le faire aisément, pour gagner 3 marks 75, mais seulement 2 arpents de manière à gagner ses 2 ½ marks habituels. Le gain supplémentaire l'attirait moins que la réduction de son travail. Il ne se demandait pas : combien puis-je gagner en une journée si je fournis le plus de travail possible ? mais : combien dois-je travailler pour gagner les 2 ½ marks que j'ai touchés jusqu'à présent et qui couvrent mes besoins courants ? Il ne restait plus qu'à recourir au procédé inverse : par un abaissement du salaire contraindre l'ouvrier à travailler davantage pour conserver son gain habituel.* »[42]

Il serait certainement intéressant de se demander pourquoi la théorie économique s'interdit de penser les motivations profondes, qui animent les acteurs sociaux dans leurs actes de consommation, en les cachant derrière ce

---

[42] Max Weber, *L'éthique protestante et l'esprit du capitalisme*, page 61. Cité par A. Gorz (1988), page 141.

concept « fourre-tout » d'utilité. Compte tenu de sa généalogie intellectuelle, il est très probable que ce refus soit marqué par l'influence de la doctrine économico-politique du libéralisme à laquelle adhèrent les architectes de l'édifice néoclassique. Entre autres croyances, le libéralisme estime que, tout comme il est doté de libre-arbitre en ce qui concerne son aptitude à respecter ou transgresser la loi, l'individu décide seul des actes de sa vie courante, notamment les actes de consommation, et, tant qu'il respecte la loi, n'a de comptes à rendre à personne.

D'un point de vue scientifique, la question se pose évidemment si cette représentation de l'être humain, choisissant de manière autonome, sans céder aux influences extérieures, est plausible. Les économistes néoclassiques ne se sont apparemment pas posé cette question et se refusent encore aujourd'hui à la poser. Ils préfèrent en rester à cette représentation d'un individu-consommateur qui suit ses préférences. Ces dernières sont supposées faire partie de sa personne, tout comme sa taille, son poids, sa myopie éventuelle, etc. Chaque personne aurait ses préférences et l'économiste s'interdit de s'interroger à leur propos.

Tout cela semble bien indiquer que la théorie néoclassique, plutôt qu'une discipline scientifique visant à comprendre la réalité socio-économique, constitue un discours rationalisateur destiné à défendre un mode particulier d'organisation de la société. C'est à peu près le sens que la pensée sociologique, en particulier celle de Karl Mannheim (1893-1947), donne au mot « idéologie », à savoir une représentation fausse de la réalité donnée pour vraie par ceux, engagés dans un combat ou un processus militant, auxquels elle profite.

Désir mimétique et rivalité selon René Girard.

Le besoin, selon le Petit Robert, est une exigence née de la nature ou de la vie sociale ; le désir, une tendance vers un objet connu ou imaginaire. Les économistes ne font pourtant aucune distinction entre ces deux notions, la théorie néoclassique leur accordant le même traitement. La thèse de René Girard sur le désir mimétique soutient pourtant, en s'appuyant sur de nombreux exemples tirés de la littérature (Cervantès, Proust, Stendhal, Dostoïevski) que le désir constitue un phénomène distinct du besoin, avec sa logique propre.

Selon Girard, les appétences de l'homme sont incertaines et fluctuantes. C'est la raison pour laquelle il va trouver chez un autre, perçu comme un modèle à imiter, « l'autorité » qui va désigner les objets « dignes » d'être désirés. Le désir viendrait pour l'homme de l'imitation de l'élan d'un autre vers ce qui va devenir l'objet de son propre désir. Girard suggère ainsi un triangle du désir. L'homme ne désire pas de manière autonome. Il ne va pas en ligne droite vers l'objet de son désir car, entre lui et l'objet, se dresse un autre, de telle sorte que ce qu'il désire c'est ce vers quoi l'autre est porté. Le désir est donc le plus souvent mimétique.

Cette thèse amène Girard à dénoncer une double illusion :
1. L'illusion objectiviste, qui consiste à croire que ce sont les qualités intrinsèques de l'objet qui provoquent son pouvoir de séduction.
2. L'illusion subjectiviste, ou romantique, qui revient à penser que nos désirs surgissent de notre spontanéité.

En réalité, à travers l'objet, c'est le modèle qui attire. Tout désir est désir d'être, aspiration à la plénitude ontologique attribuée au modèle. De ce fait, contrairement au besoin, le désir humain se présente comme un tonneau sans fond, en ce sens qu'il peut toujours être stimulé.

Au sein du triangle du désir, le modèle, qui fait naître le désir, joue un rôle de médiation. Ce médiateur peut se trouver totalement hors de portée du sujet, soit qu'il soit d'un statut social ou moral considérablement plus élevé ou tout simplement qu'il se situe en dehors du monde réel, comme par exemple Amadis de Gaule, la figure romanesque qui sert de modèle au Don Quichotte de Cervantès, ou Jésus, ou encore le roi, ou le seigneur pour le manant. Le modèle est alors un objet d'admiration avec lequel l'imitateur ne peut entrer en concurrence. Girard parle dans ce cas de médiation externe.

> Lorsque le médiateur est bien réel et qu'il se trouve sur un plan d'équivalence avec le sujet, il est question de médiation interne. Le sujet et le médiateur désirent le même objet. Il y a alors conflit et on entre dans la rivalité mimétique dont les effets pervers sont l'envie, la jalousie ou la haine. « Seul l'être qui nous empêche de satisfaire un désir, qu'il nous a lui-même suggéré, relève Girard, est vraiment objet de haine. Celui qui hait se hait d'abord lui-même en raison de l'admiration secrète que recèle sa haine ». Pour René Girard, le désir mimétique, en mettant en concurrence le sujet désirant et son modèle, fait naître une rivalité qui peut devenir meurtrière. La concurrence, c'est-à-dire le désir d'imiter l'autre pour obtenir la même chose que lui, au besoin par la violence, se trouve à la base de la plupart des conflits. La concurrence est une rivalité mimétique entre des êtres, des pays, des cultures. Ainsi les thèses de René Girard, sont de nature à nous faire réfléchir sur la pertinence du culte voué à la concurrence, une concurrence promue par la société au rang de valeur maîtresse.
>
> Les mondes de la mode et de la publicité, dans lesquels nous sommes immergés, sont alimentés par le mécanisme du désir mimétique. La logique de certaines publicités voudrait que les consommateurs désirent un bien moins parce qu'il leur serait utile, nécessaire ou sain, mais parce qu'il est convoité, ou supposé l'être, par un tiers (star de cinéma, sportif d'élite). La société de consommation est fondée sur le principe d'un désir « selon l'autre », quand bien même elle nous donne l'illusion que chaque acte de consommation est un choix personnel.
>
> Si la thèse de Girard paraît plausible, faut-il voir une fatalité dans la rivalité mimétique, qu'il décrit, et ses sombres conséquences ? Peut-être la dérive de la rivalité mimétique, que ce soit dans la vie quotidienne ou dans les relations entre nations, ne menace-t-elle que les êtres, qui n'ont pas suffisamment de consistance personnelle pour fixer, de manière autonome, un cap à leur action et à leur vie.

♦ *La pyramide des besoins selon Maslow*

Il serait intéressant d'aborder ici une représentation différente des besoins humains, afin d'illustrer le fait que des alternatives existent à la représentation des économistes néoclassiques. Il s'agit de la pyramide des besoins selon le psychologue américain, Abraham Maslow (1908 – 1970).

Maslow entend établir une typologie des besoins. Il soutient qu'il existe une hiérarchie des besoins humains, ceux de niveau inférieur, tant qu'ils ne sont pas satisfaits, prenant le pas sur les besoins de niveau supérieur. Ce modèle est souvent appelé la « pyramide de Maslow »[43]. Bien qu'il ait fait l'objet de nombreuses critiques, il est encore très largement utilisé de nos jours, notamment en management, en marketing et en travail social.

Selon Maslow, il y aurait cinq niveaux de besoins humains, qui se manifestent dans l'ordre suivant :

1. Les besoins directement liés à la survie des individus, essentiellement les besoins physiologiques tels que respirer, boire, manger, dormir, se réchauffer, le besoin sexuel.

2. Le besoin de sécurité, consistant à se protéger contre les différentes menaces, auxquelles un individu peut être exposé. Il se décline de différentes manières : besoin d'être hébergé, d'être en bonne santé, de posséder des biens, … .

3. Le besoin d'appartenance et de lien affectif, qui relève de la dimension sociale de l'individu ; un être humain a besoin de se sentir accepté par les groupes au sein desquels il vit et interagit (famille, entreprise, communauté, ...).

4. Le besoin d'estime prolonge le besoin d'appartenance. Pour constituer son estime de soi, l'individu souhaite être reconnu en tant qu'entité propre au sein des groupes auxquels il appartient.

5. Le besoin de réalisation et d'accomplissement personnel est, selon Maslow le sommet des aspirations humaines. Il vise à sortir d'une condition purement matérielle pour atteindre l'épanouissement par la créativité, la résolution de problèmes, la spiritualité.

L'économie marchande est bien outillée pour répondre à l'essentiel des besoins de survie (niveau 1) et de sécurité (niveau 2). Ainsi l'industrie alimentaire, l'industrie vestimentaire, celle de la construction, contribuent toutes à répondre aux besoins de survie. La construction de logements solides et bien conçus répond en outre à un besoin de sécurité. Les assurances (assurances vie, assurances invalidité et soins de santé) et les plans de retraite concernent également ce créneau, à l'instar de certaines prestations publiques, notamment la police qui assure la protection des biens et des personnes.

L'économie marchande n'a toutefois pas pour vocation de répondre aux besoins d'appartenance sociale et d'affectivité (3), ni au besoin d'estime (4), ni au besoin d'accomplissement personnel (5).

---

[43] Maslow a présenté sa typologie dans un article paru en 1943 dans la revue Psychological Review : « A Theory of Human Motivation ».

La hiérarchie des besoins présentée par Maslow pose donc comme principe le caractère limité des besoins matériels, puisque, en vertu de cette hiérarchie, l'être humain, une fois satisfaits ses besoins de niveau inférieur, que sont les besoins matériels, consacrera son énergie à la recherche de la satisfaction de ses besoins de niveaux supérieurs. C'est ainsi qu'une personne, lorsqu'elle n'aura plus faim, ni froid et qu'elle se sentira en sécurité, cherchera à être reconnue par son groupe d'appartenance ou donnera libre cours à sa créativité, besoins essentiels dont la satisfaction ne requiert toutefois pas de production de biens marchands et n'a donc pas en principe d'incidence directe sur le niveau du PIB.

♦ *Évolution historique de la consommation*

Afin de sortir de ces considérations de caractère abstrait sur la nature des besoins humains, observons donc l'évolution de la consommation et la place qu'a occupé la croissance au cours des décennies écoulées. Si de nombreux besoins restent encore insatisfaits aujourd'hui, on peut penser que ce facteur exerce une pression sur la croissance et nous devrions alors nous attendre à assister à une croissance soutenue. À l'inverse, si la croissance apparaît anémique, malgré les efforts des gouvernements pour la relancer périodiquement, on pourra y voir une indication qu'il reste désormais peu de besoins matériels à combler.

Jetons donc un regard sur l'évolution de cette croissance. Que constate t-on ? Paul Bairoch, spécialiste de l'histoire de l'économie, a étudié l'évolution de différentes économies du monde depuis le début de la révolution industrielle. Voici en résumé ses principales observations en rapport avec la croissance économique :

• Avant la révolution industrielle, on n'observe pas de croissance significative à long terme.

• Durant tout le XIXe siècle, le taux de croissance annuel moyen du Produit National Brut (PNB) n'a pas dépassé 1% dans les pays du Nord.

• Durant la première moitié du XXe siècle, on y relève un taux moyen de 1,2%.

• De 1950 à 1970 le taux de croissance moyen monte à 4%.

• Il retombe à 2,2% pour la période entre 1970 et 1990. [44]

Les chiffres de Bairoch s'arrêtent là. Qu'en est-il depuis 1990 ?

Le Fonds Monétaire International publie les taux de croissance des différentes régions du Monde depuis 1980. Durant la période de 1991 - 2012, il

---

[44] P. Bairoch (1994).

indique un taux de croissance annuel moyen de 2,2% pour les pays du Nord, soit le même que celui trouvé par Bairoch pendant la période précédente. L'ensemble de l'économie mondiale quant à elle a crû durant la même période à un rythme plus élevé, soit 3,4%. Sont compris dans ce dernier chiffre les pays émergents d'Asie, incluant la Chine et l'Inde.

Contrairement aux taux de croissance des pays du Nord, ceux qu'affiche la Chine ne manifestent pour l'instant aucune tendance au ralentissement. Ils oscillent depuis 20 ans autour des 10%. Un quart de siècle plus tôt, c'est un autre dragon asiatique, qui fascinait l'Occident : le Japon. Ce pays obtenait alors un niveau de croissance économique nettement plus élevé que les anciens pays industrialisés. Depuis lors sa croissance n'a cessé de ralentir : de 4,4% en moyenne annuelle durant les années 1980, elle est passée à 1,5% durant les années 1990 et à 0,6% pendant la première décennie du XXIe siècle. Aujourd'hui le Japon dispose d'un PIB par habitant équivalent à celui de l'Italie.

À la vue de ces chiffres, on s'aperçoit qu'au cours des 40 dernières années recensées, les pays du Nord n'ont pas réussi à renouer avec les taux de croissance de l'après-guerre, qui avoisinaient les 5%. On peut alors se demander si la croissance de ces « vieilles » économies, malgré les efforts de relance que consentent leurs gouvernements, n'est pas engagée dans un lent processus de baisse à long terme. Le portrait que nous obtiendrions alors de l'évolution de l'économie mondiale, avec des « vieux » pays industrialisés affichant une faible croissance et les « jeunes » économies connaissant une croissance rapide, suggère que de manière générale, quel que soit le pays, l'évolution du PIB suit historiquement un même cheminement, correspondant à une courbe en « S », avec cependant des taux qui diffèrent selon le contexte géographique et historique.

En l'occurrence le contexte historique, dans lequel se sont déroulées en Occident les trente glorieuses, est celui de l'immédiat après-guerre 1939-45. Et en mai 1945, au lendemain de la reddition des armées du IIIe Reich, tout le continent européen se trouvait dans un état de désolation. En plus du lourd tribut qu'elle avait exigé en vies humaines, la guerre avait opéré des destructions colossales dans de nombreuses villes, tant chez les vaincus que chez les puissances victorieuses. De surcroît, tout l'appareil industriel, ainsi que les réseaux ferroviaires, objectifs privilégiés des bombardements, étaient profondément entamés. Dans un tel contexte, il y aurait lieu de voir dans l'extraordinaire dynamisme économique de cette période, plutôt que la manifestation d'un intense besoin d'accumulation de richesses, l'expression du désir profond de reconstruire ce que la guerre avait détruit, afin de revenir au plus vite à la situation d'avant. Quelques décennies plus tard, le Japon, pendant quelques temps, surprendra l'Occident par ses taux de croissance élevés, avant que ces derniers ne baissent de manière impressionnante, comme par un effet de mimétisme, lorsque ce pays aura atteint le même niveau de vie que l'Occident.

La courbe en « S », que nous avons évoquée, reflète ainsi une évolution différenciée du PIB dans le temps. Elle est quasiment plate à ses débuts, avec un taux de croissance proche de zéro. Ensuite elle se redresse à mesure que le temps progresse et poursuit son redressement jusqu'à son point d'inflexion, le moment où elle atteint son rythme de croissance maximum. La courbe s'aplatit ensuite progressivement pour redevenir enfin horizontale, comme au départ, mais à un niveau plus élevé. Le taux de croissance correspondant à la courbe en « S », suit quant à lui une évolution en forme de cloche.

Ainsi, lorsqu'un pays se trouve au début de sa révolution industrielle, c'est-à-dire lorsque les conditions culturelles, politiques et techniques sont réunies pour permettre le démarrage d'une période d'augmentation continue de la production, il amorce une phase de croissance régulière de la production qui s'accélère jusqu'à ce que soit atteint un niveau de vie donné, caractérisé par la satisfaction de l'essentiel des besoins matériels de la population correspondant aux niveaux 1 et 2 de la pyramide de Maslow. Une fois ceux-ci satisfaits, le taux de croissance diminue pour revenir progressivement à une économie stationnaire. Des efforts énergiques peuvent être consentis par les entreprises et les pouvoirs publics pour stimuler la consommation ; ils ne font cependant que prolonger faiblement la croissance pendant quelques années ou quelques dizaines d'années avant que celle-ci ne finisse par s'arrêter complètement. L'idée qui est ici mise en avant est qu'on ne peut pas indéfiniment faire croître une économie, dès le moment où les besoins matériels de la population sont satisfaits. C'est bien ce que semble démontrer l'évolution récente de l'économie japonaise où, malgré des programmes successifs de relance qui ont lourdement grevé les finances publiques, la croissance n'est toujours pas au rendez-vous.

On peut donc penser que les pays émergents, tels que la Chine et l'Inde, tout comme l'Occident et le Japon avant eux, prendront le même chemin et connaîtront à leur tour des taux de croissance plus faibles d'ici une ou deux générations, tout au plus. Nous pourrions alors – pour autant que l'on ne tienne pas compte des facteurs environnementaux qui marqueront certainement les évolutions économiques futures – imaginer dans cent ans un monde dans lequel la croissance économique aurait pris fin de manière naturelle, c'est-à-dire un monde tel qu'avant la révolution industrielle, mais avec un niveau de vie sensiblement plus élevé.

Facteurs influençant la croissance.

L'économie d'un pays n'est pas une simple machine fonctionnant suivant un déterminisme inflexible. Un plafonnement de la croissance, tel qu'il est envisagé à long terme, n'interviendra certainement pas avec la précision d'une horloge. Il est clair que de nombreux facteurs influencent le niveau de consommation d'une population, que ce soit en l'accentuant ou en la freinant.

Un premier facteur est la présence ou non de techniques de vente plus ou moins nombreuses et sophistiquées. L'importance de ce facteur est rarement mise en lumière. Le recours par les entreprises à des techniques de ventes, qui est massif dans l'actuelle société de consommation, stimule inévitablement le niveau de consommation.

Un autre facteur, qui mérite d'être signalé, est la répartition des revenus. Selon que la distribution des revenus est plus ou moins égalitaire la demande, tant par sa nature que par sa quantité, peut varier considérablement. Ceci tient au fait que le niveau d'épargne des ménages dépend du niveau de leurs revenus. Les personnes ne disposant que d'un faible revenu, qui les maintient proche du niveau de subsistance, sont contraintes de dépenser la totalité de leur revenu pour couvrir leurs besoins. Quand le revenu augmente une part de celui-ci, d'abord faible, mais de plus en plus importante à mesure qu'il croît, n'est plus dépensé, laissant une place à l'épargne. Plus les revenus d'un ménage sont élevés et plus importante est la part du revenu épargné et donc plus faible est la proportion du revenu consacrée à la consommation.

Dans une société où règne une très grande inégalité dans la distribution des revenus, des revenus très importants se retrouvent entre les mains d'une faible proportion de la population, avec une forte propension à épargner. Une part importante des revenus générés par l'économie est ainsi thésaurisée. L'argent qui est thésaurisé n'est pas distribué sous forme de salaires, pouvant entrainer un niveau de sous-emploi important et de faible consommation.

Lorsque la distribution des revenus devient moins inégalitaire, de larges flux de revenus sont distribués dans des segments plus importants de la population. Les personnes qui bénéficient de ces revenus étant de condition relativement modeste, ils en dépenseront l'essentiel dans des biens de consommation.

Par conséquent, à PIB égal, le niveau global de consommation de la population est plus important dans une société égalitaire que dans une société fortement inégalitaire.

♦ *Plafond des gains de productivité ou plafond de la demande ?*

Une hypothèse parfois avancée pour expliquer le ralentissement de la croissance est celle d'un ralentissement général des gains de productivité. Un tel diagnostic ne correspond cependant pas à notre expérience courante d'annonces périodiques par la presse de réductions d'effectifs de la part d'entreprises dont le chiffre d'affaires se porte bien. L'accroissement des performances informatiques en particulier constitue une réalité quotidienne ; les ordinateurs continuent à devenir plus performants ; ils continuent à s'enraciner de plus en plus profondément dans le tissu économique et la vie quotidienne. L'automatisation des processus productifs, en particulier dans le secteur des services, semble bien se poursuivre. Par ailleurs de nombreuses « vieilles » économies connaissent un niveau de chômage élevé. Une part importante de la population active se trouve sans emploi et ne contribue donc pas à la création de valeur ajoutée : 10% de la population active dans l'Union Européenne, 8% aux Etats-Unis[45]. Il est clair que les vieilles économies ne tournent pas à plein régime. Dès lors arriver à mettre au travail ces millions de personnes, aujourd'hui sans emploi, pourrait engendrer un supplément de production important. Il semble donc bien que la baisse de la croissance dans les vieilles économies ne puisse pas être imputé à un plafonnement hypothétique de la productivité.

Cette constatation, que les économies du Nord disposent encore d'un important potentiel en matière de croissance de la production, dont témoigne la permanence d'un niveau élevé de chômage, rend plausible notre hypothèse que le facteur qui limite la croissance se trouve du côté de la demande. En d'autres termes, si tel est bien le cas, cela signifierait qu'il y a peu de besoins matériels non satisfaits parmi les personnes disposant d'un revenu adéquat et que, par voie de conséquence, de grandes quantités de marchandises produites arrivent difficilement à trouver acquéreur. Il apparaît donc fort plausible que le plafonnement de la croissance provienne d'une saturation de la demande.

L'hypothèse d'une saturation de la consommation est d'autant plus plausible que les entreprises consacrent des moyens considérables aux différentes techniques de vente et de promotion de leurs produits. En effet si de nombreux besoins des consommateurs n'étaient pas encore satisfaits, les biens produits trouveraient rapidement acquéreurs, sans qu'il soit nécessaire de

---

[45] Chiffres 2011 provenant de *International monetary fund, World economic outlook database*, tirés en avril 2012 sur son site :
http://www.imf.org/external/pubs/ft/weo/2012/01/weodata/index.aspx

persuader les consommateurs de les acheter en recourant à une panoplie sophistiquée de techniques de vente.

Or il existe bien une redoutable industrie de la persuasion qui assène en permanence le même message : «Consommez, consommez et consommez encore. » Ce message ne s'adresse pas seulement aux facultés conscientes de l'homme. Ceux qui font profession de nous persuader recourent aux mécanismes les plus profonds de la psychologie humaine, y compris sa dimension inconsciente, pour accroître leur efficacité : messages subliminaux, valorisation de l'image de soi, stimulants visuels, sonores et olfactifs dans les espaces de vente, etc. Au fil du temps, l'espace visuel et sonore de chacun se trouve de plus en plus encombré par les instruments de ce prosélytisme consumériste. Limités au départ à l'usage d'affiches vantant les mérites, souvent imaginaires, des produits des grandes entreprises, les appels à la consommation se sont diversifiés : publicités dans la presse, à la radio, à la télévision et finalement sur internet ; multiplication des affichages, transformation des affiches papier en affichages électroniques dynamiques ; transformation des transports urbains en supports publicitaires mobiles, et ainsi de suite.

Les techniques de vente exercent une telle pression sur la population qu'en France on a pu assister à l'apparition des « déboulonneurs de pub », un collectif qui veut lutter contre l'emprise excessive de la publicité dans la société. Les déboulonneurs de pub ont publié un manifeste le 20 novembre 2005, dans lequel ils déplorent que la publicité dévore toujours davantage l'espace public.[46]

Toute cette logistique coûte cher. Nous pouvons être assurés que les entreprises industrielles et commerciales, qui la financent, savent ce qu'elles font. Leur souci permanent étant de récompenser leurs actionnaires par une rentabilité élevée de leurs investissements, nous pouvons êtres sûrs que les techniques de vente sont efficaces. En clair, sans recours à ces techniques, les consommateurs consommeraient beaucoup moins.

Les efforts des entreprises pour augmenter leurs ventes ne se limitent pas aux exercices de persuasion des acheteurs potentiels. Un grand soin est également apporté à inviter les consommateurs à se défaire des objets et équipements, qu'ils utilisaient jusqu'à présent à leur satisfaction, pour en acquérir de nouveaux. Traditionnellement, les hommes se débarrassaient de leurs anciens outils lorsque ceux-ci étaient endommagés ou usés au point de ne plus remplir leur fonction de manière adéquate. La société productiviste a trouvé d'autres motifs de déclarer la mort des objets qui accompagnent notre

---

[46] J.M. Muller (2011), page 262-266.

vie quotidienne. Elle a imaginé d'user les outils artificiellement, voire symboliquement. Ce moyen s'appelle l'obsolescence programmée. Il s'agit en somme, en modifiant le cadre dans lequel les outils opèrent, de les rendre inutilisables au-delà d'un certain délai. Un premier moyen simple consiste à limiter volontairement leur solidité et leur fiabilité, de manière à ce qu'ils succombent, sans trop de délai, à une panne.

Mais de plus en plus, particulièrement dans le secteur informatique, les objets acquièrent artificiellement une vétusté fonctionnelle. C'est le cas du logiciel, dont le fournisseur crée périodiquement de nouvelles versions et décide de ne plus assurer la maintenance des versions antérieures. En conséquence les utilisateurs, surtout professionnels, se trouvent alors en situation de risque : une panne sérieuse du produit, qui n'est plus maintenu, et son activité est bloquée. L'acquisition d'une version récente s'impose donc. Par ailleurs la politique de lancer périodiquement de nouvelles versions d'un logiciel crée des risques d'incompatibilité entre la nouvelle version et les périphériques de l'ordinateur (imprimante, numériseur, etc.), entraînant l'obligation d'acheter un nouveau périphérique alors que l'ancien fonctionnait encore très bien.

2. Le bonheur du plus grand nombre : critique de l'utilitarisme

La doctrine utilitariste a été présentée plus haut. L'idéologie de la croissance reprend à son compte l'essentiel de la représentation utilitariste de la réalité sociale, y compris ses travers, qui vont être présentés ici.

Reconnaissons tout d'abord à l'utilitarisme certaines qualités. La première tient à son principe de base qui coïncide avec l'intuition naïve, selon laquelle il faudrait agir de manière à faire le bien et, de préférence, le plus de bien possible. Peut-on ne pas être d'accord avec ce principe, qui apparaît comme l'expression d'une sincère conscience morale, et vouloir s'opposer à la recherche du bien ? Peut-on, en toute innocence, lui préférer le mal ? Si on devait en rester là, c'est-à-dire au vernis extérieur de l'utilitarisme, on voit difficilement comment ne pas y adhérer. Ce premier point est important. Il est en effet significatif que la recommandation de l'utilitarisme s'accorde avec notre intuition morale première, non critique. C'est probablement à son accord avec l'intuition morale naïve qu'il faut lui attribuer l'essentiel de son succès.

Une deuxième vertu essentielle de l'utilitarisme est de mettre en avant l'idée, que l'être humain est pleinement responsable de ses actes, ainsi que de leurs conséquences. Vivant à une époque de grandes transformations sociales, les débuts de l'industrialisation, Jeremy Bentham, l'initiateur de cette doctrine, avait bien compris que les décisions humaines peuvent engendrer, si l'on n'y prend garde, des conséquences à la fois lourdes et douloureuses. Il se rendait certainement compte qu'il n'était plus acceptable, sous prétexte d'agir de manière vertueuse parce que conforme à un code de conduite socialement valorisé, de ne pas s'interroger sur les conséquences de ses actes vis-à-vis de ses semblables

Quelques remarques à propos des types de doctrines morales permettront d'éclairer ce point.

Parmi les doctrines morales, les philosophes distinguent généralement trois grandes familles, selon la manière d'évaluer le caractère moral ou immoral d'une action, c'est-à-dire, en d'autres termes, de déterminer ce qui fait qu'une action est bonne ou mauvaise. Ces grandes familles de doctrines morales sont les morales de la vertu, les morales de conviction et les morales de responsabilité.

Pour évaluer une action, une morale de la vertu considèrera que l'élément déterminant est l'acteur, celui qui agit. Les actions d'un acteur seront bonnes si l'acteur agit de manière vertueuse. L'acteur vertueux sera celui qui se conforme à un modèle de vie qui incarne la vertu. La doctrine morale décrit alors le modèle de l'être vertueux, ainsi que les vertus qu'il doit incarner, et donne des indications sur la manière dont chacun peut les acquérir. La société contemporaine, qui valorise à un degré élevé le dépassement de soi par le travail ou la performance sportive, s'inscrit dans ce type de doctrine morale.

Une morale de la conviction, également qualifiée de morale déontologique ou morale du devoir, se préoccupe, non des qualités de l'acteur, mais de l'action elle-même. La morale de conviction guide l'action en spécifiant quelles conditions celle-ci doit remplir pour être moralement bonne. Ces conditions reviennent en principe au respect d'un ensemble de règles. Vivre selon une morale de conviction c'est s'imposer de traduire dans ses actes les valeurs auxquelles on adhère. La morale de Kant, du fait de l'accent mis sur le caractère impératif de l'action morale, est souvent citée comme une morale du devoir et de conviction.

Enfin une morale de la responsabilité évalue le caractère moral d'une action en portant son attention sur les conséquences de l'action. Elle pose comme principe que l'auteur d'un acte doit répondre de ses conséquences. Est bonne l'action dont les conséquences prévisibles seront bonnes. Est mauvaise l'action dont les conséquences prévisibles seront néfastes. Ce type de doctrine morale est également appelé morale téléonomique ou encore morale conséquentialiste.

Face aux profondes transformations sociales de la fin du XVIIIe siècle, on peut comprendre que des esprits éclairés, se démarquant ainsi d'une longue tradition de morale déontologique, se soient préoccupés des conséquences humaines des changements sociaux impliqués par l'industrialisation naissante. Et ce n'est sans doute pas un hasard si une morale de responsabilité, l'utilitarisme, a vu le jour à cette époque.

Après avoir tenté de rendre justice aux principales vertus de l'utilitarisme, il nous appartient maintenant de reconnaître que cette doctrine est de nature à inspirer un profond sentiment d'inconfort. Elle présente en effet le paradoxe de paraître irréprochable en surface, alors que les propositions de ses propagateurs les plus enthousiastes paraissent souvent folles et qu'elle est fréquemment invoquée pour justifier des projets qui heurtent profondément le sens commun.

Plus concrètement on peut adresser à l'utilitarisme les critiques suivantes :

i. Son projet d'anticiper toutes les conséquences d'une action est généralement impossible à concrétiser dans la réalité, faisant de lui une doctrine séduisante intellectuellement, mais sans réelle utilité pratique.

ii. Quant aux valeurs, qui méritent d'être mise en œuvre, l'utilitarisme, morale caméléon, en vient inévitablement, sans capacité de critique, à soutenir les valeurs dominantes de la société. Il est donc creux, c'est-à-dire sans véritable contenu normatif.

iii. Sous son discours séduisant, l'utilitarisme, suivant un raisonnement fort subtil, en vient à défendre ce vieux principe, qui est intuitivement perçu comme profondément immoral par la plupart d'entre nous, à savoir que la fin justifie les moyens.

iv. Il légitime la marchandisation de la vie humaine.

v. Utilisé comme doctrine sociale, il traite le jugement subjectif des décideurs comme une grandeur objective et favorise de ce fait des formes de pouvoir autoritaires, qui évitent la concertation.

Du fait des caractéristiques énumérées ici, l'utilitarisme permet aux élites qui s'en revendiquent de donner l'apparence de la vertu à celles de leurs décisions qui vont à l'encontre des valeurs morales profondes de la population.

Ces cinq points vont maintenant être développés.

♦ *L'ambition impossible d'anticiper les conséquences d'une action*

Ce jugement assez catégorique s'adresse plus particulièrement à cette forme d'utilitarisme connue sous le nom d'utilitarisme de l'acte, qui évalue la moralité d'un acte pris dans son contexte particulier. Ce dernier donne lieu à des analyses de situations extrêmes, et donc exceptionnelles, voire invraisemblables, qui présentent des cas de conscience à s'arracher les cheveux. Partant du principe qu'aucune règle générale ne peut être posée, puisque l'utilitarisme de l'acte entend impérativement décider au cas par cas, ses promoteurs s'interdisent de tirer des conclusions applicables en général. Cette variante de l'utilitarisme n'est pas celle que prônait Bentham. Toutefois c'est très souvent sous cette forme que cette doctrine se répand de nos jours.

L'utilitarisme de l'acte déclare qu'il faut, avant d'agir, examiner les conséquences des choix possibles pour décider de l'action morale. Or très souvent les conséquences les plus importantes de nos actions (particulièrement dans le cas de conséquences néfastes) ne sont pas prévisibles. Elles restent donc souvent ignorées.

L'imprévisibilité des conséquences de nos actions peut tenir à différents facteurs. Tout d'abord, entre les conséquences immédiates et les conséquences indirectes ou lointaines, il peut être souvent difficile de décider où s'arrêtent les impacts significatifs d'une action. Ensuite une action affectera des tiers, et ceux-ci réagiront de manière parfois très différente, selon le sens qu'ils lui donneront. Ce dernier dépendra fortement du contexte, dans lequel l'action intervient. Que l'action soit isolée ou qu'elle s'inscrive dans un contexte riche en précédents, elle sera souvent perçue très différemment et provoquera des réactions divergentes.

Illustrons ces difficultés au moyen d'une étude de cas.

Exemple – Le juge et la foule en colère.

Ce cas de figure est évoqué par Ruwen Ogien.[47]

« Un juge se trouve face à une foule de manifestants furieux exigeant qu'on retrouve l'auteur d'un meurtre barbare commis sur un membre de leur communauté. Faute de quoi, ils menacent de se venger en attaquant le quartier où réside une autre communauté qu'ils soupçonnent de protéger le meurtrier. Le juge ignore l'auteur du crime. Pour éviter le sac-

---

[47] R. Ogien (2011), page 59. Cet exemple a auparavant été présenté par R. Nozick dans « Anarchie, Etat et utopie », version française, PUF, 1988.

cage d'un quartier de la ville et le massacre d'un grand nombre de ses habitants, il décide d'accuser une personne innocente et de la faire exécuter. »

En y regardant de près, on s'aperçoit que la décision du juge revient à un retour à la pratique archaïque du bouc émissaire. Cette pratique était courante dans l'Antiquité et on considère généralement qu'un des grands mérites de la tradition judéo-chrétienne est d'y avoir mis fin.

Approuver le geste d'un juge, qui tente de rétablir la concorde entre deux communautés hostiles par le sacrifice d'un innocent, revient donc à une régression sociale considérable, un immense retour en arrière, par lequel on jette un regard complaisant sur les pulsions humaines les plus violentes, au lieu de s'interroger sur ce qui anime les hommes et de se donner les moyens de régler les différends en usant d'une violence minimale.

Revenant au cas de figure proposé, un cas probablement fictif, que Ruwen Ogien emprunte à Robert Nozick, il nous apparaît de prime abord peu plausible. On voit mal un procès pour homicide, suivi immédiatement de l'application de la peine, se tenir dans les heures qui ont suivi un meurtre. En effet dans les systèmes de justice pénale les plus courants, la gestion de ce type de situations difficiles revient à la police et, avant qu'un suspect soit déféré devant le juge pénal, une instruction est menée à bien. En outre une des conséquences immédiates de la ligne de conduite radicale que l'auteur recommande au juge est que ce dernier se trouverait très rapidement en opposition directe avec la loi et se verrait lui-même condamné à de sévères sanctions. Afin de mieux comprendre la démarche utilitariste, acceptons néanmoins ce scénario peu plausible, tel qu'il nous est présenté.

L'auteur admet que la décision de ce juge pourra en choquer plus d'un. Il nous véhicule néanmoins le message qu'un utilitariste véritable, préoccupé des conséquences de ses actes, approuvera ce juge, qui a agi dans le but louable d'épargner des vies humaines innocentes.

La question que l'on pourrait de poser est la suivante. Le verdict conséquentialiste présenté ici repose-t-il sur une analyse complète des conséquences significatives de la démarche du juge ? N'y a-t-il vraiment besoin, pour trancher le dilemme du juge, que de mettre en balance, d'un côté le massacre de dizaines d'innocents (au cas où le juge choisirait de faire un procès équitable) et de l'autre la condamnation et l'exécution, certes injuste, d'une seule personne (dans l'hypothèse où le juge déciderait de condamner un innocent pour calmer la fureur populaire) ?

On peut douter que les possibilités offertes au juge se limitent au dilemme présenté par le moraliste conséquentialiste. Le cas, tel qu'il est présenté,

nous enferme dans un choix cornélien, qui ressemble très peu aux situations, que nous réserve la vie réelle. Les choix, auxquels nous nous trouvons confrontés, sont en effet rarement binaires. La réalité offre généralement une pluralité de possibilités d'actions auxquelles on ne songe peut-être pas d'emblée. Parmi les possibilités d'action non évoquées offertes au juge, on peut citer les suivantes :
• parler lui-même à la foule pour la calmer ;
• convaincre un personnage charismatique, respecté par la communauté en colère, de prendre la parole et de calmer ainsi le jeu en assurant que les autorités feront tout ce qui est en leur pouvoir pour retrouver et punir le coupable ;
• faire appel à la police pour qu'elle protège le temps nécessaire les habitants du quartier menacé par la vindicte populaire.

Chacune de ces actions a des chances d'aboutir à ce que les conséquences de la situation soient moins dramatiques que le dilemme sous lequel elles ont été présentées. Mais n'insistons pas sur ces possibilités d'action, puisque, à l'évidence, le but de l'exercice est de savoir comment trancher le dilemme présenté, pas de l'éluder.

Bien. Relevons que l'inventaire des conséquences, tel qu'il nous est présenté, à savoir massacre de nombreux innocents membres de la communauté du meurtrier ou sacrifice d'un seul innocent, s'arrête prématurément, puisqu'il se limite aux seules conséquences immédiates. On devrait toutefois se poser cette question : si le juge évite le massacre en condamnant et faisant exécuter un innocent, cette condamnation d'un innocent serait-elle sans conséquences (conséquences de niveau 2) ? Pas nécessairement. On peut imaginer que des membres de la communauté du condamné, qui connaissent le véritable meurtrier, en prenant connaissance de cette grossière injustice, en soient scandalisés et soient tentés de donner libre cours à leur mécontentement en recourant à des voies de fait. La condamnation de l'innocent se révèlerait ainsi, elle aussi, fort « coûteuse » en dommages collatéraux. Et rien ne dit que les choses en resteraient là. Il est fort possible que, quelle que soit la décision du juge, la ville soit menacée par une spirale d'actes de vengeance entre communautés.

Bien entendu toutes ces conséquences possibles de la décision du juge sont plus ou moins hypothétiques et certaines d'entre elles sont indirectes ; ce sont des conséquences de conséquences.

Que certaines conséquences graves d'une action soient hypothétiques, ou bien qu'elles soient des conséquences « au second degré », ne fait cependant pas disparaître, lorsqu'elles se produisent, la responsabilité de leur auteur et le juge n'agirait pas d'une manière conforme à la logique d'une éthique de la responsabilité s'il ne tentait pas d'anticiper **toutes** les conséquences de la prise de décision. On réalise bien que, compte tenu de la complexité et de l'imprévisibilité de la réalité, cette tâche est tout bonnement impossible. Et nous touchons là, sans doute, les limites du conséquentialisme préconisé par les utilitaristes de l'acte. Il est tout bonnement inapplicable dans la vie réelle.

Si la réponse de l'utilitarisme de l'acte est irréaliste, quelle serait alors la réponse appropriée ? Nous pouvons répondre que, dans le cas de la justice ou d'une administration publique, la réponse à l'imprévisibilité des conséquences de leurs actions, est de veiller à ce que leurs propres actions soient, quant à elles, totalement prévisibles aux yeux des administrés. Dès le moment, où ces derniers savent que telle conduite de leur part engendrera telle réponse de l'administration, ils auront la possibilité d'adopter une stratégie, qui leur évitera un maximum de surprises désagréables. Pour rendre ses actions prévisibles, il suffira à l'administration d'agir conformément au droit et, simultanément, d'informer le plus largement possible sur le droit. C'est là précisément la logique du fonctionnement de l'Etat de droit, une manière d'agir radicalement différente de celle que préconise l'utilitarisme de l'acte. Ce dernier apparaît donc comme un recul de civilisation par rapport à la situation qui prévaut dans la plupart des Etats modernes.

L'application rigoureuse du droit en toutes circonstances montre une constance de la part de la justice, constance qui entraîne une prévisibilité des décisions des juges. La prévisibilité crée la confiance dans l'institution de la justice et dans l'ensemble de l'administration mise en place par l'autorité publique. Devant l'application d'une justice impartiale, efficace et surtout prévisible, les communautés seront de moins en moins tentées de se faire justice elles-mêmes en réagissant par des massacres chaque fois qu'un de ses membres est injustement victime de la violence d'un membre de l'autre communauté. Les communautés, tant celle du meurtrier que celle de la victime, en arriveront progressivement à souhaiter la résolution de leurs différends par cette justice et à respecter ses décisions, y compris dans les cas où la décision du juge ne leur plairait pas.

La réflexion qui précède ne découle pas simplement d'une vision idéalisée de la société. Elle est inspirée par les leçons de l'histoire. C'est en effet par un processus du type de celui décrit ci-dessus que la société européenne au XVIIe siècle s'est éloignée d'une violence moyenâgeuse, caractérisée par des taux annuels d'homicide évalués par les historiens entre 40 et 50 pour 100'000 habitants, pour devenir une société plus pacifiée où ce taux était tombé à seulement 6 ou 7 pour 100'000 dans l'Angleterre d'Elisabeth 1ère. Par comparaison, les taux européens contemporains sont d'environ 1 pour 100'000.[48]

---

[48] Selon R. Rhodes (1999), pages 233 et 215.

Ce phénomène s'est répété à d'autres époques sous d'autres latitudes. Ainsi, est-ce l'introduction par le colonisateur australien, dans les montagnes de Nouvelle-Guinée jusqu'à leur indépendance en 1975, d'un système judiciaire prévisible et équitable qui a fait chuter le niveau de violence, qui y était auparavant plus élevé encore que dans l'Europe du Moyen Age.[49]

♦ *Une morale caméléon qui reproduit les valeurs sociales dominantes*

Selon une morale conséquentialiste, il m'appartient, avant d'agir, d'évaluer les conséquences prévisibles de l'action, que je me propose d'accomplir. Or le caractère moral des conséquences de mes actions, et donc de ces actions elles-mêmes, découle de leur congruence avec des valeurs auxquelles j'adhère. Quelles sont les valeurs de l'utilitarisme ? Il y a d'emblée une certaine ambiguïté sur la nature de la valeur suprême à laquelle l'utilitariste adhère. Si pour Mills, le penseur qui a le plus contribué à l'élaboration de la doctrine utilitariste, l'utilitariste doit rechercher le bonheur du plus grand nombre, on se rappellera que Bentham privilégiait la recherche du plaisir, et, pour les économistes néoclassiques, c'est le terme anglais d'*utility*, souvent traduit par « bien-être », qui constitue la substance à maximiser. Les utilitaristes contemporains, tels que Ruwen Ogien, parlent simplement de bien.

Il faut donc rechercher, selon la doctrine utilitariste, le plus grand bien possible pour le plus grand nombre et lui éviter le mal. Mais le problème moral ne naît-il pas précisément de mon souci d'éviter le mal et de faire le bien ? Si je me tourne vers une doctrine morale c'est précisément parce que je cherche une réponse à la question : « comment faire pour agir bien ?». Or quelle réponse donne l'utilitarisme ? « J'agis bien en accomplissant le plus grand bien possible. ». Voilà une proposition circulaire qui ne nous avance guère. La proposition centrale de l'utilitarisme apparaît ainsi tautologique.

Le problème essentiel des propositions tautologiques est que, étant vides de contenu signifiant, elles peuvent être utilisées pour dire ce qu'on veut.

Dans la pratique, ceci ne pose pas un gros problème aux adeptes de l'utilitarisme dans la mesure où, on s'en rend vite compte, les valeurs auxquelles ils adhèrent sont les valeurs dominantes de la société dans laquelle ils vivent. Leur doctrine revient dès lors à une forme de communautarisme moral, selon lequel la qualité morale des valeurs d'une communauté considérée tient à la circonstance, qu'elles sont valorisées et pratiquées dans cette communauté. Il n'y a donc pas lieu de les fonder, ni par

---

[49] Ibid., page 256.

munauté. Il n'y a donc pas lieu de les fonder, ni par conséquent de les critiquer. L'utilitariste se révèle ainsi d'un conformisme social radical.

Nous avons vu au chapitre 2 les valeurs de la société occidentale qui fondent l'idéologie de la croissance. On s'aperçoit que ces mêmes valeurs sont reprises par les penseurs utilitaristes contemporains. En outre les exemples, qu'ils prennent pour illustrer leur doctrine, montrent, sans qu'ils aient besoin de le déclarer, qu'ils attachent une grande importance au respect de la vie humaine, ainsi qu'à la santé, valeurs fortement prisées dans notre société craignant la mort. Est bien, pour les utilitaristes, ce qui est favorable à la santé. Est mal ce qui engendre des pathologies somatiques ou psychiques. La valorisation extrême des critères médicaux n'est pas anodine, en particulier en matière de santé mentale, se traduisant par la stigmatisation des individus au moyen des outils de la psychiatrie, appliquée parfois avec un manque de discernement. Les débats, qu'a occasionnés la publication du DSM 5[50], en témoignent. C'est ainsi que certains considèrent le recours de plus en plus fréquent au modèle médical à des fins de contrôle social comme abusif. On s'aperçoit que les pratiques ainsi dénoncées sont encouragées par l'utilitarisme.

Les autres valeurs, auxquelles les utilitaristes se montrent attachés, ont évolué quelque peu au fil du temps. Le XVIIIe siècle était réputé plutôt libertin et épicurien ; la valeur que Bentham met en avant est donc le plaisir. Son successeur Mill, qui vivait à l'époque victorienne, plus guindée, met en avant des plaisirs subtils que la société victorienne juge de qualité supérieure, tels le plaisir de la connaissance ou le plaisir lié à la découverte des arts. Il met toutefois surtout l'accent sur le bonheur.

Enfin il est encore une autre valeur, et non des moindres, sur laquelle la société contemporaine productiviste se trouve focalisée, c'est la valeur monétaire ou financière, c'est-à-dire la richesse, l'opulence, qui va de pair avec un solide attachement au droit de propriété.

En définitive les valeurs reprises par l'utilitarisme sont celles de la culture occidentale, culture dominante aujourd'hui au niveau planétaire. Or il y a déjà fort longtemps que les ethnologues ont montré que les valeurs varient, parfois considérablement, d'un peuple à un autre. Aujourd'hui, par suite des brassages de populations, auxquels donne lieu la mondialisation, nos sociétés sont devenues multiculturelles. Au sein d'une même société cohabitent des groupes sociaux différents qui adhèrent à des valeurs, qui peuvent parfois

---

[50] Il s'agit de la cinquième édition du manuel diagnostique et statistique des troubles mentaux de l'Association américaine de psychiatrie. En anglais *Diagnostic and statistical manual of mental disorders* (DSM) *of the American psychiatric association* (APA).

varier considérablement. Les tensions qui surgissent entre communautés dans les sociétés fragmentées d'aujourd'hui nous montrent bien que tous les êtres humains n'adhèrent pas aux mêmes valeurs.

La société mondialisée, fortement marquée par l'influence de l'Occident, tend à imposer sans discernement aux autres cultures les valeurs dominantes, c'est-à-dire les valeurs de l'Occident, promues principalement par les milieux d'affaires. Ainsi donc, c'est parce qu'il est vide de contenu que l'utilitarisme favorise l'occidentalisation du monde au détriment des cultures autochtones.

♦ *Quand la fin justifie les moyens*

L'utilitarisme, et ceci s'applique tout particulièrement à sa forme radicale, l'utilitarisme de l'acte, obéit au principe selon lequel « la fin justifie les moyens ». Ceci apparaît clairement à travers certains cas de figure, appelés « expériences de philosophie morale expérimentale », qui font l'objet de longues discussions entre utilitaristes et autres conséquentialistes. Ces expériences consistent à interroger sur ses intuitions morales une personne confrontée à des situations particulières. Elles portent sur des cas imaginaires, en général des situations limites qu'on rencontre rarement, voire pas du tout, dans la vie réelle. Or nos outils de navigation morale, conçus pour fonctionner dans les situations de la vie normale, ne nous rendent souvent plus aucun service dans les situations limites.

Une de ces expériences de philosophie morale expérimentale, qui a fait couler beaucoup d'encre, est appelée « le tramway qui tue » par Ruwen Ogien.[51] Il y est question d'un tramway, dont le conducteur a perdu connaissance, et qui se trouve ainsi engagé dans une course folle. Cinq ouvriers travaillent sur la voie en contrebas, sur le trajet que doit emprunter le tramway fou. Ces hommes seront sûrement tués ... à moins que le sujet de l'expérience, spectateur de la scène, ne fasse quelque chose. On explique à celui-ci qu'il se trouve sur un pont enjambant la voie ferrée. À côté de lui, appuyé à la rambarde, se trouve un inconnu de grande taille et d'un poids imposant. Le sujet est informé que, si par hasard il lui venait l'idée de se jeter en travers de la voie dans un élan salvateur, son corps serait trop léger pour arrêter le tramway, mais que, s'il poussait l'inconnu sur les rails, la masse du corps de ce dernier arrêterait le tramway et cinq vies humaines seraient ainsi sauvées. Malheureusement, le gros monsieur ne survivrait pas au geste qui sauve.

---

[51] Voir R. Ogien op. cit., pages 71 à 100. Ce cas de figure a été imaginé pour la première fois par Philippa Foot en 1967 et repris ensuite par d'autres, qui en ont imaginé diverses variantes.

Rassurons tout de suite le lecteur. 90% des personnes interrogées refusent d'endosser la recommandation utilitariste consistant à condamner délibérément à mort un inconnu pour en sauver cinq autres. [52] Chez la plupart de nos contemporains en effet, l'idée qu'une fin noble puisse exiger le recours à des méthodes cruelles est généralement rejetée. On imagine assez facilement à la lecture de ce cas d'école que, si de tels calculs morbides sont recommandés, il devient possible de justifier sans sourciller des pratiques telles que la torture ou l'assassinat de personnalités à des fins politiques.

Et ceci n'est pas purement théorique. En effet dans son livre « L'assassinat de dirigeants étrangers par les Etats-Unis – Un siècle de complots au service de la puissance américaine », le journaliste Etienne Dubuis nous apprend que l'assassinat de dirigeants étrangers dans le but de défendre « les valeurs du monde libre » a été pendant longtemps une pratique établie au sein de l'administration états-unienne. Considérant l'exécution sans procès, du chef de l'organisation Al Qaïda, Oussama Ben Laden, le 1er mai 2011, il semble bien que cette pratique soit toujours de mise de nos jours.

Les réponses des 90% de personnes, qui refusent de suivre le calcul utilitariste jusqu'au bout, sont indéniablement chargées d'un important contenu émotionnel. Et l'on se rend compte qu'il y a chez les utilitaristes extrêmes un *a priori* tacite d'hostilité à l'égard des émotions, qui sont perçues comme des éléments de nature à perturber le raisonnement et entraver le juste choix moral. Les moralistes conséquentialistes s'enorgueillissent de leur aptitude à se libérer des entraves de l'émotion et à raisonner froidement. Ce en quoi ils n'ont pas totalement tort, puisqu'on sait que des décisions prises rapidement, à chaud, sous la pression de l'opinion publique, c'est-à-dire commandées par un accès d'émotivité se révèlent souvent par la suite inappropriées.

Accorder trop de poids aux émotions peut certes engendrer de mauvaises décisions, voire provoquer des effets pervers. Toutefois vouloir évacuer totalement les émotions, comme nous y incitent beaucoup de raisonnements conséquentialistes, est certainement tout aussi nocif. Depuis l'apparition du concept d'intelligence émotionnelle[53], la valeur positive des émotions est largement admise par les psychologues. Certains soutiennent même que le fait pour une personne de ne pas être suffisamment en lien avec ses émotions peut provoquer de graves problèmes, notamment une incapacité à prendre des décisions. En outre certains philosophes, notamment le britannique Alfred J.Ayer (1910 – 1989), soutiennent que les émotions constituent un fac-

---

[52] Selon une expérience menée par Daniel Bartels et David Pizarro citée par The Economist (2011).

[53] Cette notion a été popularisée par le livre de D. Goleman « Emotional intelligence ».

teur essentiel et légitime dans la constitution de nos choix moraux. La question essentielle est finalement de savoir comment les gérer.

La valeur positive des émotions dans les choix humains et moraux n'est pas admise par ces utilitaristes. En outre c'est précisément ce refus d'admettre que les émotions puissent avoir une place dans nos choix moraux qui les amènent à soutenir cette position – perçue comme cynique et immorale par la plupart d'entre nous – d'accepter le recours à des moyens infâmes pour promouvoir une fin noble.

♦ Une légitimation de la marchandisation de la vie humaine

Il existe des cas où les principes utilitaristes, sur lesquels repose l'action d'une organisation, ainsi que leurs conséquences potentiellement cyniques, sont explicitement reconnus. En voici un exemple tiré d'un domaine d'activité au sein duquel des vies humaines sont mises en péril, nécessitant dans le cadre des processus de décision, qui y sont mis en œuvre, la prise en considération permanente de risques de décès ou de survenance de pathologies graves. Il s'agit des activités, qui recourent à des produits radioactifs : médecine radiologique, centrales électronucléaires, sous-marins et porte-avions atomiques, etc. Ainsi la Commission internationale sur la protection radiologique[54] a publié des recommandations en 1977 dans lesquels sont formulés les principes de bases auxquels elle recourt. Dans un commentaire récent de ces recommandations, on peut lire :

> *« Le principe de justification vise à faire plus de bien que de mal, et le principe d'optimisation vise à maximiser la marge du bien sur le mal pour la société dans son ensemble. Ils satisfont donc les exigences du principe de l'éthique utilitariste, aussi appelée «l'éthique conséquentialiste», proposé principalement par Jeremy Bentham et John Stuart Mill. Les utilitaristes jugent les actions par leurs conséquences globales, habituellement en comparant, en termes monétaires, les avantages pertinents (par exemple, les estimations statistiques de vies sauvées) obtenus par une mesure de protection particulière, avec le coût net de l'introduction de cette mesure. »*[55]

---

[54] En anglais : *ICRP - International commission on radiological protection*. Il s'agit d'un organisme fondé en 1928, qui développe et tient à jour le système de protection radiologique, qui sert de référence mondiale pour les normes, les législations et les pratiques en matière de protection contre les rayonnements ionisants.

[55] R.H. Clarke. & J. Valentin (2009,) page 95. Traduction de l'auteur.

On peut être frappé en lisant ce commentaire par le fait qu'une valeur monétaire soit affectée aux vies humaines, qu'une mesure de radioprotection envisagée serait susceptible de préserver, et que cette valeur monétaire soit évaluée par rapport au coût de la mesure considérée. Il s'ensuit que, si la valeur monétaire des vies humaines susceptibles d'être préservées est inférieure au coût de la mesure de protection envisagée, cette mesure de protection ne sera pas mise en œuvre.

L'ICRP adopte ainsi la variante de l'utilitarisme de la règle et préconise de renoncer à des mesures de radioprotection chaque fois que les coûts de ces mesures dépassent la valeur des vies humaines, qu'elles pourraient sauver, évaluées en termes monétaires. Ceci pourrait amener des décideurs, dans certains cas, à renoncer délibérément à l'adoption de certaines mesures de radioprotection, entraînant très probablement le sacrifice d'un certain nombre de personnes non consentantes, que les mesures auxquelles il a été renoncé auraient pu sauver.

Le principe de donner une valeur monétaire, un prix, à la vie humaine, comme au temps de l'esclavage, pose un grave problème. De nombreuses personnes opposeraient de vives objections à cette recommandation. On imagine bien toutefois la réponse qui leur serait donnée : on ne peut pas dépenser des sommes infinies juste pour sauver une vie humaine. Ensuite on soutiendra que, pour préserver les finances d'un gouvernement de la banqueroute, il faut logiquement définir le montant maximum qu'on est prêt à payer pour sauver cette vie, donc donner un prix à l'être humain.

Une approche alternative à la marchandisation de la vie humaine, est pourtant possible. C'est même celle qui est habituellement appliquée dans nos sociétés. Elle part de la situation existante, du niveau de morbidité actuel, qu'il s'agit dans tous les cas de ne pas aggraver et éventuellement d'abaisser. Dans les domaines, qui présentent de réels dangers pour les êtres humains, il est habituel de définir un risque maximum toléré. Ainsi pour les substances chimiques ou radioactives, des concentrations maximales admissibles (CMA) sont définies, notamment par l'Union Européenne. Ces concentrations admissibles sont fixées à un niveau suffisamment faible pour ne pas présenter de danger significatif, compte tenu de l'état présent des connaissances. Ceci revient à fixer un niveau de risque maximum acceptable en termes de probabilités d'incidents ou d'accidents, conformément à l'adage selon lequel le risque zéro n'existe pas. L'idée est de viser un niveau suffisamment faible de substances dangereuses pour éviter, en agissant avec diligence, la survenance de tout accident sérieux. On renonce de cette manière à marchandiser la vie humaine, c'est-à-dire à définir un coût maximum que l'on accepte de supporter pour protéger une vie.

C'est la mise en œuvre de ce type de philosophie qui a permis de réduire les accidents imputables à la circulation routière. Ainsi, malgré l'augmentation considérable de la densité du trafic automobile depuis les années 1970, les accidents graves, en particulier les accidents mortels, ont considérablement diminué dans la plupart des pays occidentaux. Ceci a été rendu possible par une politique qui a consisté à fixer progressivement des normes de tolérance de plus en plus sévères (vitesse autorisée, caractéristiques techniques de sécurité des véhicules et de réaction aux chocs, obligation de porter une ceinture de sécurité, etc). En suivant cette logique, on évite de se trouver dans une situation où l'on est amené à mettre en balance des vies humaines à sacrifier contre des coûts mesurés en termes monétaires. On évite de faire de la vie humaine une marchandise.

Le revers de la médaille est évidemment – mais faut-il le regretter ? – que l'on sera amené à renoncer à l'exploitation de toute technologie dont le développement se traduit par une augmentation du risque de mortalité et de morbidité. C'est d'ailleurs en faisant ce type de raisonnement – ne pas recourir à une technologie nouvelle dont l'utilisation risque d'augmenter le niveau de général de morbidité – que certains gouvernements font maintenant le choix de renoncer à l'industrie électronucléaire.

♦ *Un encouragement à des formes de pouvoir autoritaires*

Bentham estimait que les élites dirigeantes, en appliquant sa doctrine, pouvaient rendre les hommes heureux sans avoir à les consulter. Cette attitude peut s'expliquer par le fait que la doctrine utilitariste constitue une forme de réalisme moral. Ainsi elle considère que la nature morale ou immorale d'une action constitue une propriété objective de celle-ci. Si, aux yeux de l'utilitariste, le fait qu'une action soit bonne relève d'une propriété objective de celle-ci, on peut concevoir qu'il se soucie peu de savoir si cette action a été décidée de manière concertée ou autoritaire, dès le moment où il la juge bonne. On peut donc dire que le réalisme moral, qui caractérise l'utilitarisme, ne l'amène pas à inciter les décideurs à la concertation.

Jeremy Bentham et les droits de l'homme.

Le principe du despotisme éclairé se trouve en porte-à-faux par rapport à la philosophie, qui sous-tend les libertés et droits démocratiques préconisés par les philosophes des Lumières. Il sera donc fort instructif de connaître l'opinion de Bentham sur la philosophie des droits de l'homme, qui se trouvait à la base des projets révolutionnaires américain et français, dont il était un contemporain.

Bentham était un ferme partisan du positivisme légal, la doctrine juridique, qui veut que le droit positif sanctionné par l'Etat soit la seule véritable expression du droit. Il niait l'existence d'un droit naturel, notion qui faisait l'objet de débats nourris à son époque. En 1775, dans une critique des idées « naturalistes » d'un certain William Blackstone, il écrivait ceci : « Il n'existe rien de tel que ces préceptes, rien par quoi l'homme se verrait ordonné de faire ce que la loi de la nature enjoindrait prétendument de faire. Si un homme a connaissance de tels préceptes, qu'il nous les montre. S'ils pouvaient être produits, nous n'aurions pas à chercher les moyens de les découvrir, comme le dit ensuite notre auteur, par la raison. »[56]

Plus tard, dans un pamphlet consacré à la « Déclaration des droits de l'homme et du citoyen » de 1789, Jeremy Bentham écrivait : « Parler de droits naturels n'a aucun sens ; parler de droits naturels et imprescriptibles est une absurdité rhétorique, une absurdité s'ajoutant à une autre. »[57]

---

[56] Cité par L. Hunt (2013) page 143.

[57] J. Bentham, « Nonsense upon Stilts, or Pandora's Box Opened, or the French Declaration of Rights prefixed to the Constitution of 1791 Laid Open and Exposed », cité par L. Hunt op. cit., page 144.

Chapitre 7   Coût social de la croissance

La persistance, malgré la poursuite de la croissance, d'un niveau de chômage élevé, ainsi que l'accroissement des inégalités de revenu, que révèlent les statistiques économiques dans les pays du Nord, suscitent inévitablement la question : la croissance est-elle réellement synonyme de progrès social ? Cette question guidera notre cheminement dans ce chapitre.

Outre ce coût social, nous verrons que l'obsession des élites dirigeantes avec la croissance présente également un coût politique, sous la forme d'un affaiblissement de la démocratie. Ce sera l'objet du chapitre suivant (chapitre 8). Enfin, si nous nous soucions du revers de la médaille de la croissance, il nous faudra inévitablement aborder la question des atteintes portées à l'environnement par un mode de vie basé sur la croissance. Ce sera l'objet du chapitre 9.

Nous avons vu au chapitre 5 que l'Europe de l'Ouest et les régions de peuplement européen ont connu une longue période de développement social et économique, qui s'étend depuis le début de la révolution industrielle jusqu'aux années 1970. Si la croissance s'est poursuivie durant les décennies suivantes, il apparaît que ses fruits étaient plus inégalement répartis. En outre à partir des années 1980, il est devenu clair que la croissance elle-même n'apportait pas que des avantages en termes de progrès social.

1. Les limites du progrès social

Le progrès semble avoir abondamment profité à l'Occident. Les autres continents étaient-ils concernés ? Y ont-ils eu accès ?

Les années, qui ont suivi la seconde guerre mondiale, ont vu se concrétiser l'émergence du Japon, puis celle de la Corée du Sud et de Taïwan, pays dont le revenu par habitant fut multiplié par dix entre 1950 et 1990. Plus récemment la Chine a connu un développement économique important avec un triplement du produit intérieur en vingt ans (soit de 1980 à 2000). Les principaux pays d'Asie du Sud-Est (Indonésie, Malaisie, Thaïlande, Vietnam) et l'Inde semblent aujourd'hui lui emboîter le pas, quoique à un rythme moins soutenu. L'émergence des pays d'Asie montre que ces anciennes civilisations ont assez bien résisté à l'intrusion coloniale et s'intègrent maintenant à la mondialisation des échanges et des flux de capitaux, en concurrençant directement les anciennes puissances coloniales.

De nombreux autres pays du Tiers Monde ont également connu d'importants progrès en matière de scolarisation et de conditions de santé, ainsi qu'un fort développement économique. Ce mouvement de rattrapage a toutefois commencé à s'épuiser à la fin des années 1970 pour les pays d'Amérique latine et surtout d'Afrique subsaharienne. La majorité d'entre eux, ainsi que quelques autres pays ailleurs dans le monde (Haïti, Guatemala, Bangladesh, …), ont continué à perdre du terrain par rapport aux pays du Nord. Les écarts de revenu par habitant demeurent gigantesques entre ces derniers d'une part et l'Europe occidentale, les États-Unis et le Japon de l'autre. Et les programmes des Nations unies, tels que les objectifs du millénaire, n'y changent pas grand-chose.

Voilà tout de même de quoi tempérer d'un gros bémol l'optimisme relatif aux bienfaits de la croissance !

En 1930, l'économiste britannique John Maynard Keynes[58] envisageait qu'un siècle plus tard ce qu'il appelait le problème économique serait définitivement résolu et qu'il règnerait une société d'abondance dans laquelle chacun ne travaillerait que 15 heures par semaine.

Moins hardi, Jean Fourastié en 1965[59] voyait l'avènement prochain d'une société des loisirs dans laquelle le temps consacré au travail serait réduit de moitié, soit une semaine de travail de 30 heures, ainsi qu'une durée de vie active limitée à 35 ans.

Plus récemment Jeremy Rifkin[60] a soutenu que, compte tenu des formidables gains de productivité réalisés, la quantité de travail nécessaire pour produire les biens, dont nous avons besoin, est devenue si faible que les seuls emplois susceptibles de se développer dans les années à venir seraient ceux des « manipulateurs de symboles », emplois très qualifiés et peu nombreux. Selon sa thèse, les secteurs primaire et secondaire, étant donné leur haut niveau d'automatisation, ne nécessitent désormais plus qu'une main-d'œuvre réduite et qu'il en va de même pour le secteur tertiaire, à l'exclusion des activités à très haute valeur ajoutée, ainsi que des activités relationnelles. La satisfaction de nos besoins traditionnels peut donc désormais être assurée avec un très faible volume de travail humain.

En conséquence, ont estimé ces penseurs, à l'avenir le temps de travail ne sera plus le principal temps structurant la vie humaine. Ce rôle incombera

---

[58] J.M. Keynes (1930).

[59] J. Fourastié (1965).

[60] J. Rifkin (1996).

désormais, selon eux, au temps libre, le temps consacré au travail ne représentant plus qu'une part réduite des activités humaines.

Les réflexions de ces penseurs ont de quoi nous interpeller. Ils laissent entendre que la croissance intense des trente glorieuses était liée à un certain type de développement économique, qui devait logiquement arriver à son terme vers le milieu des années 1970. Aujourd'hui, à la fois pour répondre aux besoins humains et s'adapter à son environnement physique et culturel, la société aurait besoin d'un type de développement, qui ne serait plus centré autour de la croissance de la production de biens et de services, mais impliquerait des transformations sociales, qui seraient guidées par d'autres impératifs.

Pourtant, paradoxalement, en contradiction avec ces réflexions théoriques, la tendance semble de nos jours plutôt à l'augmentation du temps de travail et à la poursuite de l'accroissement des quantités produites. Ainsi la réduction de la semaine de travail imposée en France en 1995 par un gouvernement socialiste a-t-elle été très mal accueillie par de nombreux employeurs, et un des thèmes de prédilection du Président Sarkozy lors de son mandat était d'engager les français à travailler plus pour gagner plus. Du reste l'exemple français de réduction du temps de travail n'a pas été suivi.

Il semble ainsi que, contre toute logique, la croissance ne nous libère pas du travail socialement imposé. Voilà un deuxième gros bémol.

2. La progression des inégalités

La croissance favorise-t-elle l'intérêt général ?

Cette question est très importante. On voit difficilement en effet comment un gouvernement pourrait sérieusement tenir un discours, dans lequel il déclarerait qu'il est conscient que son objectif prioritaire de politique économique sert les intérêts d'une minorité de la population, mais qu'il s'attend néanmoins à ce que l'ensemble de la population, y compris les laissés pour compte, le soutienne. Un gouvernement ne peut s'attendre à bénéficier du soutien de la population que dans la mesure où la politique qu'il mène sert les intérêts du plus grand nombre, c'est-à-dire l'intérêt général. C'est pourquoi les deux questions suivantes méritent d'être posées : Qui bénéficie des fruits de la croissance ? Celle-ci contribue-t-elle à l'intérêt général ?

On pourrait être tenté de répondre de manière intuitive à la première question : que tous ont évidemment intérêt à la croissance de la production. Pareille réponse reflèterait un sentiment largement répandu au sein de la société, qui consiste à considérer que le sort du plus grand nombre, y compris des plus mal lotis, finira inévitablement par s'améliorer si le pays produit chaque année davantage de richesses. Plus il y aura de richesses disponibles, pourrait-on penser, plus nombreux seront ceux dont les besoins pourront être satisfaits. Tout le monde devrait donc sortir gagnant d'un tel jeu à somme positive.

Cette réponse intuitive est-elle confirmée par les faits ? La question est importante. Il vaut donc la peine de jeter un coup d'œil sur les études qui lui ont été consacrées Pour ce faire, commençons par effectuer un premier test grossier en comparant, pour la période allant de 1925 à 1980[61], l'évolution du produit national avec celle du pouvoir d'achat des personnes situées vers le bas de l'échelle des salaires. Si leur pouvoir d'achat a augmenté plus rapidement que la production économique, on pourra y voir une première confirmation de l'hypothèse que la croissance profite au plus grand nombre. Inversement, si leur pouvoir d'achat n'a pas augmenté ou a augmenté moins rapidement que l'économie, on pourra y voir un argument contre cette hypothèse.

Pour la période de 1925 à 1980, Paul Bairoch[62] fournit des données relatives à l'évolution du PNB des pays avancés. Sur les 51 années considérées, on trouve un taux de croissance annuel moyen de 2,7% entraînant une multiplication par 4 du PNB réel, c'est-à-dire le PNB obtenu après correction des effets de l'inflation. En prenant les chiffres établis par Jean Fourastié, qui montrent l'évolution du pouvoir d'achat en France pour la même période, on s'aperçoit qu'entre 1925 et 1980, une fois enlevées les valeurs aberrantes[63], le prix moyen payé par un manœuvre français pour le même panier de biens a été divisé par 4,5. Ceci signifie que son pouvoir d'achat a augmenté plus rapidement que l'augmentation du PNB – qui a été multiplié par 4 – durant la même période. Ainsi, non seulement le manœuvre a-t-il pleinement profité de la croissance de l'économie, mais son sort s'est amélioré davantage que l'évolution générale. Ceci tend à montrer qu'il y a eu entre 1925 et 1980 une réduction effective des inégalités sociales, puisque les bas salaires, tels que

---

[61] L'étude de Jean Fourastié (1989) d'où ces chiffres sont tirés, publiée dans l'Encyclopaedia Universalis, a déjà été évoquée plus haut pour illustrer l'augmentation du pouvoir d'achat.

[62] P. Bairoch op.cit., page 21.

[63] Les toutes jeunes technologies ont un coût élevé. Dès qu'elles mûrissent, leur prix diminue très rapidement, c'est-à-dire beaucoup plus rapidement que l'ensemble des prix. En 1925 l'électronique était encore une technologie nouvelle. Ainsi le prix d'un récepteur radio mesuré en temps de travail d'un manœuvre a été divisé par 110 de 1925 à 1980 ; le coût d'une ampoule électrique par 45 ; le kwh d'électricité par 26. Ces évolutions de prix, qui s'écartent de l'évolution d'ensemble, sont considérées ici comme aberrantes, c'est-à-dire non représentatives de l'ensemble des biens de consommation courante.

ceux des manœuvres, ont augmenté plus rapidement que la prospérité générale du pays.

Cette première comparaison historique conforte ainsi l'intuition générale évoquée plus haut, du moins en ce qui concerne la période s'achevant en 1980. Donc pas de surprises jusqu'à présent.

Qu'en est-il de la période qui s'étend de 1980 à nos jours ? Il est difficile de répondre à la question, car des données historiques appropriées ne sont pas aisément disponibles. En regardant les données statistiques accessibles, on peut néanmoins se faire une certaine idée et il semble que la situation sociale ait évolué différemment après 1980.

Dans le cas de la Suisse, pour prendre un pays qui tient des statistiques détaillées, l'Office fédéral de la statistique fournit des chiffres sur l'évolution générale des salaires de 1939 jusqu'à nos jours. Le salaire représente la principale forme de rémunération pour la plus grande partie de la population active. Les autres formes de rémunération (honoraires d'indépendants, revenus du capital sous forme de loyers, intérêts, dividendes et gains en capitaux) concernent essentiellement les catégories supérieures et moyennes supérieures de la population. Si les salaires augmentent plus lentement que l'ensemble de l'économie, cela signifie que la part des salaires par rapport à l'ensemble des rémunérations diminue et que le sort des personnes, qui vivent uniquement ou essentiellement d'un salaire, c'est-à-dire la plus grande partie de la population active, se détériore en termes relatifs.

On s'aperçoit que c'est effectivement ce qui s'est passé. Alors que de 1980 à 2011 le produit intérieur brut (PIB) par habitant augmentait en Suisse de 34%, les salaires ont augmenté de seulement 18,5%. Des indications sur l'évolution d'autres formes de rémunérations, en particulier les revenus du capital, confortent ce premier diagnostic grossier. Ainsi la Banque nationale suisse, l'organisme, qui chapeaute le secteur financier et est responsable de la politique monétaire, publie des statistiques très détaillées du secteur bancaire suisse depuis les années 1930. En examinant ces données on observe que les bénéfices, que rapporte le secteur bancaire, représentaient en moyenne nationale 6,1% des fonds propres des établissements concernés sur toute la période de 1935 à 1980. De 1981 à 1997 les bénéfices moyens du secteur augmentent légèrement, passant à 6,6%, et de 1998 à 2007 on assiste pratiquement à un doublement des bénéfices, qui progressent, atteignant en moyenne jusqu'à 13% par année. L'année 2008, année de crise financière, fut un intermède, durant lequel le secteur fait des pertes importantes, pour ensuite reprendre son rythme « normal » dès l'année suivante.

Des chiffres français mettent en lumière une tendance similaire en France. Ils permettent une comparaison du salaire médian[64] pour l'ensemble des employés de1996 à 2009. Sur ces 14 années, le PIB français a augmenté de 24,3% mais le salaire des employés de 15,8% seulement.

Des travaux de recherche, notamment ceux réalisés par Thomas Piketty, économiste spécialisé dans l'étude des inégalités, publiés dans l'ouvrage : « Les hauts revenus en France au XXe siècle »[65] confirment eux aussi nos constatations. À partir des chiffres des déclarations d'impôt sur le revenu, Piketty a analysé des données historiques couvrant tout le XXe siècle et observé une accentuation des inégalités sociales en France depuis le début des années 1980. Ainsi la part du revenu des 10 % de Français les plus riches dans le revenu total a marqué dans un premier temps une tendance régulière à la baisse depuis 1935, année où elle représentait 47% du total, pour atteindre les 30% au début des années 1980. Elle s'est mise ensuite à croître lentement et s'établir à 33% en 2004.

L'étude de la part des 10% les plus riches dans les revenus totaux a également été faite par Thomas Piketty et Emmanuel Saez pour les Etats-Unis. Cette part y a diminué entre 1930 et les années 1970, passant de 45% à 32%, pour remonter ensuite à 44% en 2000.[66]

D'autres observateurs arrivent à des conclusions concordantes aux Etats-Unis pour les années suivantes. Ainsi dans son introduction à l'ouvrage sur les nouveaux indicateurs de performance économique, que le Président Sarkozy avait commandé aux deux prix Nobel d'économie, Amartya Sen et Joseph Stiglitz, ce dernier écrit :

> *« En 2008 ... le revenu médian des ménages américains était plus faible de 4% qu'en 2000, bien que le PIB par habitant ait augmenté de 9% durant cette période. »*[67]

L'examen des données statistiques depuis 1980 tend donc à corroborer l'idée que promouvoir une politique de croissance ne contribue pas nécessairement à l'intérêt général. La constatation, que les fruits de la croissance

---

[64] La valeur médiane d'une série statistique classée par ordre croissant, est celle qui partage la série en deux parties de nombre égal. Le salaire médian est donc un salaire tel qu'on trouvera autant d'individus disposant d'un salaire, qui lui est inférieur, que d'individus disposant d'un salaire, qui lui est supérieur.

[65] T. Piketty (2001).

[66] Le Temps du 4 juillet 2011, « Les gens très riches s'octroient la part du lion de la croissance. »

[67] J. Stiglitz, A. Sen, J.P. Fitoussi (2009), page 26.

économique profitent surtout aux nantis et que les couches plus modestes de la population en bénéficient peu, ou pas, signale un grave problème avec la croissance économique dans les pays dits avancés.

L'augmentation des inégalités a souvent été justifiée dans des pays en phase de décollage économique, où règne une grande pauvreté, par l'argument que, dans cette phase de transformation économique rapide pendant laquelle l'Etat n'arrive pas à tout contrôler, l'enrichissement considérable d'une petite minorité constituait un prix à payer pour permettre aux plus pauvres de voir leurs besoins fondamentaux enfin satisfaits. Si on peut, sans pour autant l'endosser, reconnaître à cet argument une certaine pertinence dans des pays qui amorcent leur révolution industrielle, tels que les pays occidentaux au XIXe siècle, ou la Chine et l'Inde du début du XXIe siècle, il perd toute pertinence dans la situation actuelle des Etats-Unis et des pays d'Europe Occidentale, ces pays jouissant déjà d'un niveau de développement avancé et les besoins fondamentaux, à peu d'exceptions près, y étant satisfaits. Nous voyons que le sort des plus démunis s'y dégrade malgré la poursuite de la croissance.

Si la poursuite de la croissance n a pas apporté d'amélioration à la situation du plus grand nombre au cours des 30 années depuis 1980, elle ne le fera probablement pas non plus durant les années à venir.

On peut dès lors douter que, dans les pays avancés, les gouvernements assument réellement leur mission de veiller à l'intérêt général lorsqu'ils mettent en œuvre une politique de relance économique et de croissance. Il apparaît plus important aujourd'hui de mieux répartir le gâteau économique que de rechercher son accroissement.

> ### Poches de pauvreté dans une société d'abondance.
>
> On pourrait être tenté de voir dans la persistance de la pauvreté dans les sociétés avancées, une preuve que la société n'est pas assez riche pour faire face aux besoins de tous ses membres et donc un argument en faveur de la poursuite de la croissance. Ce serait ignorer les causes de cette pauvreté.
>
> Il y a toujours eu de la pauvreté dans le monde. Dans le passé, cette pauvreté était la plupart du temps la conséquence d'une incapacité de la société à produire suffisamment de richesses pour satisfaire les besoins de tous ses membres. Dans les sociétés avancées cependant, la pauvreté provient d'une origine très différente.
>
> Dans la société capitaliste en effet, afin de pouvoir bénéficier d'une part des richesses produites, chacun doit disposer d'un travail rémunéré. On constate que le plein emploi n'est jamais véritablement atteint et que, de surcroît, il existe des personnes, qui ont un emploi mais perçoivent une rémunération particulièrement faible, les « working poor ». Puisque c'est le fait de disposer d'un emploi qui permet de bénéficier d'une part de la richesse produite et que nos économies connaissent en permanence un certain sous-emploi, il y aura toujours, quel que soit le niveau de richesse matérielle de la société dans son ensemble, des personnes dont les besoins matériels essentiels ne seront pas pleinement satisfaits par insuffisance de revenus. C'est le problème des poches, plus ou moins grandes, de pauvreté dont on observe la persistance quel que soit le niveau de richesse global et le niveau de consommation moyen.
>
> Pareille situation ne résulte pas d'une incapacité du système économique à produire les biens dont les pauvres ont besoin, mais d'un manque de solvabilité de la partie de la population touchée par la pauvreté. C'est un problème de répartition de la richesse produite à l'intérieur de la société.
>
> Aucune augmentation du PIB ne peut apporter de solution ce type de problème.

3. L'histoire récente des grands pays industrialisés

L'examen des statistiques économiques nous a enseigné que, de nos jours, les fruits de la croissance sont très inégalement répartis puisque, malgré sa poursuite après 1980, les revenus de la population dans plusieurs pays industriels, hormis la tranche la plus riche, ont régressé en termes relatifs, allant jusqu'à une paupérisation de la classe moyenne. Ces observations, qui vont à l'encontre de notre intuition première, suscitent naturellement la question : comment a t-on pu en arriver là ?

Pour tenter de le comprendre, parcourons l'histoire économique et sociale récente des grands pays du monde industrialisé.

Nous avons déjà vu que les conditions de vie dans les pays du Nord se sont allégées de manière continue depuis le milieu du XIXe siècle, jusqu'au dernier quart du XXe siècle. Nous nous trouvons alors à la fin de la période dite des « trente glorieuses ». La période qui suit, c'est-à-dire la fin des années 1970, connaît une baisse des taux de croissance doublée d'une forte inflation, avec une augmentation des prix dépassant souvent les 10% par année. Un sentiment de crise permanente s'installe dans les pays occidentaux. Pour caractériser la coexistence d'une stagnation économique avec un niveau de chômage élevé accompagnés d'une forte inflation, le terme de « stagflation » est alors inventé.

C'est dans ce contexte que les pays anglo-saxons connaîtront la « révolution conservatrice » avec l'arrivée de Margaret Thatcher au poste de Premier ministre du Royaume-Uni en 1979 et l'élection de Ronald Reagan comme président des Etats-Unis en 1980. L'influence de la révolution conservatrice s'étendra par la suite sur l'ensemble des pays industrialisés et même au-delà, notamment au Chili du Général Pinochet, qui sera conseillé par les économistes de l'école de Chicago, formés aux idées de l'économiste néo-libéral Milton Friedman. Menés au pouvoir par l'incapacité des équipes en place à contrer l'inflation et le sous-emploi, les néo-conservateurs auront pour préoccupation principale de réduire dans l'économie le rôle de l'Etat, qui s'était considérablement accru tout au long du XXe siècle, et d'encourager les entrepreneurs en réduisant les charges fiscales des contribuables aisés. À cet égard, certains se souviennent encore des propos tenus par l'ancien président des Etats-Unis, Ronald Reagan, lors de son discours d'investiture, en parlant de la situation économique du pays :

« Dans la crise actuelle, le gouvernement n'est pas la solution à notre problème ; le gouvernement est le problème. »

Des mesures radicales seront mises en œuvre, principalement aux Etats-Unis, pour lutter contre l'inflation et tenter de favoriser une croissance vigoureuse. La banque centrale des Etats-Unis, la *Federal Reserve*, aux commandes de laquelle se trouve Paul Volcker, mène le combat contre l'inflation en faisant considérablement monter les taux d'intérêt. Le taux de référence pour le financement des entreprises, le *prime rate*, atteint ainsi un sommet de 21,5% en 1981.

La politique monétaire particulièrement restrictive de la *Federal Reserve* fut généralement considérée comme un succès, l'inflation baissant aux Etats-Unis d'un sommet de 13,5% en 1981 à 3,2% en 1983. Les autres pays industrialisés mèneront également des politiques de taux élevés sans toutefois atteindre les sommets états-uniens.

La lutte menée contre l'inflation aura également d'autres conséquences. Elle entraînera une hausse considérable du cours du dollar, qui double de janvier 1980 à février 1986. Mais elle entraînera surtout aux Etats-Unis une récession importante en 1980, 1981 et 1982.

En ce qui concerne la reprise économique, l'idée de base, tant du gouvernement Thatcher que de l'administration Reagan, était que la meilleure manière de favoriser la croissance consistait à désengager l'Etat de l'économie. C'est ainsi que le gouvernement britannique déréglementa l'économie en profondeur : suppression du contrôle des changes, déréglementation du marché des capitaux, libéralisation des prix et des salaires, privatisation d'une grande partie du secteur nationalisé. Il réduisit la fiscalité des entreprises et coupa largement dans les dépenses sociales. Ces mesures, dont de nombreux salariés firent les frais, menèrent à l'épreuve de force avec les syndicats qui, après un long conflit social, finirent par s'incliner en 1985.

Aux Etats-Unis l'administration Reagan s'attèle également à la déréglementation de l'activité économique et met en œuvre des allègements fiscaux considérables en faveur des entreprises et des contribuables aisés tout en lançant un programme d'armement important financé par l'endettement. Les conséquences de cette politique furent un creusement sans précédent des déficits du budget fédéral et de la balance commerciale du pays, faisant passer en quelques années les États-Unis du statut de créancier net à celui de plus gros débiteur du monde. Des confrontations eurent également lieu avec les syndicats, en particulier le syndicat des contrôleurs aériens, qui se solda par plus de 11'000 licenciements en 1981. Ces mesures, combinées avec les effets d'un chômage important, entraînèrent un tassement important des salaires et un sérieux accroissement des inégalités sociales.

D'autres phénomènes contribuèrent aux Etats-Unis à tirer le niveau d'ensemble des salaires vers le bas. Parmi ceux-ci, il faut noter l'évolution de la structure de l'économie. En raison des gains de productivité importants réalisés par l'automatisation dans le secteur industriel, l'importance relative de ce secteur a baissé, l'économie perdant des emplois industriels bien rémunérés au profit d'emplois dans les services, souvent des « petits boulots » peu rémunérés. Le résultat de cette transformation a été une baisse du niveau moyen des salaires dans l'ensemble de l'économie américaine.

Enfin la mentalité des dirigeants d'entreprises a changé. De nouvelles théories de management font leur apparition. L'une d'entre elles, le *reengineering*,[68] qui connut un certain succès durant les années 1990, préconisait un aplatissement de la hiérarchie par la suppression de nombreux postes de cadres moyens afin d'assurer une plus grande centralisation des décisions, permettant aux dirigeants de disposer d'une emprise plus directe sur la vie de l'entreprise.

Parallèlement les théorisations sur la valeur actionnariale ont amené les dirigeants à prendre des mesures destinées à permettre aux actionnaires de mieux bénéficier des gains de productivité, notamment sous la forme d'une amélioration du cours boursier des actions de l'entreprise. Plus que les indicateurs classiques, que sont l'évolution du chiffre d'affaires ou le niveau d'endettement, de nouveaux indicateurs financiers voient leur apparition :

- le « return on equity », ou rentabilité des fonds propres, qui mesure en pourcentage le gain financier annuel que leur investissement rapporte aux actionnaires ;
- le « cost/income ratio », ou ratio coûts-revenus, beaucoup utilisé dans le secteur financier, est le pourcentage des charges d'exploitation avant amortissements (les coûts) par rapport aux produits d'exploitation (les revenus).

Différentes mesures furent prises par de nombreuses entreprises pour stimuler le cours de leurs actions : rémunération des cadres à la performance sous forme d'actions de l'entreprise ou d'options d'achat permettant d'acquérir des actions à un prix préférentiel si le cours évolue favorablement ; rachat par l'entreprise de ses propres actions, permettant ensuite de distribuer les bénéfices de l'entreprise entre un nombre réduit d'actionnaires, chaque action rapportant à son porteur un bénéfice plus important qu'avant le rachat. Ces pratiques ont été efficaces jusqu'à un certain point, puisqu'on observe, après une période de stagnation des bourses entre 1965 et 1982, une augmentation rapide des cours des actions jusqu'au *krach* boursier en 1987 suivi du *krach* des valeurs technologiques de 2000. Durant les années suivantes, les bourses se sont montrées particulièrement volatiles. Un facteur ayant sensiblement contribué à cette volatilité est une automatisation de plus en plus grande de la gestion des ordres de bourse en fonction de l'évolution des indicateurs boursiers ; à tel point qu'on parle aujourd'hui de « trading haute fréquence » pour décrire une situation où un même titre peut être acheté par ordinateur et ensuite revendu avec profit en quelques fractions de secondes seulement.

---

[68] M. Hammer & J. Champy (1994).

Ces transformations de la structure de l'économie ont eu des conséquences profondes et durables. La lutte contre l'inflation menée au début des années 1980 s'est révélée d'une efficacité redoutable. Quant à la croissance, elle a repris, après la récession de 1980/1982, sans cependant atteindre les niveaux des années 1950 et 1960. Le niveau de vie d'une partie considérable de la population s'est trouvé réduit pendant que persistait un niveau de chômage élevé.

Chapitre 8   Coût politique de la croissance

Gunnar Myrdal, prix Nobel d'économie 1974, est un des rares représentants de sa profession à avoir relevé le fait, que la théorie économique véhicule un contenu normatif important et que ce, que les économistes présentent comme des recommandations neutres, est souvent chargé de nombreux jugements de valeurs et d'*apriori* implicites. Or la théorie économique est héritière de l'utilitarisme et nous avons pu nous rendre compte que, en l'absence de désignation claire des valeurs qu'il entend promouvoir, l'utilitarisme concourt à promouvoir les valeurs dominantes au sein de la société occidentale, c'est-à-dire celles du milieu des affaires, dont les ambitions exigent la poursuite de la croissance.

Nous avons ainsi pu voir que le postulat du caractère illimité des besoins humains constitue une manière de fermer les yeux sur des modes de consommation pathologiques, notamment la consommation ostentatoire. Le fait de vanter les mérites de la loi du marché, légitimée par la croyance en la « main invisible » d'Adam Smith, fait de l'égoïsme une vertu. En relations économiques internationales, nous avons observé que le fait de préconiser, pour les pays du Nord, une politique systématique d'excédents commerciaux, sous l'apparence d'intentions bienveillantes envers les pays du Sud, institue une guerre économique entre nations. Enfin la pratique des intérêts composés instaure un déséquilibre fondamental entre prêteur et emprunteur au détriment de ce dernier.

Il en résulte que, malgré leurs institutions démocratiques, les différents pays mènent des politiques économiques étonnamment semblables, conçues la plupart du temps par des universitaires et des hauts fonctionnaires formés à la théorie économique néoclassique. Ces élites bureaucratiques raisonnent de la même façon dans la grande majorité des capitales de la planète. Elles prétendent connaître les besoins humains, qui ne peuvent, selon leurs croyances, être satisfaits que par la croissance. Elles prétendent également connaître les moyens propres à y parvenir : libéralisation et privatisations.

Leurs conseils s'adressent directement aux dirigeants politiques. Nous avons ainsi pu voir à l'œuvre, lors de la crise de l'euro en 2011 et 2012, ce processus d'imposition par le haut des recettes standard de l'économie néoclassique par les grands pays de l'UE, sans débat au sein des pays concernés. Les plans de rigueur imposés par le FMI fonctionnent de manière similaire comme l'a fort bien expliqué le prix Nobel d'économie Joseph Stiglitz.[69]

---

[69] Joseph Stiglitz, dans son livre « La grande désillusion ».

Aveugles aux hypothèses implicites et aux jugements de valeur arbitraires de leur discipline, les économistes en viennent à ne pas imaginer d'autres choix possibles que ceux qu'ils recommandent. « TINA – There is no alternative », se disent-ils à l'instar de Margaret Thatcher du temps où elle occupait le no 10 Downing Street.

Le terme de despotisme éclairé semble approprié pour décrire ce processus de décision économique. C'est en effet la prétention de savoir mieux que lui ce qui est bon pour le peuple qui caractérisait l'attitude de ces monarques européens du XVIIIe siècle, qui s'estimaient justifiés à refuser les revendications démocratiques suscitées par la philosophie des lumières. Ils s'enorgueillissaient d'être éclairés dans l'application de leur despotisme, qu'ils disaient pratiquer dans l'intérêt même du peuple.

Gilbert Rist, quant à lui, montre cette version moderne de despotisme éclairé à l'œuvre dans les pays du Sud sous les prétextes les mieux intentionnés qui soient[70]. Il explique comment l'idée de développement, apparue vers le milieu du XXe siècle et paradoxalement héritée du projet colonial, en est arrivée à marquer profondément les représentations de toute une élite mondiale comprenant milieux académiques, fonctionnaires internationaux et dirigeants politiques. Le projet colonial était présenté vers la fin du XIXe siècle comme un « devoir moral » des peuples de l'Europe et comprenait déjà la mission de « civiliser » les jeunes sociétés, que la métropole avait enfantées.

Avec l'idée de développement, qui lui succèdera lorsque les anciennes colonies auront obtenu l'indépendance peu après la deuxième guerre mondiale, on mettra l'accent sur le « droit » des pays du Sud, à suivre le même destin que les pays industrialisés. Non seulement ce droit sera-t-il reconnu par la communauté internationale, mais le processus devant mener au développement sera balisé et décrit dans le détail, au point que favoriser le développement du pays, ainsi défini, deviendra l'obligation première de tout gouvernement du Sud. Cette consécration du droit au développement et la mise en œuvre de ses modalités sera marquée par un certain nombre d'événements phares.

Pour commencer, Gilbert Rist voit dans le discours d'investiture de 1949 du président des Etats-Unis, Harry Truman l'événement qui inaugure « l'ère du développement ». Le président états-unien y déclare : « ... il nous faut lancer un nouveau programme qui soit audacieux et qui mette les avantages

---

[70] Ouvrage déjà cité. G. Rist (2007).

de notre avance scientifique et de notre progrès industriel au service de l'amélioration et de la croissance des régions sous-développées. »[71]

Lancée par le Nord, l'ère du développement sera ensuite réaffirmée et revendiquée par les dirigeants des pays d'Asie et d'Afrique à la conférence de Bandoeng de 1955, conférence qui constitue l'acte fondateur du groupement des pays non-alignés, c'est-à-dire les pays du Sud, qui affirmaient refuser à la fois le modèle états-unien et le modèle soviétique de société. Le communiqué final de la conférence déclarera ainsi notamment :

> « *La conférence afro-asiatique reconnaît la nécessité urgente d'encourager le développement économique de la zone afro-asiatique.* »[72]

En 1962, peu après la vague des indépendances des anciennes colonies, le secrétaire général de l'ONU, U Thant, demande à l'Assemblée générale de proclamer la décennie des Nations unies pour le développement. Ensuite, en 1970, l'Assemblée générale des Nations unies proclame une deuxième décennie pour le développement, assortie d'une stratégie. Enfin en 1974, à la demande du président algérien Houari Boumediene qui s'exprimait au nom des pays non-alignés, une session extraordinaire de l'Assemblée générale sera convoquée. Elle donnera lieu à une déclaration et plusieurs résolutions, désignées collectivement par le sigle NOEI signifiant Nouvel ordre économique international. Ce nouvel ordre économique devait asseoir un peu plus solidement le « droit » au développement des pays du Sud.

Parallèlement à cette effervescence au niveau des relations internationales, le monde académique produisait de nouvelles théorisations sur les thèmes de la croissance et du développement économiques. Dans un livre, déjà évoqué au premier chapitre, qui eût un retentissement considérable, Walt Whitman Rostow[73] détaillait sa vision des étapes de la croissance économique. C'est ainsi qu'il résumait sa thèse :

> « *À considérer le degré de développement de l'économie on peut dire de toutes les sociétés qu'elles passent par chacune des cinq phases suivantes : la société traditionnelle, les conditions préalables du démarrage, le démarrage, le progrès vers la maturité, et l'ère de consommation de masse.* »[74]

---

[71] G. Rist op.cit., page 130.

[72] G. Rist op.cit., page 152.

[73] W.W. Rostow op. cit..

[74] Cité par G. Rist op.cit., page 171.

S'inspirant largement de la métaphore biologique du développement d'un organisme vivant, Rostow instille l'idée que les sociétés humaines obéissent à des lois historiques faisant du développement un passage obligé.

À l'époque, le modèle de développement largement dominant préconisait déjà un développement du Sud reposant sur les axes suivants :

1. Encourager des transferts massifs de capitaux, y compris de capitaux privés, en provenance des pays avancés ;

2. Favoriser le développement du commerce international justifié par la théorie des avantages comparatifs de l'économiste britannique David Ricardo;

3. Promouvoir une spécialisation des économies du Sud dans les activités d'extraction de matières premières et l'extension d'une agriculture tournée vers l'exportation.

On peut constater que cette recette fait écho au principe de base des relations économiques internationales du Nord, diagnostiqué au chapitre premier comme étant à l'origine de ce que nous avons appelé la guerre économique : le Nord doit entretenir un commerce excédentaire avec le Sud de manière à dégager des ressources lui permettant de développer – et de contrôler – le développement du Sud.

Pourtant ces recettes de développement, en particulier la promotion du commerce international au moyen du libre-échange, étaient contestées depuis déjà longtemps. L'économiste Friedrich List (1789-1846) de l'école historique allemande soutenait dès 1841 que le libre-échange avait pour principale vertu de consolider les positions des économies dominantes, à l'époque essentiellement celle du Royaume-Uni. Plus récemment Paul Bairoch a pu montrer par ses recherches historiques que la période durant laquelle s'est construit le socle industriel des pays avancés, soit de 1815 à 1945, le libre-échange a été l'exception plutôt que la règle.[75]

Par ailleurs, dans la pratique, de nombreux pays, qui ont favorisé leur agriculture et leurs industries extractrices en vue de l'exportation, n'ont pas récolté les fruits qu'ils escomptaient. La raison de leurs déconvenues est la détérioration des termes de l'échange, c'est-à-dire la baisse relative du prix de leurs exportations par rapport à celui des produits manufacturés qu'ils importaient. Enfin les nombreuses crises de l'endettement, suivies de douloureux programmes d'ajustement structurels exigés par le FMI, ont conduit certains observateurs à douter du bienfait de la formule des investissements étrangers injectés à fortes doses. Rappelons nous des doléances de l'ancien

---

[75] Ouvrage déjà cité. P. Bairoch (1994).

Président du Nigeria, Olusegun Obasanjo, à propos des effets désastreux des intérêts composés sur la dette extérieure, évoqués au chapitre premier.

Ce qui est particulièrement saisissant lorsque l'on passe en revue la conception dominante du développement, qui vient d'être brièvement d'esquissée, c'est le fait que ce processus est présenté comme un phénomène naturel, c'est-à-dire un ordre social, qui advient inévitablement aux sociétés en raison des lois de l'histoire et de la nature humaine. On peut voir là une analogie avec la révolution prolétarienne annoncée par Marx, qui était réputée inscrite dans l'histoire, c'est-à-dire qui était censée arriver nécessairement, quoi que l'on fasse. Néanmoins, comme pour la révolution du prolétariat, il convient, malgré son caractère naturel, d'unir nos forces pour intensifier la croissance et hâter l'avènement du développement.

Il est particulièrement frappant de constater que les idées de développement et de croissance, qui reposent sur une conception linéaire du temps, telle que la véhiculent les représentations occidentales du monde, se sont propagées sur toute la planète, y compris auprès de peuples dont la tradition était marquée par une conception cyclique du temps. C'est dire l'influence considérable des représentations de la réalité sociale, qui ont vu le jour en Occident, sur les élites dirigeantes des autres peuples de la Terre. Les anthropologues sociaux parlent d'acculturation pour décrire ce phénomène de gommage de la richesse culturelle d'un peuple et de son remplacement par la culture d'un peuple étranger.

On constate dans la plupart des pays du Sud que le choix du modèle occidental de développement économique n'est pas le résultat de la consultation de la population. Il est le résultat des consignes d'une élite occidentalisée constituée d'universitaires et de hauts fonctionnaires, ainsi que des pressions internationales de diverses natures, notamment la guerre économique, qu'implique la course à la compétitivité. Ceci revient à dire que le fonctionnement des gouvernements concernés, tel que nous l'a laissé entrevoir l'observation du phénomène du développement économique, se trouve en contradiction profonde avec l'idéal démocratique, compris comme une action des autorités, qui reflète la volonté des citoyens.

On s'aperçoit ainsi que la conviction des élites, que le développement, selon les modalités qu'ils préconisent, se trouve dans l'intérêt de la nation, les amène à négliger de consulter la populations ou de se concerter avec les milieux concernés et à mettre d'autorité leur modèle de développement en œuvre. Considérant le développement comme un processus naturel, ces élites ne sont même pas conscientes d'agir selon une forme de despotisme.

Nous avons pu observer ce danger lorsque nous avons examiné les implications profondes de l'utilitarisme. Ce n'est pas un hasard. Les théories dominantes du développement sont en effet fortement tributaires de la doctrine utilitariste. Sur le principe de base de sortir un peuple de la pénurie, à l'instar du principe central de l'utilitarisme, qui se proposait de faire le plus de bien possible, il est difficile de manifester un désaccord. Il avait été reproché à l'utilitarisme de ne pas formuler ouvertement les valeurs qu'il prône. Nous avons vu que cette omission l'amène à toujours promouvoir les valeurs dominantes, malgré leur changement au fil des lustres. Il en va de même avec le développement.

On pourrait pourtant très bien imaginer des politiques fort différentes, qui mériteraient toutes le qualificatif de politiques de développement. L'alternative la plus évidente serait de promouvoir une industrie locale permettant de s'affranchir ou du moins de réduire les importations de produits manufacturés et de rétablir l'équilibre des échanges commerciaux, de manière à se trouver moins dépendants de financements externes et des dictats de ses bailleurs de fonds. Malheureusement, l'idéologie du développement donne sa caution au modèle dominant, qui préconise de favoriser les investissements étrangers, le commerce international, ainsi qu'une spécialisation des pays du Sud dans le secteur primaire (matières premières et agriculture) et, bien entendu, toujours plus de croissance, peu importe qui en récolte les fruits.

Les avantages supposés du commerce international.

Le modèle de développement proposé aux pays du Sud préconise une division internationale du travail et son corollaire, le libre échange entre nations. Il appartiendrait ainsi aux gouvernements des pays du Sud de s'abstenir de toute entrave aux échanges commerciaux avec les pays étrangers et de laisser les entreprises nationales affronter seules les rigueurs de la concurrence mondiale.

Pour justifier cette recommandation propre à intensifier le commerce international, on invoque encore de nos jours la théorie des avantages comparatifs, formulée en 1817 par l'économiste David Ricardo (1772-1823). Ricardo a soutenu que tous les pays, même les moins développés, ont un intérêt à participer au commerce international en se spécialisant dans les productions pour lesquelles ils encourent les coûts les plus faibles.

Pour justifier son propos, Ricardo donne l'exemple des échanges de vin et de drap entre l'Angleterre et le Portugal. Supposons, dit-il, que la production d'une unité de drap requiert 90 heures de travail au Portugal et 100 heures en Angleterre, et que la production d'une unité de vin requiert 80 heures au Portugal et 120 heures en Angleterre. Dans la situation ainsi décrite, le Portugal présente une plus grande productivité pour les deux produits.

Ricardo va montrer que la spécialisation fondée sur les avantages comparatifs permet une augmentation simultanée de la production de vin et de drap sans augmentation des coûts. Ainsi, dans cet exemple chiffré sans doute peu réaliste, il apparaît que, pour les deux produits, les coûts anglais sont plus élevés que ceux du Portugal et on observe un coût total, pour la production de 2 unités de drap et de 2 unités de vin, de 390 heures.

	Portugal	Angleterre	TOTAL
1 unité de drap	90 h	100h	
1 unité de vin	80 h	120h	
	170 h	**220 h**	**390 h**

Si l'Angleterre abandonnait la production de vin, le produit pour lequel ses coûts sont proportionnellement les plus élevés, afin de se spécialiser dans le drap, le Portugal abandonnant le drap pour se spécialiser dans le vin, on arriverait à une situation qui est globalement plus intéressante, puisque l'Angleterre produirait 2 unités de drap au coût de 200 heures et le Portugal 2 unités de vin au coût de 160. Les mêmes quantités de drap et de vin qu'auparavant seraient ainsi produites pour un coût de seulement 360 heures, soit un gain de 30.

	Portugal	Angleterre	TOTAL
2 unités de drap		200 h	
2 unités de vin	160 h		
	160 h	**200 h**	**360 h**

Le raisonnement est impeccable, mais simpliste. En effet, la situation décrite constitue une simplification extrême de la réalité, puisque l'économie mondiale ne se limite pas à deux pays et que les marchandises échangées sont innombrables. En outre, la quantité de travail requise pour produire un bien n'est pas le seul coût affectant son prix, ni même, pour de nombreux produits, le plus important. Pour des marchandises pondéreuses ou périssables, la prise en compte du coût et du temps du transport amènerait souvent à d'autres conclusions. De nombreuses conditions jouent de surcroît un rôle important dans le commerce entre nations : existence de moyens de transport fiables, infrastructure bancaire performante, contrôles de qualité, etc. Si ces conditions ne sont pas réunies, mieux vaut s'abstenir de commercer.

La validité de la démonstration de Ricardo suppose en outre la constance sur le long terme des coûts de production et des prix des marchandises sur les marchés internationaux. Or les technologies et les savoir-faire évoluent, modifiant considérablement les coûts de nombreuses industries.

Enfin, le raisonnement ignore que les échanges commerciaux entre nations s'inscrivent dans le cadre des relations internationales, qui sont marquées par des rapports de force, et que ces derniers ont une incidence sur la nature des échanges et sur le partage des gains, que l'échange permet de réaliser. Il est d'ailleurs frappant de constater que les pays du Nord se rangent généralement, à en croire le discours qu'ils tiennent, parmi les partisans du libre-échange tout en s'en écartent en pratique dans une mesure importante. C'est notamment le cas lorsqu'ils évitent de se rendre totalement dépendants de leurs importations pour des biens jugés sensibles, tels que les productions vivrières et les énergies. Ainsi, l'embargo pétrolier imposé par les pays de l'OPEP en 1973 a été invoqué en son temps par des pays européens pour justifier, malgré son coût élevé, le développement de l'industrie électronucléaire, dans le but de ne pas les rendre trop dépendants du pétrole importé.

En matière de productions vivrières, les subventions agricoles largement pratiquées par l'Union européenne et les Etats-Unis, consistent à faire l'inverse de ce que recommande la théorie des avantages comparatifs. Ces pays du Nord n'ont aucun avantage comparatif en matière de production agricole, leurs coûts de production étant supérieurs aux prix pratiqués sur les marchés mondiaux. Pourtant, au lieu de renoncer à cette production et d'importer des produits agricoles des pays du Sud, ils vendent leur production subventionnée en dessous des coûts de production de nombreux pays producteurs, privant ces derniers d'une source de revenus appréciable.

On le voit bien : recommander l'ouverture aux marchés d'exportation pour tous pays en toutes circonstances sur la base de l'argumentation présentée par David Ricardo en 1817, apparaît plutôt léger. Certains économistes ont même soutenu qu'un pays aurait intérêt, en contradiction avec la thèse de Ricardo, d'ériger des barrières douanières dans certaines circonstances particulières. Ce serait le cas d'un pays qui voudrait développer un nouveau secteur industriel dans le but de se libérer de la dépendance à l'égard de ses importations. On sait que les coûts dans un secteur industriel naissant sont beaucoup plus élevés que dans un secteur, qui a déjà atteint la maturité. Il serait donc sensé de limiter par des barrières tarifaires les importations de ce secteur le temps nécessaire à ce que le pays acquière l'expertise lui permettant de réduire ses coûts de production en dessous de ceux des produits importés.

Chapitre 9 Coût environnemental de la croissance

Face à la focalisation intense des esprits des élites dirigeantes sur la croissance, des voix dissonantes se font entendre depuis plusieurs décennies déjà. Des scientifiques et penseurs de renom ont depuis longtemps mis les responsables politiques et économiques en garde contre l'optimisme excessif que leur inspirent les performances technologiques et économiques des sociétés modernes.

- Dès 1962, la biologiste américaine Rachel Carson signalait les dangers des pesticides dans son ouvrage « Silent Spring »[76].

- En 1965 Jean Dorst, ornithologue et directeur du Muséum national d'histoire naturelle de Paris, publie un ouvrage qui met sérieusement en cause le bien fondé de l'euphorie des décideurs du monde politique, ainsi que des milieux d'affaires : « Avant que nature meure »[77]. Cet ouvrage montre que l'expansion économique a un coût élevé en termes de destruction de la nature.

- Quelques années plus tard, en 1972, la publication fortement médiatisée du rapport au Club de Rome sur les limites de la croissance[78], rédigé par l'équipe de Dennis et Donella Meadows, laisse entendre que le mode de vie des pays industrialisés expose la planète et ses habitants à des risques importants sous forme de pollution à large échelle et d'épuisement des ressources naturelles. Une mise à jour de leurs modèles a été réalisée en 2004.[79]

- Le philosophe Hans Jonas, sensible à l'extrême vulnérabilité de l'existence humaine au sein de la société technicienne, pose dans « Le Principe Responsabilité », publié en 1979[80], les bases d'une nouvelle éthique pour l'âge technologique, une éthique de la responsabilité trans-générationnelle.

Devant ces mises en garde, les élites dirigeantes de l'époque pouvaient être tentées de croire qu'il s'agissait de théorisations de quelques scientifi-

---

[76] R. Carson (1962).

[77] J. Dorst (1965).

[78] D. Meadows [et al.] (1972).

[79] D. Meadows [et al.] (2004).

[80] H. Jonas (1991), page 30. L'édition originale en langue allemande a été publiée en 1979.

ques et intellectuels isolés, déconnectés de la réalité sociale. Malheureusement des événements survenus peu de temps après ces premières mises en garde étaient de nature à les faire réfléchir et à se demander si ces intellectuels n'étaient pas, bien au contraire, plus lucides que la plupart de leurs contemporains.

Ainsi en fut-il de la crise pétrolière et du doublement du prix du pétrole survenus brutalement en 1973, donnant du crédit aux mises en garde du Club de Rome. La crise pétrolière sera suivie d'une série de catastrophes industrielles qui résonneront comme une succession d'avertissements de la gravité des enjeux liés à la pollution. Ne sont cités ici que les accidents les plus médiatisés :

- 1976 : Grave pollution à la dioxine de l'usine de l'entreprise Icmesa à Seveso (Italie) suite à l'explosion d'un réacteur de synthèse de trichlorophénol provoquant la contamination d'une surface de 1'500 hectares, ainsi que la mort de 600 bêtes (chevaux et bovins) et l'intoxication de 1'288 personnes.
- 1978 : Importante marée noire consécutive à l'échouage du pétrolier Amoco Cadiz. Près de 220'000 tonnes de pétrole brut sont déversées sur les côtes de Bretagne infligeant à la faune des dommages considérables.
- 1979 : Fonte partielle du cœur du réacteur nucléaire de la centrale de Three Mile Island près de la ville de Harrisburg aux Etats-Unis. La catastrophe est évitée de peu.
- 1984 : L'explosion d'un réservoir d'isocyanate de méthyle dans une usine de pesticides de la firme Union Carbide à Bhopal (Inde) libère au-dessus de la ville un nuage toxique de 40 tonnes, responsable de la mort immédiate de 3'800 personnes (quelque 12'000 à terme) et l'intoxication de 300'000 autres dont 40'000 resteront invalides.
- 1986 : L'explosion d'un des réacteurs de la centrale nucléaire de Tchernobyl en Ukraine oblige à évacuer près de 250'000 personnes d'un périmètre contaminé de 30 km autour de la centrale et provoque de nombreux cas de cancer, de malformations congénitales chez des enfants, ainsi que la transformation de la zone la plus fortement contaminée en un « no man's land » toujours interdit d'accès à l'heure où ces lignes sont écrites. Il n'existe pas de chiffre fiable, même approximatif, du nombre de victimes. Cette absence de données chiffrées sur le coût humain de la catastrophe, alors que l'avenir de l'énergie nucléaire constitue un enjeu important, a de quoi nous interpeller.
- 1989 : Les 40'000 tonnes de pétrole brut répandu sur les côtes de l'Alaska lors du naufrage du pétrolier Exxon Valdez engendrent une immense marée noire, qui contamine près de 500 kilomètres de littoral, provoquant des ravages dans la flore et la faune marines (oiseaux de mer, phoques, loutres de mer).

- 1996 : Reconnaissance officielle, après une longue procédure judiciaire, de l'extrême gravité de la maladie dite de Minamata au Japon, affection neurologique grave et permanente, ainsi que son origine réelle, les rejets de mercure entre 1932 et 1968 d'une usine pétrochimique. Ces rejets de mercure ont affecté plus de 10'000 personnes, dont 900 sont décédées.
- décembre 1999 : Les 17'000 tonnes de fuel lourd s'échappant du navire Erika, échoué sur la côte de Bretagne, contaminent la côte atlantique sur plus de 400 km provoquant des dommages économiques excédant le milliard de francs français (soit plus de EUR 150 million).
- 11 mars 2011 : A la suite d'un séisme de magnitude 9, ayant déclenché un tsunami responsable de milliers de morts, les 6 réacteurs nucléaires du site de Fukushima Daiichi au Japon, subissent une série d'accidents d'intensité variable, découlant notamment de l'arrêt des circuits de refroidissement, provoquant une véritable catastrophe nucléaire. L'importance du volume des substances radioactives libérées dans la mer et dans l'atmosphère oblige le gouvernement à évacuer la population autour du complexe nucléaire endommagé.

Face à pareille accumulation d'accidents majeurs, un nombre croissant de personnes en sont arrivées à considérer qu'une croissance économique non maîtrisée fait courir des risques inacceptables à l'environnement et surtout aux habitants de la planète. De leur côté, les responsables politiques ont réagi et pris des mesures dont l'efficacité est cependant difficile à évaluer. Des rencontres internationales sont désormais organisées sur le thème de l'environnement. Une première conférence internationale sur l'environnement humain, appelé Sommet de la Terre, se tiendra à Stockholm en 1972. Une deuxième se déroulera à Nairobi (1982) inaugurant le principe d'une grande conférence sur l'environnement tous les dix ans : Rio de Janeiro en 1992, Johannesburg en 2002, Rio de Janeiro de nouveau en 2012.

En 1983, l'ONU va plus loin et met en place la Commission mondiale sur l'environnement et le développement, sous la direction de Madame Gro Harlem Brundtland, ancien Premier ministre de Norvège. La Commission publiera en 1987 un rapport intitulé « Notre avenir à tous », plus connu sous le nom de « Rapport Brundtland ». Ce rapport est à l'origine du concept de développement durable et servira de document de référence au Sommet de la Terre de 1992.

Les conférences internationales consacrées à l'environnement ont permis la conclusion de nombreux accords internationaux, notamment la Convention des Nations unies sur le droit de la mer (1982), la Convention sur la diversité biologique, la Convention cadre des Nations unies sur le changement climatique (1992), la Convention des Nations unies sur la lutte contre la désertification (1994), ainsi que la Convention de Stockholm sur les polluants organiques persistants (2001). Le plus important des sommets consacrés à l'environnement, celui de Rio en 1992, a vu naître le plan d'action Agenda 21 qui prévoit des mesures en faveur du développement durable à adopter par les collectivités territoriales (provinces, communes).

Toutefois, malgré toutes ces louables initiatives internationales, qui ont jalonné ces 40 dernières années, il n'a pas été possible d'observer de réduction significative des atteintes portées à la biosphère par la société moderne. Si l'on relève quelques succès, tels que la stabilisation des niveaux d'ozone stratosphérique au-dessus des régions polaires, conséquence du Protocole de Montréal (1987), la plupart des indicateurs continuent à évoluer du jaune à un jaune teinté de rouge.

C'est pourquoi nombreux sont ceux qui estiment que le concept de développement durable brandi à tort et à travers depuis la publication du rapport Brundtland, y compris par des entreprises connues pour leur lourd impact environnemental, n'est qu'une coquetterie linguistique, un nouveau déguisement sous lequel se cacheraient ceux qui voudraient poursuivre sur la voie d'un productivisme effréné au mépris de la biosphère et des générations futures. Certains en arrivent finalement à considérer que c'est la croissance elle-même qu'il convient de désigner comme responsable des innombrables déprédations portées à notre cadre de vie et réclament un changement de cap à 180 degrés. Ils prônent tout simplement la décroissance comme moyen de résoudre les graves déséquilibres engendrés par notre mode vie et nos systèmes de production. Un mouvement des objecteurs de croissance c'est ainsi constitué dans plusieurs pays.

Décroissance et objecteurs de croissance

Le concept de décroissance remet en cause l'idée que la croissance économique soit source de bienfaits à long terme pour l'humanité. Il a donné naissance à un mouvement philosophico-politique, celui des objecteurs de croissance. Ceux-ci contestent l'idée d'un développement économique infini. La production de biens et de services, disent-ils, ne peut pas être accrue ni même maintenue à long terme, étant donné qu'elle repose sur la surexploitation d'un capital naturel aux capacités de régénération limitées.

Plusieurs penseurs du XXe siècle apparaissent comme des précurseurs des thèses de l'écologie politique et de la décroissance : Jacques Ellul et Bernard Charbonneau, critiques de la modernité, appelant dès les années 30 à une « révolution de civilisation » où la qualité de vie et la solidarité sociale primeraient sur le productivisme et l'individualisme ; Nicholas Georgescu-Roegen, économiste et mathématicien roumain, serait à l'origine de l'idée de décroissance ; Ivan Illich, critique du productivisme, très écouté durant les années 1970 ; Jean Baudrillard, critique de la société de consommation ; André Gorz, Cornelius Castoriadis, E.F.Schumacher, René Dumont, … .

De nos jours, la décroissance est prônée par des personnalités diverses :
• Yves Cochet, seul homme politique français d'envergure à défendre cette idée, est député européen et ancien ministre de l'environnement dans le gouvernement de Lionel Jospin en 2001-2002
• Serge Latouche, ancien professeur d'économie
• Vincent Cheynet, rédacteur en chef du journal « La Décroissance »
• Pierre Rahbi, ancien candidat à l'élection présidentielle française de 2002, prône une vision plus spiritualiste de la décroissance.

Le concept de décroissance se présente comme une recherche de solutions aux nuisances majeures, tant écologiques que sociales, qu'engendre la croissance. Des considérations d'ordre pratique, mais également spirituel, sont invoquées pour dénoncer l'idéologie de croissance en tant qu'avatar d'une vision du monde à court terme, étroitement marchande et matérialiste.

> Certes, aucun « objecteur de croissance » ne prône une simple diminution de la production dans un monde aux équilibres inchangés, diminution qui ne pourrait qu'aggraver la pauvreté. Néanmoins les théoriciens de la décroissance peinent à modéliser leurs idées et à préciser à quoi ressemblerait la société qu'ils appellent de leurs vœux. En 2002 toutefois, dans le n° 280 de la revue Silence, Vincent Cheynet en donnait tout de même une brève description. Dans une « économie saine ..., le transport aérien, les véhicules à moteur à explosion seraient condamnés à disparaître ..., remplacés par la marine à voile, le vélo, le train, la traction animale ». On irait également vers « la fin des grandes surfaces au profit des commerces de proximité et des marchés, des produits manufacturés peu chers au profit d'objets produits localement ».
>
> Si la relocalisation des productions est partagée par tous les courants de la décroissance, certains avancent également l'idée d'instituer des monnaies locales.
>
> Un thème récurrent des objecteurs de croissance dans les pays d'expression française est la dénonciation du développement durable, notion dans laquelle ils voient une tentative sournoise de réhabiliter l'idée insensée de croissance à travers un habillage linguistique séducteur, ce que les anglo-saxons qualifient de « green washing ».
>
> Peu représentés au plan politique national, les objecteurs de croissance privilégient les vertus exemplaires de l'initiative locale, comme celle des « villes en transition », qui regroupe environ cent trente communes — majoritairement au Royaume-Uni — engagées dans la décroissance énergétique et la relocalisation.
>
> Certains objecteurs de croissance enfin évitent de se positionner sur le plan politique, prônant et appliquant au plan individuel, la démarche dite de simplicité volontaire. À cet égard ces derniers se reconnaissent une dette intellectuelle envers Gandhi.

1. Croissance exponentielle dans un monde fini

Pour comprendre la nature et l'importance des périls, que fait peser la croissance, il sera fort utile de s'interroger auparavant sur les caractéristiques et les implications des phénomènes de nature exponentielle, dont la croissance constitue une manifestation.

Se pencher sur la question de la croissance exponentielle c'est s'intéresser aux limites auxquelles se heurtent les projets humains. Une première manière de prendre conscience des limites humaines pourrait consister à contempler le ciel la nuit et à s'interroger sur la place de la Terre, notre demeure, en rapport avec l'immensité intergalactique. La Terre est une des huit planètes qui tournent autour de l'étoile la plus proche, le soleil[81]. Selon les connaissances astronomiques actuelles, le soleil est une étoile parmi les 200 à 400 milliards d'étoiles qui forment la Voie Lactée, notre galaxie. L'univers visible, quant à lui, contiendrait quelque 230 milliards de galaxies. On s'aperçoit ainsi que, par rapport à la taille de l'univers observable, notre demeure, la Terre, ne représente pas plus qu'un grain de sable.

Si la demeure des hommes ne représente spatialement qu'un grain de sable, dans le temps, le règne humain représente également bien peu de choses. Les astronomes estiment que notre planète serait âgée de 4,5 milliards d'années. Le début du règne humain, ou du moins des hominidés, est estimé à 3 millions d'années, âge probable de Lucy, *l'australopithecus afarensis*, découvert en Ethiopie en 1974. Notre propre espèce *homo sapiens*, quant à elle, serait apparue voici 400'000 ans. Pour tenter de se faire une idée de ce que représente le règne des hommes par rapport aux 4,5 milliards d'années d'existence de la Terre, nous pouvons ramener celles-ci à un année unique de 365 jours. Si l'on retient cette image, le moment de l'année où apparaît *homo sapiens* correspond alors au dernier jour de l'année, soit le 31 décembre à 23 heures et 13 minutes. Le règne d'*homo sapiens* n'aurait donc duré que 47 minutes. Quant à la période de la révolution industrielle, qui enclencha vers 1780 le processus de la croissance économique, dont notre civilisation s'enorgueillit, elle ne débuterait que très, très tardivement, c'est-à-dire le 31 décembre à 23 heures, 59 minutes et 58 secondes. L'épisode récent de croissance continue n'a ainsi duré que 2 secondes.

♦ *Représentations géométriques des phénomènes de la vie*

Les graphiques représentant l'évolution du produit intérieur depuis le début de la révolution industrielle, les deux secondes de notre représentation allégorique, ont l'apparence d'une courbe dite exponentielle. S'assigner la croissance du PIB comme objectif de la politique économique revient à vouloir poursuivre cette progression exponentielle sans fin prévisible. De nombreux autres phénomènes économiques suivent actuellement la même tendance. C'est le cas des indices boursiers, de la masse monétaire en circulation, de l'endettement global des agents économiques, de la population humaine également.

---

[81] Jusqu'à une date relativement récente, il était admis que 9 planètes tournent autour du soleil : Mercure, Venus, Terre, Mars, Jupiter, Saturne, Uranus, Neptune et Pluton. Le 24 août 2006, lors de son assemblée générale, qui se tenait à Prague, l'Union astronomique internationale (UAI) a adopté une résolution 6.A. en vertu de laquelle Pluton, trop petite, se trouvait déchue de son rang de planète.

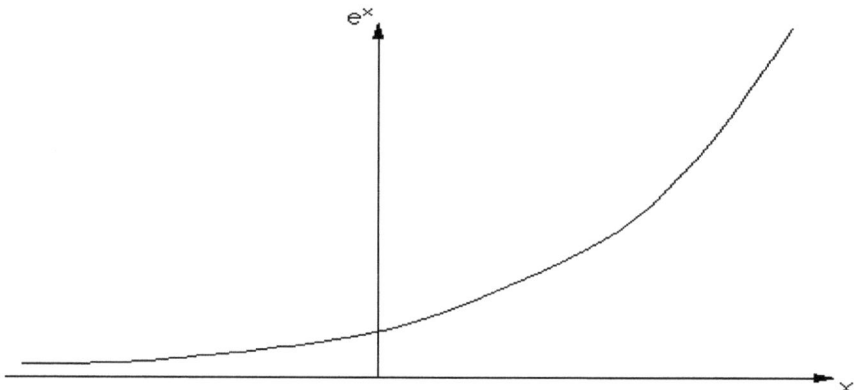

Figure 1 Courbe exponentielle

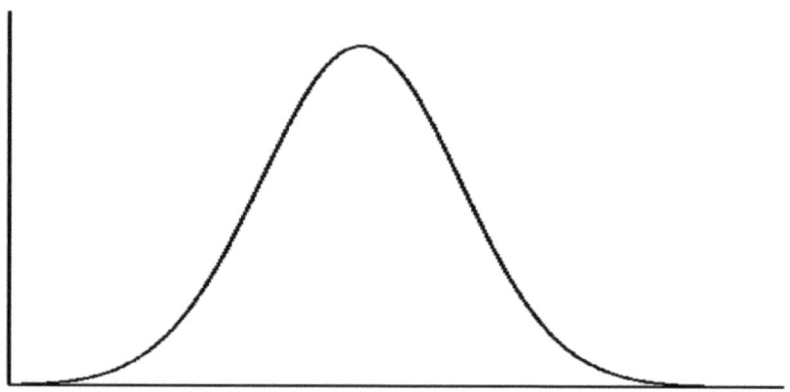

Figure 2 Courbe en cloche (U inversé)

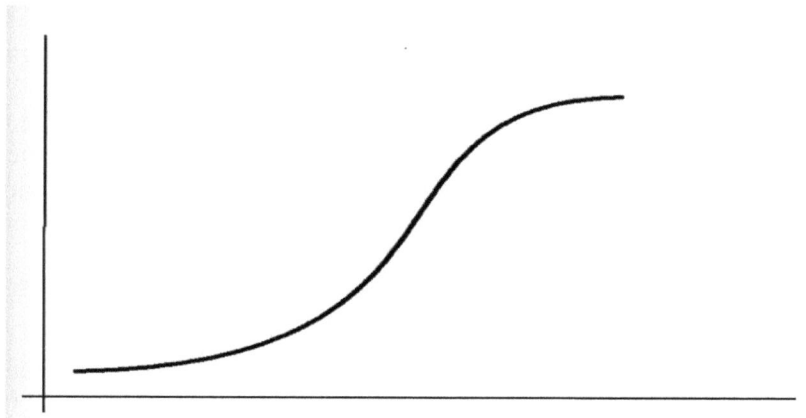

Figure 3 Courbe logistique (courbe en S)

Mathématiciens et scientifiques se sont interrogés sur les propriétés de la courbe exponentielle et sur la signification physique des phénomènes naturels, qui suivent une progression de ce type. C'est le cas en particulier de Marion King Hubbert, géologue éminent, surtout connu pour avoir prédit dès 1956 le pic de production pétrolière des Etats-Unis, qui fut effectivement atteint en 1970. Dans un article écrit en 1976, il développe une réflexion dont les lignes suivantes sont largement inspirées. [82]

Est-il possible que les phénomènes qui épousent la forme d'une courbe exponentielle poursuivent la même évolution pendant de nombreux siècles, ou bien les taux de croissance, que nous observons depuis la révolution industrielle, ne représenteraient-ils qu'une phase passagère de l'histoire humaine, limitée à une période de temps relativement brève ?

Le problème ne concerne pas les seuls phénomènes humains. C'est une question fondamentale qui touche toutes les espèces vivantes. On sait que la population d'une espèce, végétale ou animale, pour peu qu'elle dispose d'un environnement favorable, commencera par suivre une croissance exponentielle se traduisant par un doublement à intervalles réguliers. La période nécessaire pour que la population double sera différente selon les espèces. Pour les éléphants et les humains, la période de doublement est de quelques dizaines d'années. Pour certaines bactéries, elle est aussi brève que 20 minutes. Ainsi chez la bactérie, qui se reproduit par fission binaire, on trouve 2 bactéries après 20 minutes et 4 après 40 minutes. Elles seront 8 après 60 minutes et ainsi de suite. Très rapidement leur population explose littéralement. En l'absence d'entraves, au terme de 36 heures, nous dit King Hubbert, ces bactéries formeraient une couche de 30 cm d'épaisseur couvrant toute la surface de la Terre et, en 48 heures, elles représenteraient une masse équivalente à celle de la planète. Heureusement pour l'homme, aucune région de la Terre n'a encore été submergée par un déluge de bactéries.

---

[82] M. King Hubbert (1976).

Le Brahmane Sissa et ses grains de blé.

D'après une légende, l'inventeur présumé des échecs serait un brahmane nommé Sissa, qui aurait vécu dans les Indes vers l'an 3'000 av. J.C.. Il aurait inventé ce jeu afin de distraire de l'ennui, le roi Belkib, qui avait promis une récompense fabuleuse à qui lui proposerait une distraction qui lui donnerait satisfaction. Lorsque le sage Sissa lui présenta le jeu d'échecs, le monarque fut véritablement enchanté et, souhaitant remercier son bienfaiteur, il invita celui-ci à choisir lui-même sa récompense.

Le sage demanda juste un peu de blé pour sa subsistance et, afin de déterminer la quantité de blé qui lui convenait, il invita le souverain à placer un grain de blé sur la première case de l'échiquier, deux sur la deuxième, quatre sur la troisième, et de continuer à remplir l'échiquier de la sorte en doublant la quantité de grain à chaque nouvelle case.

Cette demande de Sissa parut bien modeste au souverain, amusé, qui la lui accorda aussitôt, sans se douter de ce à quoi il s'engageait.

Cet exemple illustre bien en effet les implications des processus de doublement récurrent.

Sur la dernière et 64e case de l'échiquier, le nombre de grains sera égal à 2^{n-1} où « n » est le nombre de cases que contient l'échiquier. Le nombre de grains de blé sur la 64e case vaut donc 2 à la puissance 63, ou encore 2 multiplié 63 fois de suite par 2. Cette quantité de blé équivaudrait ainsi à environ 1'000 fois la récolte annuelle mondiale de blé et, pour l'ensemble de l'échiquier, elle équivaudrait au double de cette quantité. Intuitivement nous sommes immédiatement portés à douter qu'il soit possible de multiplier par 1'000 la production mondiale de blé. Il est plus que probable en effet que la biosphère ne tolèrera pas ces 64 doublements de notre grain de blé initial. [83]

On se rend bien compte maintenant que, s'il était laissé aux économies contemporaines de croître sans restrictions, on atteindrait là aussi des chiffres astronomiques après quelques siècles, soit très peu de temps en regard des 400'000 ans d'existence d'*homo sapiens*. En mathématiques, la courbe exponentielle monte vertigineusement jusqu'à l'infini.

Ces exemples nous aident à saisir l'évidence suivante : dans la réalité, un processus de croissance exponentiel, c'est-à-dire un processus impliquant un

---

[83] Cet exemple est repris de l'article de Marion King Hubbert. La production mondiale de blé à laquelle il y est fait référence est celle de 1976. La production de blé pour 2012 était de l'ordre de 680 million de tonnes, soit approximativement le double de celle de 1976.

doublement à intervalles réguliers, ne se poursuit jamais pendant très longtemps. Aucune population n'atteint son pic de croissance naturel, qui correspondrait à l'infini. Tôt ou tard arrive un moment, où la croissance s'infléchit pour une raison ou pour une autre, et alors nous quittons aussitôt le cadre de la courbe exponentielle. Celle-ci constitue donc une fiction mathématique. Pour autant qu'on observe une population vivante pendant suffisamment de temps, elle finit par rencontrer dans sa croissance un point d'infléchissement, qui empêche la courbe exponentielle de se matérialiser.

Une population en croissance rapide suit en réalité un autre modèle de courbe. Ce modèle sera soit la courbe dite logistique, soit la courbe en cloche. La courbe logistique, partant d'un niveau très faible, suit une première phase d'accélération, durant laquelle la population double à intervalles réguliers. Survient ensuite à un moment donné un point d'inflexion, qui marque le début d'une phase de décélération, traduisant un allongement du temps requis pour un doublement. La décélération se poursuit jusqu'à la stabilisation de la population qui redevient ensuite stationnaire. Telle est la forme de la courbe logistique. Il peut également arriver que, au lieu d'un stabilisation du processus, à la phase de décélération succède une phase de décroissance plus ou mois rapide, c'est-à-dire de baisse de la population. Nous avons alors affaire à une courbe en cloche, ou en « U » inversé.

L'apparition d'*homo sapiens* et la multiplication de sa population sur Terre constituent des phénomènes naturels, au même titre que le développement de toute autre population, animale ou végétale, dans un écosystème donné. Elle ne peut pas, sans contredire nos connaissances les plus solidement établies sur la nature, poursuivre une croissance exponentielle à une échelle de temps géologique. La croissance de la population connaîtra un point d'infléchissement, tout comme la croissance économique, monétaire, boursière, etc. La question essentielle est de savoir ce qui provoquera cet infléchissement ? Sera-t-il subi, imposé par des phénomènes brutaux et douloureux, échappant à tout contrôle humain ? Ou bien sera-t-il le résultat d'un choix volontaire, donnant lieu à une évolution paisible et harmonieuse ?

♦ *Courbe démographique*

Mais, trêve de pessimisme, voici une bonne nouvelle en ce qui concerne la démographie humaine. Le point d'inflexion de la croissance de la population humaine est déjà survenu.

On sait que la croissance d'une population, qu'il s'agisse d'une population animale, végétale ou humaine, résulte du rapport entre le nombre de naissances et le nombre de décès. Nous avons constaté dans le chapitre 5 que, durant la plus grande partie de son histoire, l'humanité a connu un régime démographique à natalité et mortalité élevées. La forte mortalité provenait notamment de ce qu'un nombre considérable d'enfants mourraient en bas âge et de nombreuses femmes en couches. Elle était également largement imputable aux famines et aux épidémies, ainsi qu'aux guerres fréquentes. Ainsi, comme pour la plupart des espèces, c'est la mortalité élevée qui, durant la plus grande partie du règne humain, a constitué le facteur limitatif de la croissance de la population et des manifestations socio-économiques liées à celle-ci. Et cette mortalité se manifestait sous forme de phénomènes brutaux, par le malheur sous différentes formes, occasionnant de grandes souffrances.

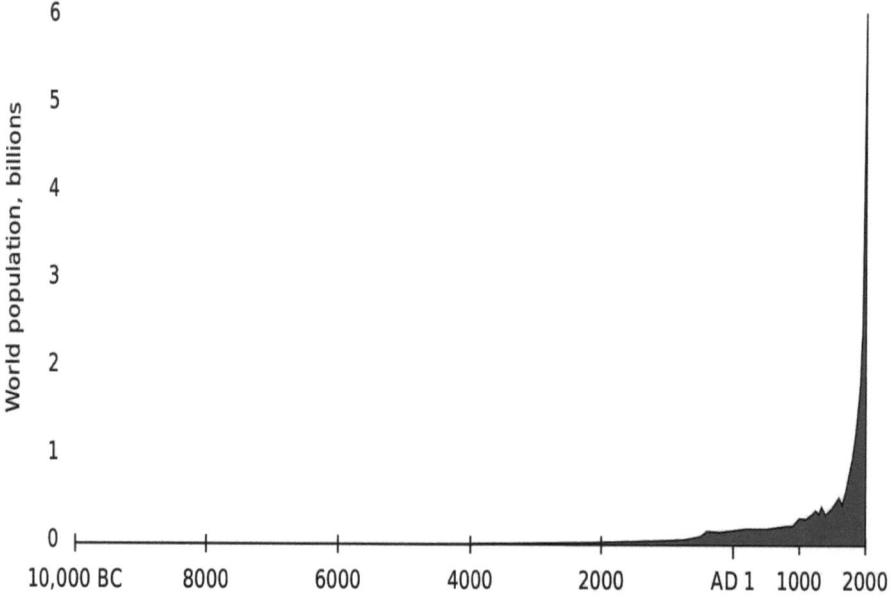

Figure 4. Evolution de la population mondiale

Avec un taux annuel de 1,8%, l'humanité a connu son plus fort taux de croissance démographique en 1985, lorsque la population a atteint un niveau de 4,8 milliards d'habitants. On peut donc situer à ce moment-là le point d'inflexion de la croissance démographique. Depuis 1986 le taux de croissance de la population mondiale baisse lentement mais constamment, pour atteindre un niveau estimé à 1,1% en 2012. Ainsi la croissance de la population ne suit plus depuis cette date une forme exponentielle. Elle semble se diriger vers une courbe logistique et les prévisions démographiques de l'ONU envisagent actuellement une stabilisation de la population mondiale à un niveau se situant entre 8 et 10,5 milliards d'habitants en 2045 - 2050.

Ce qui mérite d'être relevé ici c'est le fait réjouissant que l'inflexion de la croissance démographique, à laquelle nous assistons, n'est pas imputable à une augmentation de la mortalité violente, comme c'était trop souvent le cas dans le passé. Les femmes et les hommes meurent de moins en moins de mort violente et de plus en plus fréquemment de mort naturelle. En effet, le ralentissement de la croissance démographique est la manifestation d'un phénomène de transition démographique, qui résulte d'un choix humain. Une mortalité faible, grâce aux progrès de la santé et à l'allongement de l'espérance de vie, associée à une baisse de la natalité par la maîtrise de la fécondité, permettent désormais d'espérer une stabilisation du niveau de la population. Et il semble que la plupart des pays soient actuellement en voie de l'accomplir.

Certes dans une perspective de long terme – c'est-à-dire à l'échelle de plusieurs générations – la prudence inviterait les humains à se fixer un objectif de baisse légère et continue de leur population. Une telle baisse constituerait un élément supplémentaire permettant d'alléger la pression de notre espèce sur les ressources non-renouvelables et les écosystèmes terrestres.

♦ *Courbes économiques*

Il en va des phénomènes économiques, qui manifestent une croissance continue depuis la révolution industrielle, comme de la population : tout d'abord le produit intérieur brut lui-même, mais également la production agricole, la production industrielle, le commerce mondial, etc. Il est certain que le processus de croissance de ces grandeurs économiques, à l'instar de la croissance démographique, cessera un jour, voire même peut-être s'inversera-il. La croissance économique (PIB) quant à elle ne manifeste pour l'instant aucune « volonté » de ralentissement au niveau mondial, bien qu'elle ait déjà diminué de manière significative dans les pays avancés par rapport à la période de l'après deuxième guerre mondiale.

Si d'aucuns, sans contester l'impossibilité de consommer des ressources de manière illimitée, ont soutenu qu'il serait possible, en améliorant constamment l'efficacité matérielle de l'économie, d'imaginer une croissance exponentielle du bien-être sans augmentation des ressources utilisées, il semble bien qu'il ne s'agisse là que d'une vue de l'esprit et un tel phénomène de découplage absolu n'a jamais été observé dans les faits. Comme le relève Tim Jackson :

> « *Peu importe l'efficacité matérielle qu'il soit possible de tirer d'une économie, une limite finira toujours par être atteinte, à partir de laquelle*

la poursuite de la croissance se remettra à faire croître les flux de matières. »[84]

L'activité économique, qui engendre en sortie des biens et des services, nécessite en effet en entrée l'utilisation de ressources matérielles. On peut poser comme principe qu'il n'existe aucune production économique sans utilisation de ressources matérielles et qu'une phase de croissance de la production, qui suit une forme exponentielle, utilise des ressources matérielles en croissance exponentielle également. Cette position semble inspirée du bon sens.

Croissance exponentielle du PIB dans la durée, à supposer qu'elle soit possible, implique donc croissance exponentielle de la consommation de ressources matérielles. Et suivant les technologies utilisées, en particulier si les processus de production demeurent linéaires, sans valorisation des déchets et sous-produits issus des différentes chaînes de production, comme c'est encore majoritairement le cas dans l'économie actuelle, une croissance exponentielle du PIB continuera de surcroît d'engendrer une croissance exponentielle des déchets et de la pollution.

Le message central du rapport au Club de Rome « The limits to growth » publié en 1972 et réactualisé en 2004[85] revenait à dire que population, ressources naturelles, production agricole et industrielle, font partie d'un même système dont tous les éléments sont interdépendants et que tant l'exploitation des ressources que la production, si elles ne sont pas contrôlées, auront *in fine* des répercussions sur les conditions de vie de l'humanité. Ainsi la surexploitation des ressources ou la poursuite d'un mode de production générateur de graves pollutions finissent par engendrer de sérieux troubles de la santé humaine et des famines dans les régions devenues arides suite au réchauffement. Famines et maladies augmenteront la mortalité au point de provoquer à terme, dans la souffrance, une baisse de la population et du PIB, suivant la courbe en cloche évoquée plus haut.

Dans tous les cas de figure – il est bon de le répéter – la croissance s'arrêtera un jour. Cet arrêt de la croissance – et ceci est très important – peut résulter d'un choix volontaire et être mis en œuvre de telle sorte qu'il se passe de manière sereine, pacifique et indolore. S'il n'est pas choisi, il sera subi et il se manifestera alors de manière brutale, dans la douleur.

Revenons un instant à l'image évoquée plus haut par laquelle les 4.5 milliards d'années d'existence de la Terre étaient ramenées à une année de 365

---

[84] T. Jackson (2010), page 135.

[85] D. Meadows [et al.] (2004).

jours. Imaginons donc que les hommes, contrairement à ce que dicte le bon sens, déploient avec constance toutes leurs compétences, leur savoir-faire et leur ingéniosité collective dans la poursuite de la croissance. Combien de temps la période de croissance, qui dure depuis seulement 2 secondes, va t-elle pouvoir se poursuivre ? Encore 2 secondes de plus, 1 seconde, ou moins encore ?

2. Les atteintes portées à l'environnement

Lorsqu'on déplore les atteintes portées à la planète par les activités humaines, on peut le faire en vertu de deux perspectives différentes, qui reposent chacune sur des présupposés philosophiques propres. Ces deux perspectives sont la perspective naturaliste et la perspective anthropocentrique.

La perspective naturaliste

Cette première approche pourrait également être qualifiée de maximaliste. Radicale, elle repose sur le présupposé que la nature n'appartient pas à l'homme, qu'elle n'est pas à son service et que l'homme n'a, par conséquent, pas le droit de l'utiliser à ses seules fins. La nature relèverait en somme d'une finalité propre qu'il conviendrait à l'homme, considéré comme une espèce naturelle parmi d'autres, de respecter. Partant de cette approche, il appartiendrait à l'homme d'éviter toute modification gratuite de l'ordre naturel.

Il semble bien que certains peuples, tels que les aborigènes d'Australie et les peuples indigènes d'Amérique du Nord avant l'arrivée des Européens, adhéraient à une telle vision de la nature. On peut également ranger quelques rares penseurs contemporains dans cette catégorie. Citons ici le naturaliste et artiste genevois Robert Hainard (1906-1999), apôtre de la stabilité économique et démographique, qui prit fréquemment position en faveur de la sauvegarde de la nature sauvage. Il fut l'un des premiers à faire la critique de l'anthropocentrisme de la société industrielle. Il a affirmé la valeur intrinsèque de la nature sauvage, mais également sa valeur irremplaçable pour l'équilibre mental, social et culturel de l'Homme.

La perspective anthropocentrique.

Cette deuxième approche, qu'on pourrait également qualifier de minimaliste, considère que la nature n'a pas vraiment de valeur en soi, mais seulement en fonction du sens et de l'utilité qu'elle revêt aux yeux des êtres humains. En somme la nature n'est considérée mériter une attention que si elle est utile à l'homme.

Si on est inspiré par cette approche, on ne se préoccupera des atteintes portées à l'environnement que pour autant qu'on identifie dans ces atteintes un danger pour l'homme. Cette approche considère que les problèmes environnementaux méritent notre attention, non du fait que l'homme s'écarte de l'ordre naturel des choses, mais que cette situation présente des périls pour le développement des hommes et de la société.

La perspective naturaliste, qui considère que la nature, ainsi que la création tout entière, ont une valeur en soi et qu'elles mériteraient d'être respectées, est certainement imprégnée d'une profonde sagesse. Malheureusement, dans le cadre de notre réflexion, le souci de rester pragmatiques, nous oblige à la laisser de côté. En effet son niveau d'exigence est tellement élevé et si éloigné des habitudes de vie de l'homme moderne qu'il apparaît bien trop ambitieux pour avoir une chance d'être mis en œuvre par nos décideurs.

Les nombreuses mises en garde relatives aux atteintes portées à l'environnement, qui se sont fait entendre depuis les années 1960, reposent, pour la plupart, sur une vision anthropocentrique et minimaliste. Leur message est on ne peut plus clair : il faut agir parce que c'est l'humanité elle-même qui est en péril !

Dès lors ce chapitre, qui passe en revue les principales atteintes à l'environnement, le fait volontairement en vertu d'une logique anthropocentrique et minimaliste. En d'autres mots, les atteintes à l'environnement sont recensées ici seulement parce qu'elles menacent l'humanité et présentent un risque pour la survie de l'espèce humaine, essentiellement les générations futures.

Les atteintes, que subit l'environnement naturel, se manifestent essentiellement des trois manières suivantes :
• par l'épuisement des ressources non-renouvelables de la planète ;
• par l'utilisation des ressources renouvelables au-delà des capacités de régénération des écosystèmes terrestres ;
• sous la forme des pollutions de diverses natures.

♦ *Epuisement des ressources non-renouvelables*

Les phénomènes, qui suivent une courbe exponentielle, avons-nous observé, finissent par s'infléchir tôt ou tard. Le seul choix laissé aux hommes réside entre un infléchissement subi, donc brutal, et un infléchissement choisi, qui peut se réaliser dans la douceur. L'exploitation d'un nombre important de ressources naturelles non-renouvelables suit actuellement une courbe d'apparence exponentielle. L'épuisement simultané de plusieurs d'entre elles pourrait amener des perturbations sociales importantes, y compris un arrêt brutal de la croissance.

La revue Science et Vie[86] a fait un point de la situation et identifié 26 minerais, qui seraient menacés par la pénurie en raison de la consommation intensive, dont elles font l'objet. Parmi les plus connus, on peut relever le cuivre, dont les réserves ne couvriraient, au moment de la publication de l'étude, que 38 ans de consommation ; l'uranium avec 46 ans de réserves ; l'or et le zinc (20 ans). Il s'agit bien sûr d'estimations susceptibles d'évaluations plus fines. Une chose toutefois est certaine : le problème est sérieux et des solutions devront être recherchées dans un proche avenir au niveau mondial pour éviter des situations de crise.

Nicholas Georgescu-Roegen (1906-1994), mathématicien et économiste américain d'origine roumaine, fut un des premiers économistes à s'intéresser à la question de l'épuisement des ressources naturelles. Il se montrait très critique envers la théorie économique académique et en particulier à l'égard de la notion de croissance. C'est pourquoi les partisans de la décroissance voient en lui un pionnier de leur mouvement. On ne trouve toutefois pas dans ses publications d'appel clair et sans équivoque en faveur d'une décroissance franche, mais plutôt des recommandations assez naturelles sous la plume d'un écologiste bon teint, telles que la promotion de l'énergie solaire et de l'agriculture biologique.

L'essentiel du message de Georgescu-Roegen en rapport avec le thème de la croissance[87] est de souligner que, non seulement les processus économiques matériels ne peuvent s'accroître indéfiniment dans un monde caractérisé par une quantité d'énergie et de matières premières limitées, mais qu'ils sont inévitablement appelés à décroître à très long terme.

Georgescu-Roegen était bien évidemment conscient que les énergies fossiles seraient rapidement épuisées. S'intéressant aux fondements biologiques et physiques de l'économie, il souligna par ailleurs qu'en vertu du deuxième principe de la thermodynamique, l'énergie d'un système clos tend inéluctablement à la dégradation thermique, c'est-à-dire à l'épuisement de l'énergie utilisable. En ce qui concerne la Terre, qui constitue un système pratiquement clos avec le Soleil, dont elle reçoit de l'énergie par rayonnement, les conséquences pratiques de ce principe ne devraient se faire concrètement sentir que lorsque le Soleil aura épuisé ses réserves, soit dans trois ou quatre

---

[86] B. Bellanger et V. Nouyrigat, Science et Vie (Mai 2012), page 52 et suivantes.

[87] « The Entropy Law and the Economic Process », 1971. Ce texte a été traduit en français par Jacques Grinevald. Voir N. Georgescu-Roegen, Nicholas (1979).

milliards d'années. Il s'agit là d'une échelle de temps que l'être humain est incapable d'intégrer dans ses prises de décisions.

Il a par ailleurs suggéré un principe selon lequel la matière (non-renouvelable) utilisable se dégrade elle aussi inéluctablement. Certes les minerais, tels que le fer et le cuivre, qui sont tous des ressources non-renouvelables, peuvent être réutilisés de multiples fois dans le cadre d'une économie circulaire. Mais quel que soit le soin que l'on mettra à les recycler, une partie des matériaux, fragmentés lors du démontage ou du démantèlement des équipements, sera disséminée aux quatre vents. Ainsi, à chaque nouveau cycle de récupération, une part supplémentaire de la ressource sera perdue.

Il y aura donc sur le très long terme, quelle que soit la durée d'utilisation des objets de la vie courante, une diminution constante des ressources disponibles au niveau de la planète. Cette observation plaide pour une vie plus simple et pour une diminution progressive de la population humaine. Toutefois si, au niveau des principes, le raisonnement de Georgescu-Roegen paraît juste, l'échelle de temps dans laquelle s'inscrivent ses réflexions se mesure en termes de générations, échelle à laquelle la plupart des économistes sont peu familiers, eux pour qui le long terme commence déjà au-delà d'une année.

♦ *Dépassement de la biocapacité des écosystèmes terrestres*

Les matières premières non-renouvelables ne sont pas les seules dont les quantités extraites et exploitées sont soumises à une limite naturelle. Les ressources renouvelables, bien qu'elles soient constamment régénérées par la biosphère, sont également disponibles en quantités limitées. Il existe en effet une limite aux quantités de ressources renouvelables, qui peuvent être exploitées sans occasionner des déséquilibres durables aux écosystèmes. Cette limite dépend du rythme de régénération des écosystèmes, c'est-à-dire de leur bio-capacité. Les ressources renouvelables sont donc, elles aussi, vulnérables à la surexploitation.

On peut imaginer là un deuxième scénario susceptible de provoquer un arrêt de croissance non choisi. Cet arrêt résulterait du dépassement simultané de la capacité d'un grand nombre d'écosystèmes. Un tel dépassement se traduirait par un affaiblissement des capacités productives des écosystèmes affectés, son influence se manifestant par des phénomènes récurrents de pénurie qui se produiraient de plus en plus fréquemment, avant d'aboutir à un effondrement complet de l'écosystème et une disparition concomitante des communautés humaines qui en dépendent.

Les ressources renouvelables comprennent entre autres les sols agricoles, l'eau des nappes phréatiques, le bois des forêts, les poissons d'eau de mer et d'eau douce, les cultures, les animaux d'élevage, la chasse. Aujourd'hui déjà, de nombreuses ressources renouvelables sont exploitées à un rythme qui excède celui de leur renouvellement naturel. La notion d'empreinte écologique a été inventée précisément pour mesurer le niveau d'exploitation de ces ressources. L'empreinte mesure les prélèvements, que les activités humaines effectuent annuellement sur les ressources renouvelables de la planète. Elle peut être calculée pour un individu, pour une communauté humaine (ville, région, pays) ou pour l'humanité tout entière. Une fois calculée, l'empreinte de l'humanité peut être comparée à la bio-capacité de la planète. Cette comparaison permet de voir si l'empreinte écologique de l'humanité respecte les limites imposées par la nature.

Il existe une version simplifiée de l'empreinte écologique, c'est l'empreinte carbone. Celle-ci se limite à la mesure de la contribution d'une personne ou d'une communauté aux émissions de gaz à effet de serre mesurées en équivalant carbone.

Un dépassement de la bio-capacité peut survenir occasionnellement. Ceci pourrait être le cas lors d'une année de grande sécheresse. L'année suivante la pluie revient et permet de reconstituer la capacité productive de la nature. Dans le cas d'un dépassement occasionnel de la bio-capacité, la nature est capable de rétablir la situation d'elle-même. Mais le dépassement de la bio-capacité peut également être récurrent, jusqu'à finir par devenir structurel, c'est-à-dire inséparable de notre mode de développement.

Des dépassements localisés ont, semble-t-il, eu lieu à maintes reprises dans le passé. Jared Diamond[88] a étudié les rapports que différentes sociétés ont entretenus dans le passé avec leur environnement. Il a pu arguer ainsi que certaines civilisations se sont effondrées et que des peuples ont disparu pour ne pas avoir su entretenir un rapport équilibré avec leur environnement. Il cite ainsi notamment la civilisation Maya au Xe siècle, les populations de l'île de Pâques, ou encore les anciennes colonies Viking du Groenland au XIVe siècle.

En cas de dépassement de la bio-capacité, on peut établir une distinction, entre un dépassement localisé géographiquement dans un pays ou une région particulière et un dépassement au niveau de la planète entière, qui concerne alors l'ensemble de l'humanité et est bien entendu beaucoup plus préoccupant. Le calcul de l'empreinte écologique de l'humanité a précisément mon-

---

[88] J. Diamond (2006).

tré que le dépassement par l'ensemble de l'humanité de la bio-capacité terrestre se répète chaque année depuis 1986. [89]

Mais, peut-on se demander, comment est-il possible, au niveau de la planète, de consommer plus que ce que la nature nous offre ? En effet nous payons tous un prix, un prix monétaire, pour ce que nous consommons. Nous sommes donc limités dans ce que nous pouvons consommer par notre budget, qui nous contraint à ne pas vivre au-dessus de nos moyens financiers. Pourtant dire de l'humanité que son empreinte écologique dépasse la biocapacité de la Terre revient bel et bien à dire, en quelque sorte, que l'humanité vit au dessus de ses moyens. N'y a-il pas là une contradiction ? Comment pouvons nous vivre au-dessus de nos moyens alors que nous payons avec notre argent pour tout ce que nous consommons ?

La réponse à cette contradiction apparente est que le prix monétaire, que nous payons, ne couvre qu'une partie des coûts effectifs occasionnés par notre consommation. Il existe d'importants coûts cachés, qui ne sont pas reflétés dans le prix monétaire, que nous payons pour les biens obtenus.

En quoi ces coûts sont-ils cachés? Ils le sont du fait qu'ils n'apparaissent pas dans les comptabilités purement financières des entreprises. C'est la raison pour laquelle ils sont donc invisibles à nos yeux tout en étant bien réels. L'économiste britannique A.C. Pigou fut le premier à reconnaître l'existence de coûts cachés. Il les appelait coûts externes parce qu'ils sont externes aux comptes d'exploitation des entreprises. Pigou s'intéressait à un type particulier de coûts cachés, ceux qui faussent les rapports entre deux producteurs dont les activités ont des impacts réciproques. Ce serait le cas d'une usine qui s'installe au bord d'une rivière en amont d'une entreprise de pisciculture et perturbe l'élevage des poissons par les effluents toxiques qu'elle rejette dans la rivière. Ce serait également le cas d'une cimenterie qui rejette dans l'air des quantités importantes de poussières entravant ainsi le développement des cultures des maraîchers voisins.

Il existe encore bien d'autres coûts cachés. Et ces derniers sont plus préoccupants que ceux auxquels s'intéressait Pigou. Ils découlent de la disparition de plus en plus importante de services écosystémiques, c'est-à-dire de prestations rendues gratuitement aux humains par les écosystèmes naturels, contribuant ainsi largement à leur bien-être. La pollinisation par les abeilles des arbres fruitiers représente un bon exemple de service écosystémique.

Puisque, parmi les prestations, qui contribuent au bien-être, le PIB ne retient que les prestations rémunérées, il ignore totalement les services rendus

---

[89] Ce point sera repris plus loin lors de la revue des indicateurs alternatifs.

gratuitement par la nature. Pour la comptabilité nationale, ces prestations n'existent pas. Les services rendus par la nature n'étant pas comptabilisés dans le PIB, ce dernier ignore l'appauvrissement résultant de la disparition d'un nombre croissant d'entre eux du fait du changement climatique, de la diminution de la biodiversité et des différentes formes de pollution.

La croissance crée donc une illusion d'enrichissement du fait de l'absence de mesure, tant de la richesse économique réelle produite par la biodiversité, que du capital naturel très précieux qui rend les prestations de la nature possibles.

♦ *Pollutions*

Le terme de pollution nous est familier. Il évoque les effets des nombreuses substances toxiques rejetées par l'homme dans l'environnement. Par extension on l'utilise également pour désigner d'autres altérations du milieu naturel, telles que les émissions de gaz à effet de serre dans l'atmosphère qui, si elles ne sont pas à strictement parler toxiques, peuvent provoquer des perturbations de l'environnement de grande ampleur aux conséquences graves et imprévisibles.

Contrairement à ce qu'on pourrait imaginer, la pollution ne constitue pas un phénomène récent, qui serait exclusivement lié au mode de vie des sociétés industrielles. La pollution est apparue avec les premières grandes concentrations humaines de l'Antiquité et la construction des premières villes. L'accumulation dans les villes de déjections animales et humaines, de déchets des activités humaines de toutes natures, a très tôt provoqué de réels inconvénients. Pendant longtemps la pollution se manifestait essentiellement sous forme de fermentation de substances provenant des déchets domestiques et de contamination des eaux de surface ou des nappes phréatiques par des bactéries pathogènes. Il en a vite résulté diverses affections : salmonelloses, hépatites virales, choléra, etc. Ce type de problème reste encore aigu dans de nombreuses parties du monde où ces pollutions continuent de provoquer les mêmes types de pathologies.

Avec le développement de la civilisation industrielle, des causes nouvelles de pollutions des sols, mais également de l'air et de l'eau, se sont ajoutées aux anciennes causes de contamination de l'environnement. Les nouvelles formes de pollution découlent notamment de l'accroissement spectaculaire de la consommation d'énergies, principalement fossiles, de la croissance importante de la chimie organique de synthèse et, depuis les années 1960, de celle de l'énergie nucléaire. Ce qui est propre aux pollutions des XXe et XXIe siècles c'est l'ampleur considérable de leurs manifestations, le défi que représente leur maîtrise et la gravité des menaces qu'elles font peser sur les écosystèmes terrestres et, par voie de conséquence, sur les générations humaines à venir.

L'ampleur des phénomènes actuels de pollution se traduit par le fait que, si auparavant les pollutions constituaient toujours des phénomènes délimités, aux conséquences strictement locales, à l'époque contemporaine bien des pollutions majeures sont devenus planétaires. Affectant les océans ou l'atmosphère, les agents polluants qui en sont responsables se diffusent à travers la biosphère au gré des courants marins ou des vents dominants de l'atmosphère et de la haute atmosphère.

On peut citer comme exemple caractéristique de pollution planétaire des océans les « continents de plastique ». Ce phénomène a été mis en lumière par le navigateur américain Charles Moore en 1997. Il se manifeste par l'amoncellement de millions de tonnes de déchets, constitués à 80% de plastique, que l'on retrouve dans les différents océans au centre d'immenses tourbillons appelés « gyres », formés par les courants marins entraînés par la rotation de la terre. Il existe cinq océans plastiques répartis sur les océans de la planète : l'Océan Indien, le Pacifique et l'Atlantique nord, ainsi que le Pacifique et l'Atlantique sud.

On s'en doute, l'influence de l'être humain sur les systèmes de la Terre peut être très importante. Bien entendu, elle n'est pas uniquement destructrice. Les villes et les réseaux de transport et de communication, ainsi que les cultures agricoles s'étendent sur des surfaces considérables. Ces phénomènes sont même, pour beaucoup d'entre eux, indispensables à la vie des humains. Toutefois les manifestations, bonnes et mauvaises, de l'activité de l'espèce humaine se révèlent d'une telle ampleur qu'elles en sont venues à constituer le principal facteur de changement des systèmes terrestres. Cette constatation a amené le géologue et biologiste états-unien Eugene Stoerner à inventer en 2000 le terme d'« anthropocène »[90] pour désigner une nouvelle ère géologique qui aurait, selon lui, débuté au début du XIXe siècle avec la révolution industrielle, succédant à l'holocène, l'ère géologique, qui a commencé à la fin de la dernière glaciation, voici quelque 10'000 ans. Le concept d'anthropocène a surtout été popularisé par la suite par le géochimiste néerlandais et prix Nobel de chimie Paul Crutsen.

Certes – il vaut la peine de le répéter – les modifications que l'espèce humaine apporte à la Terre ne sont pas en soi nocives. Que ces modifications

---

[90] Cette appellation n'a pour l'instant pas un caractère officiel. Pour être admis ce terme devrait être approuvé dans le cadre d'une réunion du Congrès géologique international. Or une telle proposition a été rejetée lors du 34e congrès, qui s'est tenu en août 2012 à Brisbane (Australie).

soient telles qu'elles sont devenues le premier facteur de changement des structures terrestres n'est donc pas problématique en soi. Cela montre seulement le pouvoir considérable que notre espèce, *homo sapiens*, a acquis. Toutefois le fait que nous, êtres humains, disposions d'un tel pouvoir sur la planète, où nous avons vu le jour, suscite assez naturellement la réflexion. Ce pouvoir immense qui se trouve entre nos mains nous donne, selon le philosophe Hans Jonas, des responsabilités. [91]

Il se fait toutefois, malheureusement, qu'un nombre important de modifications apportées par *homo sapiens* à son environnement représentent effectivement de graves risques pour l'avenir de la vie sur la Terre ou lui sont carrément dommageables. L'holocène, l'ère géologique que la Terre connaît depuis quelque 10'000 ans, se caractérisait par une grande stabilité des écosystèmes terrestres et des mécanismes planétaires qui les régulent. Avec la révolution industrielle, et plus particulièrement encore au cours des 50 dernières années, l'homme s'est mis à modifier son environnement en profondeur et les modifications, qu'il a apportées, ont commencé à affecter certains grands mécanismes régulateurs. Dans le cadre de plusieurs processus clefs du système Terre, l'humanité menace de déclencher des perturbations dévastatrices pour les conditions de vie des hommes et de nombreuses autres espèces. Le cycle du carbone, dont la perturbation est responsable du changement climatique, constitue l'exemple le mieux connu du public. Mais il y en a d'autres. Nous les abordons dans le chapitre suivant.

---

[91] H. Jonas (1991).

Chapitre 10 Les neuf frontières planétaires

Faisant écho aux préoccupations du philosophe Hans Jonas, un groupe de scientifiques rassemblés autour de Johan Rockström, spécialiste suédois de la gestion des ressources naturelles, a tenté d'identifier les grandes contraintes environnementales à l'intérieur desquelles l'humanité doit se maintenir pour se développer, ou tout simplement pour vivre en tranquillité sans risque majeur pour son avenir. Il s'agissait pour ces scientifiques en quelque sorte de définir les seuils ou « frontières planétaires » à ne pas dépasser ou, exprimé encore en d'autres mots, de prendre la mesure des différents « budgets » en ressources écologiques dont l'homme[92] peut disposer et qu'il doit impérativement respecter. En effet, si le budget que lui alloue la nature est dépassé, l'homme ne peut pas emprunter des ressources à une autre planète !

L'approche des scientifiques suédois apparaît fort intéressante. Leurs frontières peuvent en effet être comprises comme des indicateurs de soutenabilité. Le fait de définir des frontières quantifiées en grandeurs physiques rend possible la mise en œuvre de dispositifs concrets destinés à contrôler et à faire respecter la soutenabilité du mode de vie de l'humanité.

Neuf systèmes ou mécanismes clefs, vulnérables à des variations déstabilisatrices ont été identifiés par l'équipe de Johan Rockström. Il s'agit tout d'abord des trois grands systèmes biophysiques, qui manifestent clairement déjà des signes de vulnérabilité : le climat avec le cycle du carbone, le système de l'ozone stratosphérique et le système qui contrôle l'acidité des océans. Rockström et son équipe ont considéré ensuite les systèmes sous-jacents qui contribuent à renforcer la résilience des grands écosystèmes : les cycles naturels de l'azote et du phosphore, les changements d'affectation des sols, la biodiversité, l'utilisation de l'eau douce. Deux caractéristiques associées au changement global anthropogénique qui, bien que difficiles à modéliser et quantifier, leur sont apparus critiques : la pollution atmosphérique qui se mesure à la charge de l'atmosphère en aérosols ; et la pollution chimique. La pollution imputable à la radioactivité humaine est comprise dans la pollution chimique.

Chacune de ces grandeurs écologiques va maintenant être abordée.

---

[92] Voir LaRevueDurable no 41, mars-avril 2011. Les conclusions de ce travail ont été publiées dans la revue Nature. Voir : Rockström [et al.], « A Safe Operating Space for Humanity », Nature, 24 septembre 2009. Voir également le site
http://www.stockholmresilience.org/planetary-boundaries

1. Changement climatique

La maîtrise du changement climatique requiert le contrôle de deux paramètres : la teneur de l'atmosphère en gaz à effet de serre et le forçage radiatif.

♦ *Teneur de l'atmosphère en gaz à effet de serre*

Le gaz carbonique, qu'on appelle également dioxyde de carbone (CO_2), est un constituant normal de l'atmosphère terrestre. Toutefois il exerce de nos jours des effets délétères, en raison principalement de l'augmentation considérable de sa concentration par suite de l'usage étendu des combustibles fossiles (pétrole, charbon, gaz). Il représente environ 60% des émissions de gaz à effet de serre. D'autres gaz à effet de serre existent, notamment le méthane et le protoxyde d'azote. Certes ceux-ci sont bien plus puissants que le gaz carbonique. Mais on les trouve à des concentrations beaucoup plus faibles.

Le CO_2 est relâché en permanence sur tous les continents, dans tous les pays, par le chauffage des immeubles, le transport routier, aérien et maritime, les activités industrielles et la production d'électricité, avec bien entendu des intensités très différentes d'une source à l'autre. Ainsi les pays du Nord, industrialisés depuis déjà longtemps, en sont historiquement les principaux émetteurs.

L'extraction du sous-sol de grandes quantités de carbone fossile, qui est ensuite brûlé et rejeté dans l'atmosphère, a perturbé le cycle naturel du carbone à l'échelle planétaire. L'augmentation de la teneur de l'atmosphère en CO_2 et autres gaz à effet de serre induit un réchauffement climatique planétaire susceptible de provoquer un bouleversement global au cours de ce XXIe siècle. Tout accroissement de la concentration de ces gaz induit inévitablement le réchauffement des basses couches de l'atmosphère. Parmi les dommages que provoque déjà le changement climatique, il convient de citer : l'aggravation des événements extrêmes, tels que les cyclones tropicaux, l'accentuation de la sécheresse et la désertification de certaines régions, l'extension de certaines maladies, l'acidification des océans et l'élévation de leur niveau ; mais également les migrations forcées que celle-ci entraîne.

Les scientifiques mettent en garde contre le dépassement de certains seuils ou points de basculement qui pourraient donner un coup d'accélération au réchauffement et à ses effets délétères par l'enclenchement de boucles de rétroaction nouvelles venant renforcer le processus.

À la fin du XVIIIe siècle, quand débutait l'industrialisation des pays du Nord, l'atmosphère de la Terre contenait environ 280 parties par million (ppm) de CO_2. La teneur de l'atmosphère en gaz carbonique est maintenant de l'ordre de 400 ppm[93].

La frontière - Pour éviter des bouleversements incontrôlables, la frontière planétaire en matière de teneur de l'atmosphère en gaz carbonique, devrait être ramenée à 350 ppm. Cette frontière se trouve d'ores et déjà dépassée. En outre la frontière planétaire recommandée par les scientifiques se trouve largement en dessous de la teneur maximale admise par les négociateurs de la Convention cadre des Nations unies sur le changement climatique. Celles-ci, se basant sur des études scientifiques remontant à 1995, acceptent un réchauffement pouvant atteindre 2°C d'ici 2050 par rapport à la température au début de l'ère industrielle ; ce qui correspond à une teneur de 450 ppm, soit bien plus élevée que la frontière tracée par les scientifiques suédois. !

◆ *Forçage radiatif*

Le forçage radiatif est le changement d'équilibre entre les radiations pénétrant l'atmosphère et celles qui s'en échappent. Un forçage radiatif positif a tendance à réchauffer la surface de la Terre, et un forçage négatif tend à en refroidir la surface.

La frontière - La frontière pour le changement de forçage radiatif : 1. La valeur actuelle étant de 1,5, alors qu'elle était de 0 avant la révolution industrielle.

2. Diminution de l'ozone stratosphérique

L'ozone (O_3) est une molécule gazeuse composée de trois atomes d'oxygène. Il se concentre naturellement dans la stratosphère. Bien que la teneur de la stratosphère en ozone soit extrêmement faible, seulement quelques parties par million, son rôle est essentiel pour le maintien de la vie sur Terre.

L'ozone stratosphérique, contrairement à l'ozone du smog urbain, engendre des effets bénéfiques essentiels en constituant un bouclier protecteur contre les rayons ultraviolets provenant du soleil. Une diminution de sa teneur a pour conséquence d'augmenter le bombardement de la surface terrestre par le rayonnement ultraviolet, ce qui a des effets néfastes sur tous les êtres vivants, provoquant en particulier des cancers de la peau. Une disparition complète de la couche d'ozone engendrerait un tel accroissement de

---

[93] Valeur enregistrée en mai 2013.

l'intensité des rayonnements ultraviolets que la plupart des formes de vie terrestres seraient menacées.

Or il avait été observé, dans les années 1980, que le bouclier d'ozone se réduisait et en particulier que plus de la moitié de l'ozone stratosphérique disparaissait au-dessus de l'Antarctique au cours du printemps austral, créant ce qu'on appelle communément le « trou d'ozone ». Celui-ci avait atteint en 2000 une superficie record de 28 millions de kilomètres carrés, soit 3 fois la superficie des Etats-Unis.

Les principaux agents responsables du trou d'ozone sont les chlorofluorocarbures (CFC), des substances chimiques produites à grande échelle par l'industrie. Également appelés fréons, les chlorofluorocarbures ont longtemps été utilisés comme gaz réfrigérant ou comme propulseur dans les bombes aérosols. Ils s'accumulent dans la stratosphère où, en se décomposant, ils finissent par dissocier l'ozone (O_3) en oxygène (O_2) qui n'offre pas d'effet protecteur contre le rayonnement ultraviolet.

L'adoption en 1987 du protocole de Montréal, qui a interdit les fréons, a permis une baisse significative de leur teneur dans la stratosphère. Depuis le début des années 2000, on observe un arrêt de l'aggravation continue du trou dans la couche d'ozone. Toutefois, les CFC accumulés dans la haute stratosphère continueront à détruire l'ozone stratosphérique longtemps après l'arrêt total de rejets de ces substances.

On a pu calculer que le maintien de la production de CFC au niveau qu'elle atteignait au cours des années 1980 aurait pu provoquer une véritable catastrophe écologique due à une réduction significative du bouclier d'ozone stratosphérique.

La frontière - A l'époque préindustrielle, l'ozone de la stratosphère représentait 290 unités Dobson, l'unité utilisée pour la mesurer au moyen d'un spectromètre. Il atteint actuellement 283, la frontière planétaire étant évaluée à 276.

3. Acidification des océans

Un acide est un composé chimique, dont la structure présente un déficit d'électrons. L'acidité d'une solution est habituellement mesurée en pH (potentiel hydrogène). Ainsi une solution de pH inférieur à 7 est dite acide ; plus son pH baisse en dessous de 7, plus elle est acide. Une solution dont le pH vaut 7 est dite neutre. Et une solution au pH supérieur à 7 est dite basique ou alcaline. Une base est un produit chimique qui, à l'inverse des acides, présente un excédent d'électrons.

Environ un quart du gaz carbonique libéré par les activités humaines se dissout dans les océans. Il se transforme en acide carbonique par réaction chimique et augmente ainsi l'acidité des océans. L'acidité des eaux a déjà augmenté de près de 30% du fait des activités humaines.

En quoi l'acidification des océans est-elle problématique ?

De nombreuses espèces de plancton, tout comme de nombreux mollusques, possèdent une coque, ou un exosquelette, constitué de carbonate de calcium, c'est-à-dire du calcaire sous forme cristalline. Le carbonate de calcium est également indispensable à la croissance des colonies de coraux, de la nacre, des oursins et de certaines algues. Ce carbonate de calcium se présente sous deux formes : la calcite et l'aragonite. Selon les espèces, la coquille ou l'exosquelette des organismes marins sera construit sous l'une ou l'autre de ces deux formes de carbonate de calcium. La calcite en constitue la forme la plus commune.

En l'absence d'interférence humaine, l'eau de mer est saturée en carbonate de calcium, c'est-à-dire que le carbonate de calcium ne peut pas s'y dissoudre. L'augmentation de l'acidité de la mer a pour effet d'y rendre le carbonate de calcium soluble. Des deux variétés de carbonate de calcium, l'aragonite est la première à se trouver affectée par ce phénomène.

Si l'acidité des eaux marines s'accentue, les organismes dotés d'une coquille rencontreront des difficultés à la construire au moyen d'un calcaire, qui se mettrait à se dissoudre dans l'eau de mer ambiante. La poursuite de l'acidification des océans pourrait aller jusqu'à la destruction des coquilles déjà formées. Dans l'impossibilité de construire ou de conserver leur coquille, de nombreuses espèces marines verraient leur survie compromise. Et si ces espèces disparaissaient, toute la chaîne alimentaire marine en serait perturbée, les animaux marins en amont de la chaîne se trouvant également menacés par manque de nourriture. Or les animaux marins constituent un élément essentiel de l'alimentation humaine.

La frontière - Pour évaluer le niveau d'acidification océanique à prendre comme frontière planétaire, l'équipe de Johan Rockström utilise le ratio global de saturation en aragonite dans l'océan, l'aragonite étant la première des deux formes de carbonate de calcium à souffrir d'un excès d'acidité. Ce ratio est passé de 3,44 (époque préindustrielle) à 2,9 actuellement. Le seuil à ne pas dépasser se situerait à 2,75.

4. Cycles de l'azote et du phosphore

Moins médiatisée que le changement climatique et les perturbations du cycle du carbone, la modification humaine des cycles de l'azote et du phosphore est plus prononcée que la modification du cycle du carbone.

♦ *Azote*

L'azote joue un rôle essentiel dans les processus vitaux. Il se trouve au centre d'un système d'échanges fondamental pour la biosphère : le cycle de l'azote.

L'azote est présent principalement dans l'atmosphère sous forme gazeuse, mais également dans les océans, les sédiments marins, les sols et les plantes terrestres. L'azote gazeux compose 78% de l'atmosphère.

Les organismes vivants ont besoin d'azote pour synthétiser les protéines nécessaires à leur métabolisme. Les plantes peuvent intégrer l'azote atmosphérique grâce à l'aide de certaines bactéries spécifiques. Ainsi, un premier groupe de bactéries fixent l'azote atmosphérique qu'elles combinent avec de l'hydrogène pour produire de l'ammoniac. Quand l'ammoniac s'incorpore au sol, d'autres bactéries, dites nitrobactéries, le décomposent en nitrate que les plantes sont capables d'assimiler et d'intégrer à leur métabolisme pour produire les protéines, dont elles ont besoin. Par la suite, les végétaux sont à leur tour consommés par les organismes situés en amont de la chaîne alimentaire, qui obtiennent ainsi l'azote dont ils ont besoin. Le nitrate finit par réintégrer le sol sous forme d'excréments ou par décomposition, lorsque les organismes meurent. Grâce à l'action de certaines bactéries, qui dissocient le nitrate, l'azote retourne enfin dans l'atmosphère et le cycle est ainsi refermé.

À l'instar du cycle du carbone, le cycle naturel de l'azote est lui aussi perturbé par les activités humaines, principalement par l'usage intensif de l'azote de synthèse comme engrais. C'est ainsi que, dans le but d'accroître la production agricole, en raison de la forte croissance démographique, qui s'est manifestée aux XIXe et XXe siècles, l'agriculture s'est engagée dans une exploitation intensive reposant sur une large utilisation d'engrais chimiques.

L'azote constitue l'élément de base pour une part importante de ces engrais. Dans un premier temps, la principale source d'engrais azotés fut constituée par des gisements de nitrate de sodium situés principalement au Chili. Dans le but d'échapper aux risques d'épuisement de cette ressource, on en est rapidement arrivé à exploiter l'azote contenu dans l'atmosphère. Aujourd'hui, la plupart des engrais azotés sont réalisés à partir d'ammoniac produit par fixation de l'azote contenu dans l'air sous forte pression et à température élevée. La consommation d'azote par l'agriculture mondiale est de l'ordre de 98 millions de tonnes (2006-2007)[94].

Une part importante des nitrates utilisés comme engrais n'est pas assimilée par les cultures et se trouve entraînée par les pluies dans les rivières et les nappes phréatiques, où l'on trouve des concentrations anormalement élevées de ces sels minéraux nutritifs. La conséquence la plus grave en est le phénomène d'eutrophisation dont souffrent de façon chronique de nombreux lacs et fleuves. L'eutrophisation provoque une sur-fertilisation en sels minéraux nutritifs, qui résulte en une multiplication anarchique de microorganismes, en particulier du phytoplancton. Les bactéries aérobies, en dégradant ces masses considérables de matières organiques, se mettent à consommer tout l'oxygène dissout dans l'eau. Il en résulte une désoxygénation des eaux avec pour corollaire la mort massive des animaux et des poissons « nobles » qui exigent une bonne oxygénation des eaux pour leur survie.

En fin de parcours, ces nitrates passent à l'océan, entraînant un accroissement, parfois catastrophique, de la production de micro-organismes et de plancton dans les zones côtières polluées, pouvant provoquer le phénomène des « marées rouges ». Certaines espèces de phytoplancton marin ont en effet la capacité de proliférer au point d'atteindre une densité de millions de cellules par litre d'eau avec pour effet de décolorer de façon spectaculaire la surface de la mer qui tourne alors au rouge vif.

La frontière - La valeur retenue ici comme frontière planétaire correspond à la quantité d'azote (N_2) déjà retiré de l'atmosphère pour l'usage humain, exprimée en millions de tonnes par an. Au début de l'ère industrielle, cette valeur était égale à zéro. Actuellement elle vaut 35. Ce chiffre est considéré comme la valeur à ne pas dépasser.

♦ *Phosphore*

Chez les organismes vivants, végétaux et animaux, outre l'azote, le phosphore joue également un rôle essentiel dans les mécanismes biochimiques qui se déroulent au sein des cellules.

Le stock le plus important de phosphore se trouve sous forme de sédiments au fond des océans. Le phosphore est également présent dans les sols des continents, où un équilibre s'établit entre le phosphore absorbé par les plantes terrestres et celui qui est restitué par la décomposition des matières organiques mortes. Un troisième grand réservoir de phosphore se trouve

---

[94] Ph. Éveillard (2012).

dans les eaux des océans. Le phosphore des eaux de surface des océans est absorbé, et ensuite rejeté, par le phytoplancton, assurant un cycle équilibré. Les apports naturels provenant des continents et charriés par les rivières vers les océans sont faibles.

Ici encore l'intervention de l'homme a considérablement altéré ce cycle naturel. La consommation de phosphore par l'homme est de l'ordre de 39 millions de tonnes (2006-2007)[95]. Le phosphore utilisé comme engrais et introduit dans les sols ou utilisé comme détergent, adoucisseur d'eau ou produit industriel, représente une augmentation d'environ 10% des flux de phosphore entre le sol et la biosphère.

Une partie significative du phosphore produit par l'homme passe dans les rivières, qui le déversent dans les océans. Cet apport, qui se combine avec celui de l'azote, contribue à l'eutrophisation des lacs et des zones côtières.

La frontière - La valeur choisie comme frontière planétaire est la quantité de phosphore (P) qui se déverse dans les océans, exprimée en millions de tonnes par an. On l'évalue au début de l'ère industrielle à 1. Actuellement elle se situe entre 8.5 et 9.5. Le chiffre de 11 est considéré comme une valeur à ne pas dépasser.

5. Affectation des terres

Partout sur la planète, la terre est convertie à de nouveaux usages pour répondre aux exigences humaines. Des forêts, des marécages et autres formes de végétation sont transformés en terres agricoles, en zones habitées ou en voies de communication. Certes, si un pourcentage trop faible des terres est affecté à l'agriculture, l'humanité risque d'avoir de grandes difficultés à nourrir les plus déshérités de la planète. Mais, revers de la médaille, la réaffectation des terres constitue également une puissante force de réduction de la biodiversité. Elle a également des impacts sur les flux d'eau et divers cycles naturels. Bien que le changement d'affectation d'une terre intervienne en principe à l'échelle locale, le cumul des changements d'affectations locaux engendre des impacts à l'échelle globale sur les grands systèmes de la Terre.

La frontière - L'indicateur proposé comme frontière planétaire ici est le pourcentage de la surface de terres consacrées à l'agriculture. Très faible avant l'ère industrielle, il est de 11,7% actuellement. La valeur frontière retenue est de 15%.

---

[95] Ph. Éveillard (2012).

6. Perte de la biodiversité

Depuis l'apparition de la vie sur Terre, celle-ci n'a cessé de se transformer et de se diversifier. De nouvelles espèces naissent, d'autres disparaissent : comme les individus qui les constituent, les espèces sont mortelles, mais leur durée de vie se compte en millions d'années. Aujourd'hui la Terre héberge plus d'une dizaine de millions d'espèces dont 1,7 million sont connues, c'est-à-dire nommées et décrites.

Il n'y a pas de permanence de la vie sur Terre sans diversité ; c'est une caractéristique intrinsèque du vivant, la condition de son succès.

L'être humain tire largement profit de cette diversité du vivant. En effet, la très grande variété des espèces vivantes est une source importante de matériaux, de produits alimentaires et de ressources pharmaceutiques. De nombreux matériaux d'usage courant proviennent du vivant, à commencer par le bois, le coton, la laine, etc. Quelques espèces végétales telles que le blé, le maïs, le riz, sont cultivées de nos jours à une échelle industrielle pour fournir à la fois des aliments et des plantes fourragères. Le secteur médical lui aussi profite déjà largement de la biodiversité, les plantes demeurant à la base de la pharmacopée moderne. Ainsi la morphine, la quinine, la digitaline, pour n'en citer que quelques-unes, sont des substances à usage médical extraites des plantes. Aux États-Unis, les principes actifs de 25% des médicaments prescrits sont tirés ou dérivés de plantes. Et, si l'on y ajoute les animaux et les micro-organismes, 41% des médicaments utilisés sont fournis par le vivant. Enfin plus de 70% des traitements anticancéreux prometteurs sont issus du vivant, notamment de plantes tropicales.

Etonnement, sur la grande diversité des produits de la nature, qui peuvent avoir une utilité pour l'homme comme matériaux, comme aliments ou comme médicaments, un nombre relativement restreint d'entre eux est effectivement exploité. En matière alimentaire, il existe quantités d'espèces et de variétés sauvages représentant des sources potentielles d'amélioration des variétés cultivées susceptibles d'être mises à profit par croisement génétique. Nos cultures, encore trop souvent orientées vers la monoculture, n'en tirent pas tous les avantages que la nature offre.

L'ensemble du tissu vivant de la planète est organisé en écosystèmes. Outre les matières végétales et les substances synthétisées par tel ou tel organisme vivant, qui fournissent des produits utiles aux hommes, les écosystèmes eux-mêmes assurent des fonctions essentielles, dont bénéficie l'homme, directement ou indirectement : recyclage des déchets organiques par compostage ou méthanisation, pollinisation par les abeilles, purification de l'eau, régulation des climats, etc .... On le voit, les services rendus de manière totalement gratuite par la nature du fait de la diversité du vivant sont vraiment considérables. La perte de la biodiversité fait donc peser à un double titre une très lourde hypothèque sur l'humanité.

La diversité du vivant comprend trois manifestations majeures : la variabilité génétique au sein d'une espèce, la diversité des espèces et la diversité des écosystèmes.

Un appauvrissement génétique en particulier, premier aspect de la biodiversité, exposerait les populations animales et végétales à de sérieux risques, notamment celui d'une diminution des systèmes de défense immunitaire, exposant davantage les individus d'une espèce à des agressions d'agents pathogènes, ou encore la diminution de leur capacité d'adaptation face aux changements de l'environnement. Ainsi les monocultures sont-elles particulièrement exposées à ce premier risque. En effet, la culture à de très larges échelles de la même variété d'une espèce donnée (blé, maïs, pomme de terre, etc.) rend celle-ci particulièrement vulnérable aux attaques de virus, champignons ou insectes ravageurs. Puisque l'unique variété cultivée se révèle vulnérable, c'est l'ensemble de la culture qui se trouve menacée. À l'inverse, le fait de cultiver simultanément différentes variétés accroît considérablement les probabilités que l'essentiel des cultures se révèlent résistantes à l'espèce ravageuse et résiste à l'attaque.

On ne doit pas non plus sous-estimer, pour l'homme et ses besoins à venir, l'importance de la diversité des espèces, deuxième aspect de la biodiversité, qui va de pair avec celle des écosystèmes, troisième aspect de la biodiversité. En effet, sous l'effet des changements climatiques durant les années et décennies à venir, les conditions climatiques se modifieront, soumettant les écosystèmes à de sérieuses perturbations. La diversité des espèces joue très probablement un rôle écologique important, assurant la « résilience » des écosystèmes, c'est-à-dire leur capacité à se rétablir après une perturbation. L'amenuisement continu des populations naturelles, la perte de certaines espèces et l'appauvrissement des habitats pourraient fort bien atteindre un seuil critique et conduire finalement à la rupture du fonctionnement, voire l'effondrement irréversible, de certains écosystèmes soumis aux nombreux stress découlant du changement climatique. Les conséquences en cascade pouvant découler de l'effondrement de plusieurs écosystèmes majeurs sont difficiles à imaginer. On ne peut certainement pas exclure qu'elles soient dramatiques, ou tout simplement catastrophiques.

Pour faire face aux perturbations probables, il faudra pouvoir disposer de toute la diversité des « compétences écologiques » qui existent dans la nature, c'est-à-dire s'assurer du maintien d'un niveau suffisant de diversité du vivant.

Cette dernière considération nous amène à aborder la notion d'extinction ; non pas l'extinction d'une espèce puisque nous avons vu qu'il s'agissait d'un processus normal, mais de la notion d'extinction massive. Il y a eu dans le passé cinq extinctions massives d'espèces vivantes. Elles furent toutes la conséquence de catastrophes géologiques (notamment éruptions volcaniques) ou astronomiques (chutes de météores), généralement suivies et amplifiées par des changements climatiques et écologiques. Actuellement le taux de disparition d'espèces est de 100 à 1'000 fois supérieur à ce qui est considéré comme normal. C'est pourquoi certains paléontologues estiment que la planète est entrée dans la sixième crise d'extinction d'espèces. La crise actuelle se distinguerait des précédentes extinctions massives en ce qu'elle est le fait de l'homme, mais aussi parce qu'elle s'inscrit sur une échelle de temps beaucoup plus restreinte. En outre elle mettrait sérieusement en péril les chances d'un développement durable des sociétés humaines.

Les nombreuses disparitions d'espèces auxquelles nous assistons résultent évidemment de la croissance exponentielle des prélèvements des ressources naturelles effectués par l'homme. Plus précisément la pression des hommes s'exerce principalement à travers les cinq phénomènes suivants :

1. la destruction des écosystèmes (pollutions, déforestation, fragmentation des habitats, etc.) ;
2. la pression excessive sur les espèces exploitées (chassées, pêchées, récoltées ou utilisées à des fins industrielles) ;
3. la prolifération d'espèces exotiques introduites dans des écosystèmes qui leur sont étrangers ;
4. le réchauffement climatique ;
5. enfin les extinctions en cascade qui résultent, par exemple, de la disparition d'une espèce clé.

La frontière - La valeur frontière retenue est le taux d'extinction annuel maximum, soit 10 extinctions par million d'espèces par an. Ce taux, actuellement supérieur à 100, se situait entre 0,1 et 1 avant l'ère industrielle.

7. Disponibilité de l'eau douce

C'est la pression humaine qui constitue la force dominante affectant la distribution des systèmes d'eau douce au niveau de la planète. Or l'eau se raréfie. D'ici 2050 un demi milliard de personnes pourraient bien se trouver en situation de stress hydrique. L'établissement d'une frontière de l'eau douce en fonction de sa consommation d'ensemble devrait permettre de maintenir la résilience d'ensemble du système Terre.

La frontière - Sans considération de la population mondiale totale, la limite de consommation à ne pas dépasser pour l'ensemble de l'humanité a été fixée à 4'000 km^3 par an.

8. Charge en aérosols

L'atmosphère de la Terre est chargée de fines particules (liquides et solides) en suspension. Leur taille peut varier entre moins d'un millième de millimètre (µm) et plusieurs millièmes de millimètres. On les appelle aérosols. Les substances vaporisées par les « bombes à aérosols » du commerce ne constituent qu'une toute petite partie de l'ensemble des aérosols en suspension dans l'atmosphère terrestre.

Selon leur composition chimique, ces petites particules restent dans l'atmosphère pendant des périodes s'échelonnant de quelques minutes à quelques jours – parfois même plus longtemps encore – avant d'être retirées par des mécanismes naturels tels que la pluie ou la neige.

Les aérosols ont des origines diverses. Ils peuvent provenir de processus naturels, tels que les feux de forêt, les poussières des déserts, les embruns marins, les cendres volcaniques. Ils peuvent également provenir d'activités humaines : les activités industrielles, le chauffage domestique, les moteurs des véhicules ; toutes ces activités génèrent des aérosols.

L'impact des aérosols sur l'environnement se manifeste principalement de deux manières. Ils agissent sur le système climatique en influençant ce que les scientifiques appellent le bilan radiatif terrestre et ils peuvent avoir des effets néfastes sur la santé humaine.

♦ *Influence sur le bilan radiatif terrestre*

Le bilan radiatif de la Terre est la somme de l'énergie reçue et perdue par les sols, les océans et l'atmosphère de la planète. Les apports d'énergie proviennent essentiellement du soleil. Le rayonnement solaire reçu par les couches les plus élevées de l'atmosphère est en moyenne d'environ 1'350 watts par mètre carré.

La plupart des aérosols réfléchissent directement vers l'espace une partie de l'énergie reçue du soleil sous forme de lumière. Ils ont ainsi pour effet de refroidir la planète. Toutefois certaines particules (telles que la suie) absorbent le rayonnement reçu et réchauffent la planète.

La présence des aérosols a un deuxième effet, indirect, sur le bilan radiatif. En effet ils interviennent dans la formation des nuages, qui se déplacent dans l'atmosphère. Les nuages sont constitués d'une grande quantité de gouttelettes d'eau, elles-mêmes formées par la condensation de vapeur d'eau autour de noyaux de condensation. Ces noyaux de condensation ne sont autres que des aérosols solides.

♦ *Influence sur la santé humaine*

Les aérosols ont aussi des effets néfastes sur la santé humaine. Ils représentent 5% des masses globales de polluants rejetés dans l'air, les autres 95% l'étant sous forme de gaz.

Parmi les aérosols solides présents dans les hautes couches de l'atmosphère, les particules les plus petites, celles dont le diamètre est inférieur á 0,1 micromètre (µm) sont les plus dangereuses pour la santé humaine en raison du fait qu'elles sont susceptibles de pénétrer dans les alvéoles de nos poumons.

Deux types de particules, surtout présentes en milieu urbain, méritent particulièrement d'être signalées : les fibres d'amiante et les particules carbonées.

L'amiante est un matériau ignifuge abondamment utilisé comme isolant dans les bâtiments jusqu'à son interdiction dans la plupart des pays d'Europe et d'Amérique du Nord dans les années 1990. Il pollue encore de nombreux locaux. L'inhalation des fibres d'amiante présentes dans l'air des bâtiments concernés provoque une affection très grave, le mésothéliome pulmonaire.

Les particules carbonées quant à elles sont émises par les moteurs diesel, ainsi que les combustions incomplètes de charbon et de mazout. Elles favorisent l'asthme et sont cancérigènes.

La frontière - Il a été estimé que les aérosols provoqueraient dans le monde près de 800'000 morts prématurées par an. Toutefois les effets des aérosols sur le climat comme sur la santé restent encore à documenter avec précision. Si bien qu'il n'est pas encore possible de déterminer une valeur seuil spécifique à laquelle des effets globaux auront lieu ; mais la charge en aérosols est tellement liée à la santé des humains et au climat de la planète qu'elle est incluse parmi les frontières.

9. Pollution chimique

La libération dans la nature de produits chimiques toxiques et persistants constitue un facteur important de perturbation de l'environnement planétaire. L'industrie chimique, la métallurgie et l'électronique, mettent en circulation dans la biosphère d'innombrables composés minéraux ou organiques de toxicité souvent élevée ou peu dégradables. La chimie organique de synthèse élabore des composés artificiels en nombre sans cesse accru. En 1992, on estimait déjà que plus de 500 nouvelles molécules étaient mises sur le marché chaque année et qu'au total environ 120'000 molécules minérales ou organiques de synthèse faisaient l'objet d'un usage commercial dans le monde. On considère que tout au plus un tiers de ces substances ont fait l'objet d'une étude crédible de leur impact potentiel sur l'environnement de l'homme.

Un grand nombre de substances chimiques est rejeté en milieu naturel et contribue à une pollution des écosystèmes à large échelle. Il a été signalé plus haut que l'on trouve des fragments de matières plastiques dérivant dans les zones les plus reculées des océans, les continents plastiques. Sur les quelque 100'000 substances chimiques que produit l'industrie, il semble bien qu'un grand nombre d'entre elles aient des effets délétères sur la faune et la flore, mais également sur l'homme, notamment dans la genèse de cancers et de troubles de la reproduction (stérilité).

En raison des dangers liés à cette forme de pollution, quelques-unes des substances chimiques polluantes les plus connues sont mentionnées et commentées dans une annexe à la fin de cet ouvrage.

Les frontières - On l'aura compris ; la pollution chimique constitue un domaine complexe et les connaissances restent insuffisantes pour nombre d'entre eux. Il est donc très difficile au jour d'aujourd'hui de déterminer des frontières planétaires en matière d'émission de ces substances ou de concentration limite dans les eaux et l'atmosphère.

Chapitre 11 Changer de boussole
- Les alternatives au PIB

La question de l'adéquation de la politique de croissance se présente sous deux aspects bien distincts :

1. Tout d'abord l'indicateur du PIB mesure t-il effectivement la satisfaction des besoins sociaux, ou, exprimé différemment, le PIB constitue-t-il un indicateur satisfaisant de la création de valeur d'usage ?

2. Une politique de croissance est-elle la plus appropriée pour répondre aux besoins humains ?

A ce stade, il sera clair aux yeux du lecteur que nous jugeons que la politique de croissance constitue un objectif inadéquat. Cependant la question de savoir par quoi il faudrait la remplacer reste ouverte. Nous abordons celle-ci dans notre dernier chapitre. Auparavant, nous allons nous attacher à l'indicateur du PIB, en examinant s'il fait effectivement ce qu'il prétend faire. En d'autres mots, le PIB mesure t-il réellement la valeur d'usage mise à la disposition de la population ?

1. Signification du PIB

Lorsqu'un gouvernement se donne pour objectif d'augmenter le niveau de vie, c'est-à-dire la valeur d'usage disponible au sein d'une société, le PIB constitue l'indicateur adapté à l'évaluation du succès de sa politique ? Poser cette question revient à s'interroger sur la signification réelle du PIB. C'est ce à quoi nous allons maintenant nous attacher.

Il pourra paraître surprenant que, alors même que nous soutenons que la poursuite de la croissance ne constitue pas une politique économique avisée, nous nous intéressions néanmoins à sa mesure. Certes on peut bien penser que, si un beau jour tous les gouvernements renonçaient à la croissance, l'indicateur du PIB perdrait beaucoup de son utilité. Le réalisme nous impose cependant de considérer qu'il faudra du temps avant que cela se produise. Et tant que la poursuite de la croissance demeurera un objectif majeur de nos décideurs, la question de la limitation de ses effets néfastes restera d'actualité.

Les coûts sociaux et environnementaux de la croissance sont connus. Si l'on ne peut empêcher la croissance, limiter ses conséquences délétères demeure une tâche importante. En d'autres termes, s'il n'est pas possible dans l'immédiat de mettre un terme à une croissance nocive, ont peut néanmoins s'efforcer de réduire ses effets nocifs. Et c'est là le sens de notre question : l'évolution du PIB reflète t-elle bien l'évolution de la création de valeur d'usage ? S'il est possible d'atteindre le même niveau de valeur d'usage avec un PIB plus faible, et donc avec moins de dommages collatéraux, il faut le faire. Et pareille ambition devrait rassembler à la fois ceux qui se soucient de la dégradation de l'environnement et ceux qui veulent continuer à accroître le niveau de vie de nos concitoyens.

Nous allons donc nous intéresser d'abord à la signification réelle du PIB et de ses variations. Nous aborderons ensuite le débat sur les indicateurs alternatifs, passant en revue un petit échantillon d'indicateurs de substitution qui sont proposés.

Nous avons vu dans le chapitre 1 que la valeur du PIB, indicateur clé de la comptabilité nationale, correspond à la somme de la valeur marchande des biens et services produits au cours de l'année dans une économie donnée. Il sera utile à ce stade, dans un souci de clarté, de préciser ce que l'on entend en économie par le terme de valeur marchande et valeur en général. Le terme de valeur recouvre trois notions différentes.

La première est celle de la valeur d'usage d'un bien. Cette notion évoque l'utilisation que l'on peut en faire, ainsi que la satisfaction que son utilisation nous apporte. Si, de prime abord, on peut penser que la valeur d'usage dépend des caractéristiques physiques de l'objet, elle dépend également, dans une très large mesure, des goûts particuliers de l'individu qui l'utilise. Ainsi, alors qu'une personne sera ravie de consommer un plat d'endives, une autre, à laquelle on aura présenté le même plat, fera la grimace. La valeur d'usage est donc éminemment subjective. La valeur qu'une personne accorde à un bien ne peut se comparer à celle que lui accorde une autre personne. Les deux ne peuvent donc s'additionner, comme on additionnerait un flux matériel, par exemple une quantité d'énergie.

La deuxième notion, celle de valeur d'échange, ne dépend pas des goûts des uns et des autres. L'endive, qui déplaît, a la même valeur d'échange que l'endive qui ravit. La valeur d'échange est objective, déterminée socialement à travers l'échange. Elle se mesure en termes monétaires. Etant déterminée dans l'échange, la valeur d'échange fluctue au gré des rapports sociaux.

Le caractère éminemment fluctuant de la valeur d'échange ne satisfaisant pas les premiers économistes, ceux-ci se sont intéressés au fondement de la valeur. Ricardo, suivi par Marx, ramène la valeur naturelle d'une marchandise à son coût de production, réductible en dernier ressort à du travail. La valeur d'une marchandise mesurée en heures de travail correspond donc, pour ces économistes, à son prix naturel, qui reflète les coûts de production, et est distinct du prix du marché, sa valeur d'échange. Nous nous retrouvons ainsi en présence de trois notions de valeur : valeur d'usage, valeur d'échange et valeur travail.

Si la valeur d'échange est fluctuante, soumise aux variations de l'offre et de la demande, en d'autres termes à des rapports de force au sein de la société, les économistes de l'école dominante se sont efforcés de montrer que, sous l'effet de la concurrence, elle finira néanmoins par se rapprocher du prix naturel, la valeur travail.

Ceux, qui préconisent la poursuite d'une croissance soutenue sur le long terme, soutiennent qu'une telle politique économique assure un véritable progrès social. Pour qu'il en soit ainsi, il faudrait que l'augmentation du PIB aille de pair avec une augmentation de la valeur d'usage engendrée au niveau de l'ensemble de l'économie. Or le PIB mesure, non la valeur d'usage, mais la valeur d'échange des biens et services produits. Si on peut admettre que, dans une économie correctement régulée, le prix d'échange des biens s'approche plus ou moins de leur prix naturel, la valeur travail, qu'est-ce qui nous assure que l'augmentation du PIB, c'est-à-dire l'augmentation de la valeur d'échange consolidée de tous les biens produits au sein d'une économie, engendre effectivement une augmentation de la valeur d'usage consolidée ?

Posée en ces termes, cette question, nous l'avons relevé, n'a pas réellement de sens, puisque la notion de valeur d'usage est éminemment subjective et celle-ci ne peut être traitée comme un flux physique. On pourrait néanmoins reformuler la question de la manière suivante : pouvons nous être assurés que l'évolution de notre indicateur phare, le PIB, reflète l'évolution de la disponibilité effective de biens et de services au sein de l'économie ?

Nous nous interrogerons donc ici sur la mesure dans laquelle l'indicateur du PIB reflète la mise à disposition de biens et services pour les consommateurs.

♦ *Produit brut et produit net*

En abordant au chapitre premier la notion de produit intérieur brut (PIB), nous avons vu que celui-ci comprend en premier lieu les dépenses de consommation directe des particuliers, mais qu'il comprend également les investissements productifs, c'est-à-dire les sommes consacrées à la construction de machines, d'immeubles industriels et de tous les produits semi-finis, qui interviennent dans les différents processus de production. Ces biens d'investissement étant absorbés par des activités de production, ils ne sont pas consommés et n'apportent pas directement de satisfaction matérielle aux consommateurs, c'est-à-dire pas de valeur d'usage.

Dans une économie donnée, plus importante est la part de la production consacrée à la fabrication de biens d'investissement, plus faible est celle qui reste disponible pour la consommation courante. C'est ainsi que l'importance de la consommation et le niveau de vie peuvent être très différents, pour un même niveau de PIB, selon la part de la production, qui est laissée à la consommation finale.

Il existe un indicateur des comptes nationaux qui, à la différence du PIB, exclut la part du produit dévolu aux investissements. Il s'agit du produit intérieur net (PIN). La France en 2011 présentait un PIB de 1'997 milliards d'euros. Sur cette somme, 401 milliards d'euros, soit 20%, représentaient des investissements. Les dépenses de consommation, c'est-à-dire le produit intérieur net s'élevait à 1'595 milliards d'euros (80%), soit une part encore importante de la production totale. Par contraste, les anciennes économies planifiées de l'Europe de l'Est d'avant la chute du mur de Berlin étaient réputées consacrer aux investissements une part bien plus importante du produit que les économies libérales. Ce qui entraînait dans l'immédiat un niveau de vie nettement plus faible.

On voit ainsi que le niveau de satisfaction matérielle des consommateurs, dépend, non du montant total du produit intérieur (PIB), c'est-à-dire 1'997 milliards d'euros dans l'exemple de la France, mais de l'importance de la part de cette production qui est consacrée à des biens de consommation, soit le produit intérieur net (PIN), 1'595 milliards d'euros dans notre exemple. Et l'on se rend bien compte que si le PIB d'un pays croît rapidement en raison d'une forte augmentation des investissements pendant que la consommation stagne, le niveau de vie ne se sera pas amélioré. La valeur d'usage rendue disponible par l'économie n'aura pas varié.

On peut donc d'emblée retenir comme première observation que, si l'on recherche un indicateur de la valeur d'usage, le produit intérieur net ferait mieux l'affaire que le produit brut.

♦ *Le paradoxe des dépenses défensives*

En raison de la manière, dont il est construit, le PIB peut donner lieu à des paradoxes lorsqu'on veut l'utiliser comme indicateur de la valeur d'usage, ou du bien-être.

On admettra volontiers que le fait de subir un dommage matériel provoque un appauvrissement. Or, dans la comptabilité nationale, la survenance d'un dommage a pour effet de provoquer une augmentation du PIB et contribue ainsi à la croissance. Cette proposition peut paraître provocatrice. Elle correspond pourtant à la logique de la comptabilité nationale. Illustrons ce propos par un exemple.

Prenons une personne qui se trouve au bénéfice d'une assurance couvrant les risques de bris de glace de son logement. Un jour un projectile heurte accidentellement la vitre de sa salle de séjour. La vitre vole en éclats. Le paiement, que la compagnie d'assurance fera au vitrier pour le remplacement de la vitre brisée, sera intégré dans les comptes nationaux et contribuera à la croissance du PIB. Pourtant cette réparation n'a pas provoqué d'augmentation de richesse ou de valeur d'usage. Elle n'a fait que rétablir la situation antérieure à l'accident.

Prenons un autre exemple. Le carrossier qui remet en état un véhicule accidenté contribue à l'accroissement du PIB, alors que, une fois le véhicule réparé, son propriétaire ne se trouvera pas mieux loti que si le conducteur responsable de l'accident, dont il a souffert, avait manifesté une plus grande prudence et évité la collision.

Les fabricants d'armement dont les coûteux avions de chasse et les chars d'assaut viennent remplacer les appareils désintégrés sous les bombardements ennemis apportent de la même façon une contribution au PIB.

Les arbres calcinés, qui se dressent tels des fantômes après un feu de forêt, constituent bien une perte pour la région et pour la biosphère. Pourtant l'activité des pompiers professionnels et de leurs avions Canadair, qui luttent contre les feux de forêt, accroît le PIB, alors que paradoxalement la perte bien réelle de capital naturel, les arbres calcinés, n'est recensée nulle part.

Il en va ainsi de toutes les dépenses dites défensives, c'est-à-dire celles qui ne correspondent pas à des achats de biens de consommation, mais qui sont consenties pour préserver ou rétablir un niveau de bien-être ou d'équipement donné. Outre les activités citées dans ces exemples, appartiennent aux dépenses défensives un certain nombre de prestations publiques : la justice, la police ou la défense. Les dépenses visant à préserver l'environnement, la biosphère, capital naturel de l'humanité, constituent également des dépenses défensives. L'éducation et la santé quant à elles ne sont pas incluses dans les dépenses défensives, mais sont considérées comme des investissements productifs. Elles contribuent néanmoins aux variations du PIB.

Les paradoxes mis ici en lumière découlent de la logique du PIB. Puisque tout ce qui est facturé contribue de la même manière au PIB, celui-ci est incapable de séparer, parmi les montants facturés, les prestations qui apportent une valeur d'usage additionnelle des prestations purement défensives. C'est la raison pour laquelle certains économistes suggèrent de regrouper les dépenses défensives avec les dépenses d'investissement de manière à ce qu'elles soient exclues du produit brut (PIB) mais apparaissent seulement dans le produit net (PIN)[96].

♦ *Confusion entre la fin et les moyens*

Nous venons de voir qu'une part significative du produit intérieur ne crée pas de valeur d'usage supplémentaire, pas d'utilité diraient les économistes néoclassiques. Nous allons maintenant voir comment des productions qui apportent effectivement une valeur d'usage se trouvent exclues du PIB.

Le PIB mesure, nous les avons, l'ensemble des biens et services produits et facturés dans un pays durant une année. Le critère, qui décide de l'inclusion dans le PIB d'un bien produit par la machine économique, n'est donc pas qu'il soit utile ou qu'il apporte de la valeur d'usage. Non ; pour qu'une prestation soit comptabilisée, il est nécessaire et suffisant, qu'elle donne lieu à un paiement en monnaie. Par conséquent toute création de richesse, toute fourniture de valeur d'usage, qui ne donnent pas lieu à un paiement sous forme monétaire, ne contribuent pas au PIB. Quels types de prestations échappent ainsi au PIB ?

L'autoproduction constitue une première forme de prestation non comptabilisée. Il faut entendre par autoproduction les prestations que les ménages ou les particuliers fournissent à eux-mêmes et qui ne font donc pas l'objet d'un échange : les produits de mon potager, la table ou l'armoire que je construis de mes propres mains, de même que toutes les améliorations que j'apporte à mon logement pour en faire bénéficier mon ménage. Ces prestations ne sont pas incluses dans le calcul du PIB et ne contribueront pas à la croissance. Elles fournissent pourtant bien une valeur d'usage et contribuent à la création de richesse. Dans un pays, où de nombreuses prestations sont auto-produites, le PIB y sera plus faible que dans les pays où ces mêmes prestations sont produites hors des ménages et achetées par ces derniers contre paiement monétaire.

Les services, qui sont rendus de particulier à particulier sur la base du troc, – l'économie non monétaire – constituent eux aussi une contribution à la valeur d'usage qui n'est pas comptabilisée dans le PIB. Dans de nombreux pays africains, l'auto-production et l'économie non monétaire sont beaucoup plus développées que dans les pays occidentaux. C'est une des raisons, de loin pas la seule bien sûr, pour lesquelles le PIB de nombreux pays d'Afrique apparaît particulièrement faible. Il ressort de ceci que des populations humaines de taille comparable disposant d'un même niveau de PIB ne jouissent pas nécessairement d'un même niveau de vie.

---

[96] J. Stiglitz, A. Sen, J-P. Fitoussi, op. cit..

Le PIB ne comptabilise pas non plus les services que la nature rend gratuitement à l'homme, tels que les fruits sauvages que l'on cueille, l'air qu'on respire, la pollinisation réalisée par les abeilles et, d'une manière générale, toute la production de la biomasse qui est exploitée ensuite à grande échelle par l'agriculture et l'industrie. Nous avons relevé ceci lorsque nous avons abordé, au chapitre 9, les coûts environnementaux de la croissance et la perte de la biodiversité.

Puisque, pour être inclus dans le PIB, un bien généré par la machine économique doit être payé et facturé, cela ne signifie pas nécessairement, nous l'avons vu avec les dépenses défensives, qu'il soit utile ou qu'il contribue au bien-être. La croissance du PIB ne mesure donc pas le chemin parcouru vers une plus grande satisfaction des besoins matériels, mais les moyens utilisés pour le parcourir ; plus exactement un type particulier de moyens, la production de biens payables en monnaie. Le fait que le PIB croisse ne nous dit pas que les besoins sont mieux satisfaits, mais qu'une plus grande quantité de ressources facturables a été utilisée par la machinerie économique. Ainsi fixer le PIB comme indicateur de satisfaction des besoins, c'est établir une confusion entre la fin, que se fixe officiellement la société, à savoir la satisfaction des besoins matériels, et certains moyens destinés à permettre d'y parvenir, c'est-à-dire la production de marchandises monnayables. Et les paradoxes du PIB, que nous avons relevés plus haut, nous permettent d'affirmer que l'utilisation d'une plus grande quantité de ces moyens, c'est-à-dire une croissance du PIB, n'assure pas *ipso facto* une meilleure satisfaction des besoins.

Il sera donc devenu clair aux yeux du lecteur que, quant à savoir si l'indicateur du PIB rend adéquatement compte de la satisfaction de la demande de biens de consommation, la réponse est clairement négative.

> *« Le PIB mesure essentiellement la production marchande, écrivent Stiglitz, Sen et Fitoussi, même s'il est souvent traité comme s'il s'agissait d'une mesure du bien-être économique. La confusion entre ces deux notions risque d'aboutir à des indications trompeuses quant au niveau d'aisance de la population et d'entraîner des décisions politiques inadaptées.[97] »*

Dès lors peu importe que l'on adhère encore à l'idéologie de la croissance ou que l'on soit au contraire convaincu que la croissance est devenue aujourd'hui fondamentalement destructrice, il nous faut impérativement, dans un cas comme dans l'autre, nous défaire du PIB, cette boussole, qui est devenue maléfique, et lui substituer un indicateur de valeur d'usage fiable.

---

[97] J. Stiglitz, A. Sen, J-P. Fitoussi, op. cit., page 134.

♦ *Plutôt que le PIB, un véritable indicateur de la valeur d'usage*

Si l'on désire construire un indicateur, qui reflète le plus fidèlement possible la fourniture de biens consommables, nous avons vu plus haut qu'il faudrait partir du Produit intérieur net (PIN) qui, contrairement au PIB, exclut les investissements non pourvoyeurs de valeur d'usage.

Il faudrait ensuite soustraire de ce PIN les activités défensives, et tout particulièrement la valeur des travaux nécessaires à la reconstitution (amortissement) du capital naturel entamé par les activités humaines. Ceci constituerait une innovation par rapport à la pratique actuelle. En effet la perte de bio-capacité, c'est-à-dire de valeur, du capital naturel n'est généralement pas calculée dans le cadre de la comptabilité nationale.

C'est en substance, parmi d'autres propositions, ce que suggèrent Stiglitz, Sen et Fitoussi. Ainsi écrivent-ils :

> « *de nombreuses difficultés apparaissent dès qu'il s'agit d'identifier les dépenses « défensives » et celles qui ne le sont pas ... . Une ... solution consisterait à considérer certaines de ces activités comme un investissement. Il n'est pas rare que ces dépenses défensives comprennent des éléments d'investissement et de bien d'équipement (comme c'est le cas des dépenses visant à remédier à une détérioration de la qualité environnementale). ... S'il existe une mesure de la qualité de l'environnement considérée comme un capital, les dépenses engagées pour l'améliorer ou le maintenir pourraient ... être considérées comme un investissement. Inversement, les effets de l'activité économique qui portent atteinte à la qualité ou à la quantité de cet élément d'actif pourraient être pris en compte dans le cadre d'un système élargi de mesure de la dépréciation et de l'épuisement des ressources, de telle sorte que la mesure nette des revenus ou de la production soit réduite en conséquence. Les dépenses réalisées en matière de réduction de la pollution ont pour effet de réduire les effets néfastes pour l'environnement, les bénéfices ainsi réalisés correspondent à une moindre détérioration de la qualité environnementale.*[98] »

Les auteurs signalent par ailleurs des travaux en cours allant dans le sens qu'ils préconisent. Il existe notamment un comité d'experts des Nations unies sur la comptabilité environnementale et économique (UNCEEA) qui étudie ces questions. Si les économistes et spécialistes de la comptabilité nationale progressent sur l'intégration de l'impact environnemental dans les

---

[98] J. Stiglitz, A. Sen, J-P. Fitoussi, op. cit., page 66 à 68.

comptes nationaux, ces travaux suscitent des réactions politiques parfois vives. C'est ainsi, nous disent les auteurs, que des pressions se manifestent contre la mise en place de comptes plus exhaustifs, qui reflèteraient tant l'épuisement des ressources que les retombées néfastes pour l'environnement.[99]

Les recommandations de Stiglitz, Senn et Fitoussi sont fondamentales. Si elles sont suivies, elles permettront d'aboutir à un indicateur, sinon de la valeur d'usage, du moins des biens et servies réellement rendus disponibles par l'économie.

2. Aperçu de quelques indicateurs alternatifs

La pertinence du PIB comme indicateur du progrès social est assez largement remise en question depuis de nombreuses années déjà et différentes tentatives destinées à y remédier ont vu le jour. Ces efforts ont pris deux directions. La première vise à corriger la comptabilité nationale classique, dont est issu le PIB en y intégrant la dimension environnementale. La seconde consiste à proposer des indicateurs spécifiques de développement durable.

Dans le cadre de la première orientation, nous venons de signaler des travaux déjà réalisés sur l'établissement d'une comptabilité environnementale. Ces travaux, qui sont supervisés par un comité d'experts internationaux, le Comité d'experts des Nations unies sur la comptabilité environnement-économie[100], ont abouti à la mise au point d'un système de comptabilité environnementale compatible avec les règles de la comptabilité nationale adoptée par la plupart des Etats, le système de comptabilité environnemental-économique[101]. Ce dernier comprend les concepts, les définitions, les classifications et les règles comptables qui devront constituer la référence internationale en la matière. Un premier manuel a été publié en 2003 : « Handbook of National Accounting - Integrated Environmental and Economic Accounting 2003 ».

---

[99] J. Stiglitz, A. Sen, J-P. Fitoussi, op. cit., page 48.

[100] En anglais : *United nations committee of experts on environmental-economic accounting (UNCEEA)*.

[101] En anglais : *The System of Environmental-Economic Accounting (SEEA)*

Pour ce qui est de la deuxième direction, la conception d'indicateurs spécifiques du développement durable, la Commission du développement durable de l'ONU a mis au point en 2006 sa troisième édition des Indicateurs du développement durable[102], destinés à servir de référence aux pays qui souhaitent mettre au point leur propre système d'indicateurs nationaux. De son côté, l'OCDE propose ses indicateurs clés de l'environnement. Eurostat, l'organisme responsable de la production des statistiques officielles au sein de l'Union Européenne, propose également un ensemble d'indicateurs du développement durable. Plus généralement, de nombreux pays ont mis au point leurs propres systèmes d'indicateurs. Ces différents systèmes se composent généralement d'un nombre important d'indicateurs sociaux, économiques et environnementaux répartis par thèmes. Ils constituent la plupart du temps des instruments techniques à l'usage des professionnels. Ils comprennent parfois plus d'une centaine d'indicateurs. Ils sont donc, en raison de leur richesse et de leur complexité, difficiles à comprendre par des profanes et d'un maniement délicat.

C'est la raison pour laquelle des indicateurs composites ont été proposés. Ceux-ci regroupent et consolident plusieurs séries statistiques en un indicateur unique, qui n'a pas de signification propre, mais permet des comparaisons entre des situations d'une même entité (pays, ville, région, etc.) à différents moments ou bien entre les situations de plusieurs entités différentes, et en particulier des comparaisons internationales.

Il n'est pas question de dresser un inventaire complet des indicateurs composites proposés. Nous nous contenterons de passer ici en revue quelques-uns des plus connus, en commençant par les plus anciens.

On s'apercevra en parcourant ces différents indicateurs que, comme on pouvait s'y attendre, chacun traduit une vision particulière de ce qu'est le véritable progrès social.

♦ *Le Bonheur national brut (BNB)*

Face aux sérieuses lacunes du Produit intérieur brut (PIB), qui se révèle inadéquat pour mesurer le bien-être des habitants d'un pays, le Bonheur national brut (BNB) est préconisé par le roi du Bhoutan dès 1972 et conservé après la transformation du régime en monarchie constitutionnelle en 2008. Le but du gouvernement est de bâtir une économie qui serve la culture du pays. C'est ainsi que le BNB repose sur les valeurs spirituelles du bouddhisme. Entre autres objectifs, il sert à guider l'établissement des plans de développement du pays.

---

[102] En anglais : « Indicators of Sustainable Development ».

Le BNB se scinde en quatre axes fondamentaux auxquels le gouvernement du Bhoutan attache une importance égale : la protection de l'environnement, la conservation et la promotion de la culture bhoutanaise, la bonne gouvernance et le développement économique responsable et durable. Ces quatre grands axes sont évalués au moyen de 72 critères de mesure.

Aujourd'hui, le BNB irrigue toute la vie du pays, entraînant de profonds bouleversements dans l'agriculture (objectif : 100% biologique en 2020), la gestion des ressources naturelles (réglementation stricte de l'abattage des arbres et de l'exploitation minière), la santé (médecine gratuite pour tous), le commerce (le Bhoutan n'est pas membre de l'Organisation mondiale du commerce). C'est également sous couvert du Bonheur national brut que l'apprentissage de la langue nationale (le dzongkha) a été instauré dans les écoles et que le port de l'habit traditionnel est encouragé en public.

♦ *L'indice de santé sociale (ISS)*

Crée en 1980 par Marc et Marque-Luisa Miringoff, et promu par le Fordham Institute for Innovation in Social Policy, cet indice synthétique figure dans la famille des indicateurs « sociaux » ou « socio-économiques » sans préoccupation environnementale.

Il se base sur seize variables regroupées en cinq groupes en fonction des catégories d'âge. Pour les enfants, il prend en considération la mortalité infantile, la maltraitance, la pauvreté ; pour les adolescents les chiffres de suicide des jeunes, l'usage des drogues, l'abandon d'études universitaires, les enfants nés de mères adolescentes. Le chômage, le salaire hebdomadaire moyen et la couverture par l'assurance-maladie sont pris en considération pour les adultes. Pour les personnes âgées ce sera la pauvreté des plus de 65 ans et l'espérance de vie à 65 ans. Enfin les délits violents, les accidents de la route mortels liés à l'alcool et l'accès au logement interviennent pour toutes les catégories d'âge.

Une comparaison de cet indice avec le PIB par habitant réalisé pour les Etats-Unis pour la période comprise entre 1959 et 1996 montre une convergence des deux indicateurs jusque vers les années 1970. Ensuite, tandis que le PIB par habitant poursuit sa croissance, l'Indice de Santé Sociale amorce un mouvement régulier de baisse. Il est frappant de constater que les mesures de cet indicateur concordent avec les analyses faites sur les coûts de la croissance du PIB dans le cadre de notre réflexion et sur l'inversion des pôles de la boussole de la société technologique.

♦ *L'empreinte écologique*

Le terme d'empreinte écologique a été introduit lors du Sommet de Rio de 1992 par le professeur William Rees de l'Université de Colombie Britannique et sa méthode de calcul mise au point par Mathis Wackernagel. L'empreinte écologique comptabilise simultanément les « services écologiques » fournis par la nature et la pression exercée par les hommes envers les ressources naturelles. Elle mesure la superficie biologiquement productive (terres productives et écosystèmes aquatiques) nécessaire pour pourvoir aux besoins d'une population humaine de taille donnée (production des ressources et assimilation des déchets). Cette surface est exprimée en hectares globaux (hag), c'est-à-dire en hectares standardisés ayant une productivité égale à la productivité moyenne.

Le mode d'évaluation environnementale sous-jacent au concept d'empreinte écologique repose sur l'hypothèse que c'est la capacité de régénération de la Terre, en non la productivité du travail humain, qui constitue le facteur limitant l'expansion de l'économie humaine. La mesure de l'empreinte d'une population aide à analyser l'état des pressions, que cette population exerce sur l'environnement.

Selon les mesures de l'empreinte écologique, l'humanité surexploiterait les écosystèmes terrestres depuis 1986, c'est-à-dire qu'elle consomme plus que ce que la biosphère est capable de régénérer. Cette idée est souvent illustrée par une métaphore : le nombre de planètes d'une bio-capacité équivalente à celle de la Terre qui seraient nécessaires à soutenir le train de vie de l'humanité ou d'une population donnée, si son mode de vie et de consommation était généralisé à l'ensemble de la population mondiale.

Afin d'aider à saisir cette notion de dépassement des capacités productives de la biosphère, chaque année le *Global footprint network* signale le jour où les habitants actuels de la Terre ont achevé de consommer le budget que la nature leur allouait pour cette année. Il s'agit du « Earth overshoot day », le jour du dépassement.

En 1986, première année, pour laquelle l'humanité a épuisé la totalité de sa dotation en ressources renouvelables, la date du dépassement se situait précisément le 31 décembre. En 2014 c'est le 19 août que l'humanité a dépassé son quota annuel de ressources naturelles, soit un jour plus tôt qu'en 2013.

♦ *L'indice de développement humain (IDH)*

Cet indicateur alternatif est proposé par le Programme des nations unies pour le développement (PNUD) depuis 1990. Il reste centré sur la performance économique, qu'il colore de quelques touches sociales. Pratiquement, il reprend le revenu par habitant, qu'il combine avec l'espérance de vie et le niveau de scolarité. Dans le classement 2012, la Norvège est première du classement, les Etats-Unis 3ème. Le Costa Rica occupe la 62e position, immédiatement derrière le Mexique et 7 places après la Russie.

♦ *L'indice de la planète heureuse*[103]

Cet indice a été créé par Nic Marks, fondateur du Centre pour le bien-être à la *New economics foundation* à Londres. Il a été proposé pour la première fois en 2006. Il s'agit d'un indicateur à la fois social et environnemental. L'indice de la planète heureuse se veut une mesure globale de bien-être durable, que Marks considère comme le but du progrès.

L'indice évalue dans quelle mesure les différents pays assurent une vie longue, heureuse et durable pour leurs habitants. Pour cela, il utilise les données des différents pays sur l'espérance de vie, le sentiment de bien-être et l'empreinte écologique. L'espérance de vie est multipliée par la mesure du sentiment de bien-être et ensuite divisée par l'empreinte écologique. Le classement obtenu est très éloigné du classement obtenu selon le PIB par habitant, les pays du Nord se trouvant particulièrement mal classés en raison de leur empreinte écologique considérable. Le Costa Rica, qui se trouvait en 62ème position dans le classement de l'IDH, est le pays le mieux classé selon cet indice. Parmi les pays du Nord, la Norvège occupe la 29e place et les Etats-Unis, qui étaient en troisième position dans le classement de l'IDH, sont maintenant 105e.

♦ *L'indicateur du vivre mieux*

L'indicateur du vivre mieux[104] s'inscrit dans le cadre du programme de l'OCDE, l'Initiative du vivre mieux[105], lancée en mai 2011. Cette initiative s'appuie sur le rapport de la Commission Stiglitz-Sen-Fitoussi (déjà citée dans ces pages) sur la mesure de la performance économique et du progrès social.

L'indicateur du vivre mieux veut mesurer le progrès social. Son concept repose sur l'idée que le progrès social correspond à l'amélioration du bien-être des individus et des ménages et que, pour mesurer ce bien-être, il faut compléter les statistiques économiques classiques par de nouvelles mesures,

---

[103] En anglais : « The Happy Planet Index » (HPI).
[104] En anglais : « Your Better Life Index ».
[105] En anglais : « The Better Life Initiative ».

qui se rapportent plus directement à la vie des gens, et prendre en compte les diverses expériences et conditions de vie de la population.

Cet indicateur repose sur 11 thèmes, considérés par l'OCDE comme essentiels au bien-être : Logement, Revenu, Emploi, Liens sociaux, Éducation, Environnement, Engagement civique, Santé, Satisfaction, Sécurité, Équilibre travail-vie. La performance de chaque pays a été évaluée par rapport à chacun de ces 11 thèmes séparément.

Ensuite – et c'est l'originalité de cet indicateur – ses concepteurs invitent les personnes, qui visitent son site internet, à pondérer ces différents thèmes en fonction de l'importance qu'elles leur accordent. Les performances de différents pays par rapport à chacun des thèmes sont alors intégrées, avec la pondération, dans un indice composite « fait sur mesure ». Les différents pays peuvent alors être comparés et classés sur base des évaluations de chacun.[106]

♦ *Inclusive wealth index (IWI)*

Proposé pour la première fois en 2012 dans la dynamique de la conférence Rio+20 par plusieurs organisations internationales, sous le patronage du Programme des Nations unies pour l'environnement (PNUE), l'Inclusive Wealth Index se donne pour tâche de déterminer si le développement d'un pays est durable. Il mesure ainsi la richesse d'un pays en procédant à une analyse exhaustive de ses actifs immobilisés, incluant non seulement la valeur du capital économique, mais également celle du capital humain et du capital naturel. L'indice a été calculé pour une vingtaine de pays.

En évaluant les changements intervenant au fil du temps en matière de capital naturel (en particulier, les forêts, les bassins versants, les combustibles fossiles, les ressources halieutiques), l'IWI veut mettre l'accent sur les modifications de l'assise en ressources naturelles d'un pays et souligner ainsi son incidence sur la durabilité économique et sociale à long terme.

3. Contraintes externes et choix sociaux

Entre les différents indicateurs présentés ici, lequel choisir ? Est-il d'ailleurs nécessaire de choisir ? Et si nous décidons d'en choisir un, quels critères devrions-nous retenir pour guider notre choix ?

---

[106] Voir le site « Your better life index » :
http://www.oecdbetterlifeindex.org/#/11111111111

Déterminer le « bon » indicateur revient très souvent à opter pour celui, qui reflète les valeurs qu'on se propose de promouvoir. Il s'agit donc d'un choix subjectif et quelque peu arbitraire. Les discussions sur les indicateurs sociaux reflètent en effet le plus souvent des différences quant aux valeurs. Mais il arrive également, comme dans l'étude menée par Stiglitz, Sen et Fitoussi[107], que la réflexion repose essentiellement sur des arguments techniques.

Pour nous aider à voir plus clair dans le problème du choix d'un indicateur social, nous pouvons comparer la vie sociale à un concert de musique. Imaginons donc un orchestre qui interprète une symphonie. L'orchestre symphonique est composé de musiciens qui jouent, à l'aide d'instruments de musique, la partition écrite par un compositeur, sous la direction d'un chef d'orchestre. Pour exécuter correctement la partition tout en produisant un son mélodieux, les musiciens respectent les règles du solfège.

Dans la vie d'un pays moderne, les fonctionnaires des différentes administrations publiques (les musiciens) exécutent les décisions prises par le gouvernement (le chef d'orchestre), qui elles-mêmes traduisent le programme politique (la partition) de la majorité élue. Par ailleurs, pour exécuter correctement les décisions gouvernementales (partition), les fonctionnaires (musiciens) utilisent divers outils administratifs à leur disposition (leurs instruments de musique) en respectant des principes établis (solfège), c'est-à-dire la constitution du pays, les lois et les principes de bonne gouvernance.

Lorsque survient un changement de majorité parlementaire suite à des élections législatives, un nouveau programme de gouvernement (partition) est élaboré ; un nouveau gouvernement (chef d'orchestre) est désigné. Les fonctionnaires (musiciens) exécuteront désormais les décisions prises en vertu de ce nouveau programme de gouvernement (partition) tout en continuant à respecter la constitution, les lois du pays et autres principes de bonne gouvernance (solfège) qui comprennent également des contraintes imposées par la réalité elle-même.

Si, avec chaque nouvelle partition soumise au talent des musiciens, le nouveau chef d'orchestre voulait changer les règles de solfège, on peut bien penser que les musiciens auraient beaucoup de peine à tirer des sons harmonieux de leur instrument et la symphonie qu'ils sont censés jouer serait probablement perçue par le publique comme une cacophonie.

La présente réflexion sur les indicateurs sociaux entend bien se situer au niveau des principes de gouvernance, ce que nous avons appelé solfège dans

---

[107] J. Stiglitz, A. Sen, J-P. Fitoussi, op. cit..

cette petite allégorie, et non celui des valeurs sociales et choix politiques à adopter, la partition. Pourquoi ? Parce que l'adhésion à des valeurs sociales relève d'un choix subjectif, qui ne peut être justifié par des arguments purement rationnels. En fonction de ses valeurs et de sa vision du monde, une personne optera pour tel ou tel indicateur social plutôt que tel autre. Ainsi, lorsque des choix sociaux relèvent des valeurs, c'est généralement par les urnes que la question est tranchée.

Les principes de gouvernance ne changent pas après chaque élection. Ils ne dépendent pas d'une vision du monde particulière. Ils découlent seulement des exigences et besoins propres à la pratique de l'administration publique. Quelles que soient les valeurs des uns ou des autres, que l'on soit capitaliste, écologiste, social-démocrate, les principes de gouvernance seront les mêmes. Il en va de même des règles constitutionnelles, qui organisent le fonctionnement d'un Etat : elles sont acceptées par tous les joueurs de la scène politique quelles que soient les doctrines auxquelles ils adhèrent.

Il convient dès lors d'établir une distinction fondamentale en matière de choix sociopolitiques entre, d'une part, ceux qui traduisent nos valeurs (les partitions de notre allégorie) et ceux que traduisent les contraintes de la réalité, indépendamment de nos valeurs et de nos orientations idéologiques. Les choix, qui reflètent des contraintes de la réalité, appartiennent, au même titre que les règles constitutionnelles, au solfège de la gouvernance. Les contraintes en question peuvent être physiques ; c'est le cas des questions environnementales. Elles peuvent également être imposées par les systèmes créés par l'homme au sein desquels s'inscrivent nos actions. Tel est le cas des constitutions des différents pays.

Comme contrainte de système imposée par des règles sociales on peut donner comme exemple le budget d'une administration gouvernementale, qui doit impérativement, tout comme le budget d'un ménage, être en équilibre sur le long terme. A une époque, où les Etats traînent des dettes colossales, ce principe mérite d'être rappelé et médité. Quelles que soient les valeurs ou la sensibilité sociale d'une équipe gouvernementale, celle-ci se doit, dans une perspective de long terme, de couvrir toutes ses dépenses au moyen de ses seules recettes. Il en va de même de la balance des paiements courants d'un pays, contrepartie financière de son commerce extérieur, qui correspond au solde des flux financiers entrants et des flux financiers sortants d'un pays. Il doit obligatoirement être en équilibre sur le long terme, traduisant le fait qu'un pays ne peut pas, dans la durée, importer plus qu'il n'exporte.

Le rapport Brundtland, que nous avons évoqué plus haut, a eu le grand mérite de forger une définition, qui soit politiquement acceptable, tant par les pays du Nord que par ceux du Sud, de la notion de « sustainable development », ou développement durable en français. Toutefois il a quelque peu gommé la distinction fondamentale présentée ici. Ce document a en effet accrédité l'idée, que le développement durable se caractérise par une triple dimension économique, sociale et environnementale. Or si, au-delà de la satisfaction des besoins vitaux, les choix économiques et sociaux, qui correspondent aux deux premières dimensions du développement durable, relèvent des valeurs et de la vison du monde des décideurs, la troisième dimension du développement durable, le respect des exigences des écosystèmes terrestres, est de l'ordre de la contrainte physique. La sanction naturelle ultime du déséquilibre grave d'un écosystème provoqué par une espèce vivante est la disparition totale ou partielle de cette espèce, et sans doute également de nombreuses autres espèces avec elle. Cette vérité s'applique à toutes les espèces vivantes, y compris l'espèce humaine. Dès lors, tout comme pour l'équilibre du budget d'une administration ou de la balance des paiements d'un pays, le respect des limites de la biosphère relève d'une contrainte imposée par la réalité extérieure. Dès lors le concept de développement durable considéré comme la résultante des trois dimensions, économique, sociale et environnementale, nous apparaît donc particulièrement problématique.

Le rôle d'un indicateur environnemental devrait être de tracer une limite, non entre le souhaitable et le non souhaitable, déterminés selon les valeurs des gouvernants, mais entre le possible et l'impossible, entre la bonne gouvernance et la mauvaise gouvernance. À l'inverse, un indicateur économique ou social trace la frontière, non entre le possible et le non possible, mais entre le souhaitable et le non souhaitable, déterminés en vertu d'un point de vue ou d'une échelle des valeurs donnés. Il suffira parfois d'une élection législative, suivie d'un changement de majorité au Parlement, pour que cette frontière se déplace. Les principes de bonne gouvernance quant à eux, dans un pays donné, restent les mêmes malgré les changements de majorité.

Le point de vue présenté ici s'éloigne donc des principes généralement préconisés pour la mise en œuvre du développement durable, puisqu'il considère que, dans le cadre d'une saine gouvernance, la préservation de l'environnement doit être clairement dissociée des politiques économique et sociale. Une politique, qui voudrait traiter de manière consolidée les trois facteurs, que sont l'économique, le social et l'environnemental, se heurterait à l'opposition simultanée des milieux d'affaires et des milieux, qui prétendent nier la dégradation de l'environnement. Elle risque fort d'être condamnée à l'inefficacité.

Voyons maintenant d'un peu plus près ces deux familles d'indicateurs, que nous venons d'évoquer.

♦ *Indicateurs de contraintes de système*

La distinction, que nous faisons, entre les choix politiques, qui traduisent les valeurs de ceux qui décident, et les choix, qui ne font que traduire les contraintes du système au sein duquel nous vivons, entraine une distinction entre deux types d'indicateurs : les indicateurs de choix sociaux et les indicateurs de contrainte de système.

Comme indicateurs de contraintes de système, les deux exemples suivants ont déjà été donnés plus haut :
- celui du budget d'une administration dont le solde est soumis à l'exigence de l'équilibre en vertu de l'impossibilité pratique de vivre durablement au-dessus de ses moyens,
- le solde de la balance des paiements d'un pays qui, pour éviter un décalage excessif entre importations et exportations de biens et services, doit lui aussi rester équilibré.

En matière environnementale, il existe un ensemble de contraintes, qui doivent impérativement être respectées au niveau planétaire, sous peine de graves conséquences pour l'humanité toute entière. Ces contraintes, dont la nécessité s'est révélée tardivement, beaucoup de personnes, y compris parmi les décideurs, ont de la peine à les assimiler ou à les accepter.

Un bon indicateur des contraintes environnementales devrait répondre à certaines qualités. Il devrait tout d'abord refléter adéquatement la réalité, qu'il prétend mesurer. Il devrait être aisé à comprendre, c'est-à-dire qu'il devrait « parler » au citoyen et au politicien moyens. En outre un avantage indéniable serait de jouir déjà d'une certaine notoriété.

Rappelons-nous que nous avions identifié trois aspects fondamentaux à la dégradation de la planète : l'épuisement des ressources non-renouvelables ; la consommation de ressources renouvelables au-delà de la capacité des écosystèmes à se régénérer ; les pollutions sous toutes leurs formes. Il s'agit donc de trois familles de paramètres à contrôler avec, pour chacune un indicateur, ou un ensemble d'indicateurs, de contrainte spécifique.

Ressources non-renouvelables.

Pour les ressources non-renouvelables, le souci est de se prémunir contre les conséquences de leur épuisement éventuel.

Il est de pratique courante d'utiliser comme indicateur de la disponibilité d'une matière première le nombre d'années de consommation mondiale que les réserves existantes permettent de couvrir. On conçoit donc que chaque ressource non-renouvelable peut ainsi se voir associer un indicateur du degré d'épuisement de ses réserves. Dans le secteur pétrolier, il est depuis longtemps admis que, tant que les réserves couvrent 40 années de consommation, on peut considérer qu'il n'y a pas de problèmes de pénurie en vue. L'indicateur qui s'est ainsi naturellement mis en place semble donner satisfaction.

Ce qui se fait couramment pour le pétrole peut fort bien se faire pour les autres ressources non-renouvelables, qui auront ainsi chacune leur propre indicateur. Ces indicateurs spécifiques par ressource pourront être complétés d'un indicateur synthétique des ressources non-renouvelables, qui consoliderait toutes les données par matière première pondérées en fonction de la demande. Ceci permettrait de disposer alors à la fois d'indices séparés par matière première et d'un indice composite de la disponibilité des ressources non-renouvelables dans leur ensemble.

Ressources renouvelables.

En ce qui concerne les ressources renouvelables, il existe déjà un indicateur de contrainte assez largement utilisé ; c'est l'empreinte écologique mise a point par Global Footprint Network. Il a été décrit plus haut. Ses principaux atouts sont d'être déjà connu d'une grande partie du public et de faire preuve d'une grande simplicité conceptuelle. Il est en effet aisé à comprendre.

Pollutions.

En matière de pollution, nous avons découvert au chapitre 10, les travaux de l'équipe de Johan Rockström qui, pour neuf types de pollution, a identifié un seuil à ne pas dépasser. Chacun de ces seuils, ou de ces frontières, correspond à une valeur d'un indicateur de contrainte de système. Ces indicateurs, ainsi que les valeurs, qui ont été identifiées comme des limites à ne pas dépasser, sont reproduites dans le tableau suivant.

Ecosystème	Critère	Valeur actuelle	Frontière	Diagnostic
1. Le climat et le cycle du carbone.	Teneur de l'atmosphère en gaz à effet de serre.	400 ppm	350 ppm	Dépassement !
	Forçage radiatif.	1,5	1	
2. Le système de l'ozone stratosphérique.	Unités Dobson.	283	276	
3. Acidité des océans.	Ratio de saturation des océans en aragonite.	2,9	2,75	
4.1. Le cycles naturel de l'azote.	Millions de tonnes d'azote (N2).	35	35	
4.2. Le cycle naturel du phosphore.	Millions de tonnes de phosphore (P) par an.	9	11	
5. Les changements d'affectation des sols.	Pourcentage de la surface terrestre consacré à l'agriculture.	11,7%	15%.	
6. La biodiversité.	Taux d'extinction annuel (extinctions par million d'espèces par an).	100	10	Dépassement !
7. L'utilisation de l'eau douce.	km3 d'eau douce par an.		4'000	
8. La pollution atmosphérique.	Charge de l'atmosphère en aérosols.		?	
9. La pollution chimique.			?	

◆ *Indicateurs de choix sociaux*

Dans les chapitres précédents, nous avons montré que l'idéologie de la croissance, c'est-à-dire la croyance que le progrès social passe par la fourniture de biens et de services consommables en quantités croissantes, représente une forme d'illusion.

En matière d'indicateurs, nous avons vu que le PIB, l'indicateur supposé refléter l'amélioration du bien-être, ou du moins de la valeur d'usage fournie par la machine économique, n'accomplit pas ce qu'il prétend accomplir. C'est pourquoi nous avons proposé un indicateur mieux adapté : le Produit intérieur net, révisé de manière à tenir compte des dépenses dites défensives, et notamment de la dégradation subie par l'environnement.

L'indicateur de valeur d'usage proposé, le PIN révisé, ne reflète pas la politique économique que la présente réflexion recommande. Il représente toutefois une mesure des variations réelles du niveau de vie matériel, c'est-à-dire que, contrairement au PIB, il convient pour mesurer l'efficacité de la politique d'un gouvernement, qui considérerait la croissance comme facteur de progrès social. Pour l'instant aucun pays, à l'exception du royaume du Bhoutan, n'a sérieusement remis en question le règne du PIB, même pas la France, dont le chef de l'Etat alors en exercice avait pourtant commandé à deux prix Nobel d'économie, en février 2008, une étude sur les indicateurs alternatifs. [108]

Les quelques indicateurs alternatifs, que nous avons passés en revue plus haut, montrent que le choix d'un indicateur particulier dépend très largement des valeurs et de la vision du monde de ceux qui l'adoptent. D'autres critiques de la croissance ont déjà fait des observations similaires. Ainsi Jean Gadrey écrit-il :

> « *Notre addiction au PIB et à la croissance est telle que nous ne réalisons plus à quel point ces outils sont occidentalisés et "ethnocentriques".* [109] »

L'indicateur du Bonheur national brut, adopté par le Bhoutan, illustre parfaitement ces propos, puisque cet indicateur est principalement inspiré par la spiritualité bouddhiste et la culture du peuple du Bhoutan.

Le reproche avait été fait, dans la critique de l'utilitarisme, la doctrine qui imprègne le paradigme dominant de la pensée économique, de favoriser une

---

[108] Il s'agit des travaux de la commission Senn, Stiglitz, Fitoussi, à laquelle la présente réflexion a fait largement référence.

[109] J. Gadrey, op. cit., page 148.

forme autoritaire de gouvernement, puisqu'il postule que les gouvernants savent ce qui est bon pour la population. Un tel risque reste attaché à toute doctrine qui prétendrait disposer de « la » recette, quelle qu'elle soit, susceptible d'assurer le développement harmonieux de la société. Et ce danger menace en permanence tous ceux qui réfléchissent aux contours de la société de demain.

C'est ainsi que, à titre d'exemple, lorsqu'on lit l'ouvrage de Jean Gadrey « Adieu la croissance », qui constitue une réflexion stimulante sur la société « post-croissance », on a le sentiment de lire un programme politique et non une réflexion de philosophie sociale, qui me semble pourtant être ce dont nous avons le plus besoin aujourd'hui afin de modifier nos représentations sociales paralysantes.

> *« On doit sans aucun doute réfléchir, écrit Gadrey, à "un autre monde" sur le plan des valeurs et des objectifs souhaités. »*[110]

Plus loin :

> *« Existe-t-il aujourd'hui des expériences alternatives ... fondées sur les valeurs de solidarité, de coopération et de "soutenabilité", contre celles de la loi de la jungle économique et du « toujours plus de quantités » ? Existe-t-il des expériences fondées sur la gratuité des échanges contre la lucrativité ou la cupidité ? »*[111]

Le but de la présente réflexion n'est pas de proposer un programme politique idéologiquement orienté. Il est de comprendre, de clarifier et de faire ensuite des propositions inspirées d'un souci de saine gouvernance. Il s'agit de contribuer à une démarche – déjà largement entamée par ailleurs – préliminaire à une entrée en scène réussie des politiques. C'est dans cet esprit qu'il faut comprendre la distinction, mise en avant ici, entre indicateurs de contraintes, qui traduisent la bonne gouvernance, et indicateurs de choix sociaux, qui reflètent des choix politiques. Et, en matière d'indicateurs de choix sociaux, il n'appartient ni au philosophe, ni à l'expert, de les proposer. Étant donné que ceux-ci contiennent un large contenu de valeurs et de représentations sociales, que ne partagent pas nécessairement tous les membres de la société, ils doivent être déterminés dans le cadre des processus institutionnels établis.

Le progrès social, avons nous relevé plus haut, ne constitue pas une grandeur objective que l'on pourrait mesurer. Evoluer dans le sens du progrès ne peut donc découler du simple fait, pour la société, de suivre une grandeur

---

[110] J. Gadrey, op. cit., page 167.

[111] J. Gadrey, op. cit., page 167.

statistique préétablie, qu'il s'agisse du PIB ou d'une autre grandeur. A partir du moment où les besoins de base d'une population sont satisfaits, amener le progrès social implique, non pas de favoriser seulement l'augmentation de la somme des revenus en se persuadant que le marché les répartira équitablement, mais de déterminer, à la lumière des valeurs de la société, les besoins individuels et collectifs que les pouvoirs publics se fixeront pour objectif de satisfaire. Cela suppose de nommer et qualifier les objectifs importants, que la société estime devoir poursuivre, et de vérifier par la suite leur degré de réalisation. Il s'agit en somme de mettre en œuvre avec succès les politiques, qui ont été déterminées en conformité avec les valeurs et les processus institutionnels établis.

Chapitre 12   Alternatives à la politique de croissance

La croissance nous est généralement présentée comme un progrès social, son but, selon les économistes néoclassiques, étant de répondre aux besoins, supposés illimités, des uns et des autres. Certes, avons nous pu voir, depuis les débuts de la révolution industrielle jusqu'aux années 1970-80, l'évolution de la société occidentale semble bien avoir bénéficié d'un réel progrès social : baisse de la mortalité et augmentation de l'espérance de vie ; amélioration du niveau de santé général ; progrès de la production agricole en quantité, en qualité et en diversité ; augmentation du pouvoir d'achat ; amélioration des conditions de travail ; humanisation de la société.

Toutefois, à partir des années 1980, nous avons pu constater que les inégalités sociales ont commencé à se creuser, la croissance bénéficiant de moins en moins à la classe moyenne et aux couches les plus déshéritées de la société. Nous avons dû ainsi nous rendre à l'évidence que les effets sociaux de la croissance se transformaient profondément avec le temps, au point de finir par s'inverser ; de positifs qu'ils étaient tout au long du XIXe siècle et durant la plus grande partie du XXe, ils sont devenus négatifs à la fin du XXe et au début du XXIe. De surcroît – ceci est devenu manifeste à la même époque – cette croissance dégrade de nombreux écosystèmes de la planète, au point de présenter un risque pour la survie de nos descendants dans neuf domaines qu'une équipe de scientifiques suédois a identifiés.

La destruction de l'environnement, qu'entraîne la croissance économique actuelle, constitue pour l'humanité une perte sèche, profonde et dramatique. De surcroît, elle ne permet à l'humanité d'obtenir rien de bénéfique, qui ne puisse l'être également en ayant à cœur de veiller soigneusement à préserver les écosystèmes de la planète. Ces observations nous ont amenés à qualifier l'indicateur du PIB de boussole ensorcelée, puisque, à une certaine époque, il indiquait la bonne direction et, à une autre, ses indications se sont mises à manquer totalement de fiabilité, à l'instar d'une boussole aimantée en cas d'inversion des pôles magnétiques terrestres.

Cette apparente « inversion des pôles » de la croissance s'est révélé n'être qu'une manifestation d'un phénomène plus large de non-linéarité entre une cause et ses effets, que l'on retrouve souvent en présence de grandeurs qui croissent constamment avec le temps. La relation entre le facteur causal et son effet suit une courbe, qui peut avoir des allures variées. Une des plus courantes est la courbe en forme de cloche, qui met en évidence le fait que, dans un premier temps, l'accroissement de la cause accroît l'effet pour, ensuite, donner lieu à une inversion, la poursuite de l'augmentation du facteur causal entraînant alors une baisse de l'effet. L'exemple le plus frappant de ce phénomène concerne l'alimentation humaine. Donnez des quantités croissantes de nourriture à une personne, qui souffre de malnutrition, et elle commencera par aller de mieux en mieux pour ensuite se mettre à souffrir d'obésité, de diabète ou d'autres maux engendrés par la suralimentation. Les effets du fluor sur la santé humaine, autre exemple, agissent pareillement. Il est devenu habituel d'ajouter du fluor aux dentifrices, voire à l'eau du robinet, afin de protéger les dents contre les caries. Augmentez de manière importante les quantités de fluor assimilées par l'organisme et celui-ci se trouvera atteint de fluorose, affection qui rendra ses os cassants, augmentant ainsi de manière considérable les risques de fractures.

Il n'y a pas de pertinence, dans le but de défendre coûte que coûte la croissance, à opposer, comme trop de personnes le font aujourd'hui, les bienfaits supposés de la croissance d'une part, aux lourdes contraintes d'un vertueux respect de l'environnement d'autre part, et à laisser entendre qu'entre l'intégrisme écologique rigide et un réalisme pragmatique le choix serait vite fait. Pareille opposition constitue une simple vue de l'esprit largement contredite par les observations des spécialistes de l'environnement. Croissance économique et préservation de l'environnement ne constituent pas deux lignes de conduite entre lesquelles les hommes devraient, ou pourraient même, choisir. Elles constituent, métaphoriquement, les deux faces de la même médaille. Il n'est pas possible de dire : je choisis le recto et je rejette le verso. Non. Le seul choix possible réside entre l'acceptation de la médaille de la croissance, recto et verso compris, et le rejet de la médaille toute entière. Croire que l'on pourrait à la fois choisir la croissance – parce qu'on serait incapable de s'en passer – et renoncer à l'environnement revient à être aveugle à une vérité simple : si l'humanité laisse l'environnement se dégrader au-delà des neuf frontières, qui ont été recensées par l'équipe de Johann Rockström, cette dégradation, ainsi que nous l'avons mis en lumière au chapitre 10, se retournera subitement contre la croissance en lui infligeant un arrêt brutal et violent. C'est là l'enseignement que nous pouvons tirer des réflexions, déjà évoquées, de Marion King Hubbert.

Faut-il regretter la fin ainsi annoncée de la croissance ? Nous ne le pensons pas et nous espérons que, après avoir découvert dans les pages suivantes les alternatives, que nous proposons à la politique de croissance, le lecteur pourra, lui aussi, envisager sa fin sans regrets.

1. Lutte pour l'hégémonie

Nous avions identifié dans l'esprit de compétition et la volonté d'hégémonie de certaines élites influentes le véritable moteur du processus de croissance *ad infinitum* qui caractérise la société actuelle.[112] Assez logiquement, la première étape dans la mise en œuvre d'une alternative à la croissance sera de mettre ce moteur à l'arrêt.

Nous avons vu que, dans le cadre des relations économiques internationales, des rapports de force se nouent entre les pays, qui jouissent d'excédents financiers, et les pays déficitaires, qui sont largement emprunteurs et appartiennent le plus souvent au Sud. Nous avons vu que les élites défendent cet ordre économique international, qu'elles estiment favorable aux intérêts, tant des pays prêteurs que des pays emprunteurs. Il y a en réalité dans leur vision des relations entre nations, une confusion entre deux modes de relations radicalement différents, dont l'un est bénéfique au Sud, parce qu'il lui permet de réaliser des investissements qui stimulent son développement, et l'autre défavorable, dans la mesure où il maintient en permanence les pays du Sud dans un état de dépendance et de pénurie relative.

Le premier mode, celui qui sert de justification au modèle de développement, que les élites préconisent, repose sur l'hypothèse, que les économies du Sud seraient dans l'incapacité de répondre à certains de leurs besoins fondamentaux en raison d'un manque de savoir-faire et de ressources financières. Le concours de l'Occident pourrait leur permettre d'y répondre en complétant les investissements locaux ou en apportant un savoir-faire localement défaillant. Ayant déjà couvert ses propres besoins de financement, l'Occident s'associerait ainsi à l'essor des pays émergents en leur apportant un financement indispensable. Son excédent de production par rapport à sa consommation serait ainsi investi dans les pays du Sud, permettant à ceux-ci de produire des biens nécessaires, qui leur seraient pratiquement inaccessibles s'ils se trouvaient livrés à eux-mêmes. Nous avons vu que cette vision des relations économiques internationales est confortée par les théories du développement, qui ont actuellement cours au sein des organisations internationales. Dans la logique de cette vision, une fois que le Sud aura atteint un niveau de développement suffisant, les investissements de l'Occident, et donc son excédent commercial, deviendraient inutiles. Les investisseurs étrangers se retireraient ou, du moins, réduiraient fortement leurs financements.

Malheureusement la réalité est fort différente. L'endettement du Sud ne fait que s'accentuer sans qu'il soit possible d'affirmer que le sort des pays concernés s'améliore franchement. Il semble donc que le schéma, qui vient d'être évoqué, constitue moins une description de la réalité qu'un exercice de rationalisation permettant de donner une légitimité à des comportements,

---

[112] En cela, nos observations convergent avec celles de René Girard sur le désir mimétique Voir l'encadré « Désir mimétique et rivalité selon René Girard ».

qui obéissent à des motivations bien différentes. Et c'est ici qu'intervient le deuxième mode de relations internationales, le mode réel.

Qui paie commande, entend t-on parfois dire. Dès le moment où le Nord se trouve guidé par ce principe, il n'est plus du tout dans une logique d'association à l'essor économique des pays du Sud, mais dans une logique de lutte pour l'hégémonie pas très éloignée de l'esprit colonial d'antan. Selon cette logique, le but, que s'assigne chaque nation prospère dans le cadre de ses échanges économiques internationaux est de contrôler une part toujours grandissante de l'économie mondiale, en rachetant des unités de production étrangères au moyen de ses excédents commerciaux. L'activité économique productive, l'économie réelle, est ainsi détournée de sa fin première, à savoir de répondre aux besoins fondamentaux de l'homme et de la société, pour devenir un moyen d'exercer, par le financement de leurs investissements productifs essentiels, un pouvoir sur des pays tiers, considérés comme perpétuellement immatures. La déclaration du président Obasanjo relative aux crédits accordés aux pays du Sud, qui a été citée au chapitre premier, semble confirmer que c'est ce deuxième modèle, malheureusement, qui serait largement à l'œuvre dans la réalité.

Il est d'ailleurs particulièrement frappant que cette doctrine en matière de relations économiques internationales, qui recueille de nombreux partisans en ce début de XXIᵉ siècle, n'est pas très différente de celle, que soutenaient déjà les puissances européennes, ainsi que les Etats-Unis, au XIXᵉ siècle. Ainsi la doctrine de Monroe[113], énoncée pour la première fois par les Etats-Unis en 1823, qui considérait toute intervention d'une puissance européenne sur le continent américain comme une manifestation d'inimitié à l'égard des Etats-Unis, reposait sur la prémisse implicite, que tout le continent américain de l'Alaska à la Terre de Feu constituait une zone d'influence étasunienne, c'est-à-dire que les pays d'Amérique latine se trouvaient de plein droit sous l'hégémonie des Etats-Unis. Quelques décennies plus tard au Congrès de Berlin de 1885, l'hégémonie des puissances européennes sur un autre continent fut sanctionnée par un traité international, ou du moins européen, qui consacrait le partage de l'Afrique entre puissances européennes, sans consultation des populations concernées, pour la « bonne » raison qu'elles étaient considérées comme immatures, voire primitives. C'était l'âge d'or du colonialisme européen.

Les rapports entre grandes nations ou groupes de nations sont-ils profondément différents de nos jours de ce qu'ils étaient au XIXᵉ siècle ? Lorsqu'on observe le conflit diplomatique, qui a opposé en 2014, la Russie,

---

[113] Du nom de James Monroe (1758-1831), cinquième président des Etats-Unis, qui a exercé la fonction présidentielle de 1817 à 1825.

d'une part, et les pays occidentaux de l'autre, à propos de l'Ukraine, on peut en douter. Ce conflit ne doit-il pas se comprendre comme une querelle à propos des limites des zones d'influences respectives des principaux protagonistes ? Il semble bien que la Russie, qui considère que l'Ukraine fait partie de sa sphère d'influence attitrée, estime que la conclusion d'un traité d'association entre l'Union européenne et l'Ukraine constitue une tentative des pays occidentaux d'annexer une partie de la sphère russe.

Après la deuxième guerre mondiale, les pays colonisés, à la suite de l'Inde, ont réclamé leur indépendance et l'ont progressivement obtenue. Mais, malgré la décolonisation, les rapports entre Nord et Sud sont restés déséquilibrés. Lorsqu'on songe aux propos de ce membre de l'élite économique largement cité au chapitre premier, on est poussé à la conclusion qu'au XXIe siècle, il existe encore, comme au XIXe, une volonté d'hégémonie des pays occidentaux sur le reste de la planète, cette hégémonie étant largement exercée au moyen de la pression du financement des économies du Sud par des institutions et entreprises sous contrôle occidental.

À ce stade, deux questions mériteraient d'être posées.

1. Est-ce une bonne chose que l'Occident fasse les choix économiques, qui affecteront les populations du Sud ? Autrement dit, les choix occidentaux sont-ils nécessairement plus avisés que ceux des populations et élites du Sud ?

2. Comment les pays du Sud répondront-ils à l'avenir à cette volonté persistante d'hégémonie de l'Occident ? En particulier la Chine, l'Inde, le Brésil ou le Nigeria, vont-ils toujours accepter cette situation dans un esprit de soumission et de déférence ?

Nous laissons la première question ouverte. C'est à chacun, et surtout à chaque décideur, de se la poser. En ce qui concerne la seconde, on s'aperçoit que les pays évoqués prennent peu à peu conscience de la puissance, que leur poids économique grandissant leur confère maintenant, et ils ne se satisfont plus – ceci devient de plus en plus clair lors des conférences internationales multilatérales – du rôle que l'Occident voudrait leur assigner.

La volonté d'hégémonie, qui anime encore aujourd'hui de nombreux dirigeants occidentaux, n'a en effet pas échappé aux puissances émergentes du Sud. L'élite dirigeante des pays du Sud, après un siècle et demi de contacts suivis avec le Nord, est maintenant largement imprégnée des valeurs occidentales, que sont la croyance au progrès et le culte de la compétitivité. Ils se persuadent qu'ils ne sont pas moins bons que les Occidentaux et qu'ils seront un jour capables de battre ces derniers sur leur propre terrain. Assurément le Sud observe, et imite le cas échéant, le Nord. Et la Chine en particulier, nous pouvons en être sûrs, observe de près les Etats-Unis.

En restant animé par la volonté d'hégémonie, en voulant coûte que coûte maintenir sa suprématie vacillante, l'Occident instille par son exemple cette même volonté d'hégémonie aux puissances émergentes du Sud, portées à agir de manière mimétique. Or, tant démographiquement qu'économiquement, mais aussi militairement, le Sud se renforce face au Nord. Dans la lutte pour la suprématie mondiale, le temps joue contre l'Occident. Ce dernier perd et continuera de perdre peu à peu du terrain dans la guerre économique. D'ici une génération, trois tout au plus, l'Occident aura définitivement perdu sa position dominante. Cela semble bien être inéluctable. Par la suite, c'est ailleurs que seront prises les grandes décisions affectant son destin. Le combat de l'Occident pour le maintien de son hégémonie économique apparaissant ainsi voué à l'échec, il est totalement inutile. C'est de l'énergie gaspillée.

Nous pouvons nous imaginer facilement les réactions que ces propos susciteront dans l'esprit de certains.

« Comment cela ? Abandonner le combat ? Non. Bien au contraire, notre sens de l'honneur nous dicte de nous battre jusqu'à la fin. Il n'est pas question de s'avouer vaincus. »

Ce type de réactions, soyons en bien conscients, est inspirée encore une fois par cette fausse éthique, qui imprègne la culture occidentale depuis si longtemps, une éthique, qui fait de la compétition et de la volonté de puissance des vertus souveraines. Il s'agit d'une fausse éthique, pensons nous, parce qu'elle est fondamentalement destructrice et mortifère. Dans un monde soumis à sa logique, il n'y a pas de vainqueurs ; tous finissent inéluctablement par être perdants.

Nous savons maintenant que c'est cette guerre économique qui nous impose la croissance. Et le coût colossal de celle-ci a été évoqué aux chapitres précédents : coût social, coût politique et coût environnemental.

L'Occident, qui se trouve à l'origine de l'ordre mondial actuel et qui a mis en œuvre cette guerre économique destructrice, peut aussi – pensons nous– y mettre un terme.

Les considérations, qui précèdent, concernent la guerre économique, qui caractérise les relations économiques internationales. Nous avons laissé pour l'instant de côté l'épée de Damoclès, qui se trouve en permanence suspendue au-dessus de nos têtes, c'est-à-dire le risque de survenance d'une guerre meurtrière de grande ampleur, la logique de guerre économique pouvant basculer à tout moment en conflit meurtrier.

La soif d'hégémonie est bien entendu animée par l'orgueil et la volonté de puissance. Elle est valorisée par l'esprit de compétition. Mais elle est aussi grandement renforcée par la peur, la peur de l'ennemi potentiel, de l'étranger aux intentions potentiellement hostiles.

L'intensité de cette peur est bien entendu extrêmement variable d'une nation à l'autre. Elle est particulièrement élevée – on le comprend – dans les régions qui ont été le théâtre d'affrontements récents ou qui connaissent de fortes tensions politiques avec leurs voisins. Elle est relativement élevée dans les pays où les actes et le discours officiels évoquent de manière récurrente une menace, souvent réelle mais fortement exagérée. Songeons au discours qui s'est construit, après les attentats du 11 septembre 2001, autour de la guerre contre le terrorisme.

Les pays, qui doivent leur position actuelle à l'usage de la force, craignent certainement qu'un jour semblable force soit retournée contre eux. À l'inverse, des pays, qui ont déployé avec succès des efforts pour prévenir de nouveaux conflits armés, sont plus confiants et vivent moins cette peur de l'ennemi extérieur. Tel est le cas de l'Union européenne et plus particulièrement du tandem franco-allemand qui, ayant connu trois conflits majeurs entre 1870 et 1939, a réussi par la suite à établir des rapports pacifiques dans la durée.

La situation propre à chaque pays devient manifeste lorsqu'on observe la part de ses dépenses militaires par rapport à l'ensemble de la production économique (PIB). Israël, qui se trouve depuis sa création en situation de guerre quasi permanente, consacre 6.5% de son PIB à son armement ; les Etats-Unis d'Amérique lui consacrent 4.8%, l'Allemagne 1.4% seulement. Dans les pays, où la perception de la menace de guerre est la plus faible, le réflexe productiviste est moins motivé par la peur et, dans le cas de l'Allemagne et du Japon, la compétition est surtout comprise en termes économiques.

Observant le théâtre des relations internationales, nous pouvons nous poser la question suivante : est-il vraiment sensé que les nations poursuivent une croissance sans fin dans le but de conserver leur puissance relative vis-à-vis d'adversaires hypothétiques ?

Il apparaît clairement – et ceci n'est pas nouveau – que cette compétition permanente entre nations, tant économique que militaire, menace à terme la survie même de l'humanité. Nous nous trouvons dans cette situation tout à fait paradoxale, où la lutte par les élites politiques pour la défense de leurs ambitions menace l'humanité tout entière, y compris leur propre population. Maintenant que sont devenues claires les graves incidences du mode de développement moderne sur la biosphère, ainsi que l'hypothèque qu'il fait peser sur les générations futures, cette culture de la rivalité apparaît doublement absurde.

L'artiste et penseur Robert Hainard avait déjà compris en 1971 le ressort fondamental de cette civilisation. Voici ce qu'il écrivait alors :

> *« Nos problèmes économiques sont économiquement insolubles parce que l'industrie fabrique accessoirement des produits dont quelques-uns sont utiles. Elle est avant tout le champ clos de la course à la puissance. Il fut sans doute très ingénieux de remplacer la concurrence brutale, destructrice de vies humaines et de biens par l'émulation à produire. Nous arrivons à un point où cette émulation devient un danger plus mortel, plus général que la brutalité, par la saturation, l'étouffement, l'intoxication où elle nous mène. Nous arrivons au point où la course à la puissance perd son sens, puisque la concurrence dont elle est l'enjeu entraîne un foisonnement qui, bientôt, étouffera le riche comme le pauvre. »*[114]

Qu'est ce qui pourrait éloigner la peur profonde, qui pousse les nations à étendre continuellement leurs machines de production, mues par l'ambition dérisoire de renforcer leur position sur l'échiquier mondial ?

La réponse se situe tout d'abord au niveau de nos représentations de la réalité. Un premier point important consiste ainsi à affirmer que, à l'heure de la mondialisation, la notion d'intérêt général doit se comprendre comme l'intérêt général de l'humanité tout entière et non, comme le voudrait une vision dépassée de la souveraineté nationale, comme l'intérêt de la nation à laquelle j'appartiens. Il est important de rappeler, que parallèlement à l'appartenance nationale, chacun a d'autres loyautés qui sont tout aussi importantes : son appartenance à une région, à une cité, à une communauté religieuse, culturelle, à une communauté de langue, à une famille, etc. L'identité de chacun se construit à partir d'une multitude de liens qui le lient à un réseau de communautés et non à la seule communauté nationale. Nous devons comprendre qu'il existe également une communauté de destin de l'humanité. Chaque être humain appartient ainsi à la communauté des hommes.

Un deuxième point consiste à prendre pleinement conscience que les menaces, que les ambitions humaines font peser à un double titre – militaire et environnemental – sur l'humanité, tirent leur origine de l'esprit de compétition. Il faut faire comprendre que l'esprit de compétition est destructeur du lien social. Il est donc fondamentalement nocif de se focaliser sur le dépassement de l'autre. À l'inverse, le dépassement de soi, également enseigné par notre culture, constitue une valeur réelle et il est tout à fait possible de se dépasser soi-même tout en voyant l'autre comme son égal et son allié.

---

[114] R. Hainard (1971), citation de Ph. Roch (2014), page 143.

Outre la prétendue valeur de la compétition, une autre idée fausse, dont il conviendrait de se défaire, est ce que nous avons appelé la technophilie, la croyance en la supériorité systématique de la modernité sur la tradition. Il faudrait, contrairement à l'attitude actuelle de culte du progrès, que tous les peuples, chaque fois qu'ils sont confrontés à une innovation technique, évaluent soigneusement l'innovation pour décider ensuite si, tout bien pesé, celle-ci leur apporte réellement un mieux.

Il faut ensuite que les élites dirigeantes se libèrent de leur peur de l'adversaire, puisque tant qu'elle est prisonnière de la peur, la raison demeure infirme. Toutefois, le plus sûr moyen de voir baisser ma peur de l'autre, n'est-il pas que l'autre réduise son armement, son armement militaire bien sûr, mais également les armes qu'il utilise dans le cadre de la guerre économique ?

Voilà où nous mène le cheminement de notre réflexion. La seule manière d'assurer un terme aux effets néfastes de la croissance, consiste à mettre en œuvre un accord international sur le désarmement. Il s'agit en réalité de deux accords de désarmement : le désarmement militaire, bien entendu, mais également le désarmement économique.

Abordons successivement ces deux propositions.

◆ *Éloigner la menace de conflits armés.*

Comment concevoir aujourd'hui un tel accord ? Il n'est pas facile de répondre à cette question. Il existe toutefois des exemples réussis, tant de négociations sur une réduction volontaire des armements, que de dispositifs visant à éloigner la menace de conflits armés. Le terrain n'est donc pas totalement vierge. Les deux exemples, auxquels nous songeons, sont la création, au lendemain de la deuxième guerre mondiale, de ce qui deviendra par la suite l'Union européenne et les négociations SALT entre les Etats-Unis et l'URSS durant la guerre froide. On pourra songer à s'inspirer de ces précédents.

Premier exemple : la construction européenne.

Le 12 octobre 2012 le Comité Nobel norvégien décernait le Prix Nobel de la Paix à l'Union européenne et publiait un communiqué dont voici des extraits :

> *« Le comité Nobel norvégien a décidé que le Prix Nobel de la Paix pour 2012 devait revenir à l'Union européenne (UE). L'Union et ses précurseurs ont depuis plus de six décennies contribué au progrès de la paix et de la réconciliation, de la démocratie et des droits de l'homme en Europe. ... Les souffrances terribles de la seconde guerre mondiale ont*

démontré la nécessité d'une nouvelle Europe. Sur une période de soixante-dix ans, l'Allemagne et la France avaient mené trois guerres. <u>Aujourd'hui, la guerre entre l'Allemagne et la France est inconcevable.</u>[115] Ceci montre comment, grâce à des efforts bien orientés et en construisant une confiance réciproque, des ennemis historiques peuvent devenir de proches partenaires. ... L'UE traverse actuellement de graves difficultés économiques et des troubles sociaux importants. Le comité Nobel norvégien souhaite attirer l'attention sur ce qu'il considère comme la réalisation la plus importante de l'UE: le combat réussi pour la paix, pour la réconciliation, ainsi que pour la démocratie et les droits humains. Le rôle stabilisateur joué par l'UE a contribué à transformer la plus grande partie de l'Europe d'un continent de guerre en un continent de paix. »

La réalisation que rappelait le Comité Nobel norvégien n'est pas assez connue et mérite d'être rappelée. Ainsi le 9 mai 1950, Robert Schuman, ministre des affaires étrangères de France, propose la création entre la France, l'Allemagne et les autres pays européens, qui le souhaitent, d'une Communauté européenne du charbon et de l'acier (CECA). Il s'agit concrètement, selon une idée proposée par Jean Monnet, de créer entre les pays signataires du traité qui l'instaurera[116] – le Traité de Paris de 1951 – un marché européen unique du charbon et de l'acier. Robert Schuman proposait que la production franco-allemande de charbon et d'acier dans sa totalité soit placée sous une haute autorité, dans le cadre d'une organisation qui s'ouvre à la participation des autres pays de l'Europe.

Une telle action comptait certes parmi ses objectifs déclarés de favoriser la croissance économique, mais elle était surtout destinée à créer une paix durable entre la France et l'Allemagne, qui étaient des ennemis historiques. Le charbon, c'est-à-dire l'énergie d'une part, et l'acier, de l'autre, sont à la base de l'industrie de guerre, en sorte qu'unir ces deux ressources entre deux anciens ennemis était une action concrète, riche d'une valeur symbolique considérable, un moyen d'empêcher une nouvelle guerre entre la France et l'Allemagne. Schuman déclarait que son but était de rendre la guerre « non seulement impensable mais aussi matériellement impossible ».

La CECA fut l'embryon de ce qui est devenu par la suite l'Union européenne. Elle a été dissoute le 22 juillet 2002, ayant accompli avec succès la mission importante qui lui avait été confiée.

---

[115] Souligné par l'auteur.

[116] Ceux-ci seront au nombre de six. Outre l'Allemagne et la France, l'Italie, les Pays-Bas, la Belgique et le Luxembourg se joindront à cette initiative.

Pour le Comité Nobel norvégien, le succès de l'Union européenne n'est pas tant la création d'un marché ou d'une monnaie uniques, mais la pacification de tout un continent ayant un long passé guerrier. N'a t-il pas raison de voir dans l'Union avant tout le dépositaire d'un projet pacificateur ? Et à l'avenir, plutôt que de vouloir conclure un « Partenariat transatlantique de commerce et d'investissement » avec les Etats-Unis et, de manière générale, avoir comme première priorité de faciliter la vie des investisseurs, l'Union européenne ne ferait-elle pas mieux de poursuivre la mission pacificatrice entamée au lendemain de la guerre ? Ayant réussi à faire en sorte qu'une guerre entre l'Allemagne et la France soit aujourd'hui inconcevable, ne devrait-elle pas considérer que l'étape suivante dans ce processus pacificateur serait de faire en sorte que tout nouveau conflit majeur, où que ce soit sur la planète, devienne à l'avenir, non seulement impensable, mais aussi matériellement impossible.

Deuxième exemple : les négociations de réduction des armements nucléaires.

Deux grands traités, SALT I et SALT II, ont permis une limitation de la course aux armements à laquelle se livraient, durant la guerre froide, les deux superpuissances d'alors, l'URSS et les Etats-Unis.

Le but de ces deux traités était d'éviter que l'un des deux pays ne prenne un avantage décisif sur l'autre et d'empêcher le déclenchement d'une guerre nucléaire par accident ou suite à un malentendu, mais également de limiter la charge que les budgets militaires représentaient pour leurs économies respectives.

Un premier traité SALT I[117] est signé en 1972. Il comprend un accord provisoire de cinq ans sur la limitation de la fabrication d'armes stratégiques et de l'installation de rampes de lancement de missiles balistiques (missiles souvent désignés par l'abréviation ICBM[118]), ainsi qu'un traité annexe, le traité ABM qui prévoit la limitation des missiles antimissile dits ABM[119].

Un accord SALT II est signé en 1979 apportant des limitations supplémentaires par rapport à SALT I. Il définit en particulier un plafond précis de

---

[117] SALT est l'abréviation de l'expression de langue anglaise *Strategic Arms Limitation Talks*. Il s'agit de négociations sur la limitation des armes stratégiques.

[118] ICBM est l'abréviation de l'expression de langue anglaise *InterContinental Balistic Missile*, c'est-à-dire un missile destiné à envoyer une ogive nucléaire sur une cible située dans un rayon d'action d'au moins 5'500 km.

[119] Abréviation de l'expression en langue anglaise *Anti Balisitc Missile*.

bombardiers et de lance-missiles tolérés, prévoyant la destruction du surnombre. Il interdit également l'envoi d'armes nucléaires dans l'espace.

Un accord international sur la réduction des armements

Des enseignements peuvent être tirés de ces deux exemples historiques.

Le premier nous est donné par les accords SALT I et II qui ont permis de mettre un terme à l'escalade de l'armement nucléaire. Entre 1945, année du largage de la première bombe atomique sur la ville japonaise d'Hiroshima, et 1986 l'arsenal mondial est passé de 2 à un sommet de 64'449 ogives nucléaires[120]. Il a pu être ramené à 10'215 en 2013[121]. Cet exemple montre que la guerre nucléaire n'est pas une fatalité, qu'il est possible de tempérer la soif d'hégémonie à partir du moment où les puissants de ce monde acceptent qu'il existe des priorités, qui l'emportent sur leurs peurs et leur orgueil.

L'enseignement, que l'on peut tirer de l'exemple de la construction européenne et de l'impact profond, qu'a eu l'initiative de Robert Schuman sur la nature des rapports entre la France et l'Allemagne, est particulièrement significatif. Ces deux pays, d'ennemis héréditaires qu'ils étaient, sont devenus de véritables partenaires. C'est ainsi que, grâce au rapprochement entre la France et l'Allemagne, qui a suivi la signature en 1963 du traité de l'Elysée par Charles de Gaulle et Konrad Adenauer – ainsi qu'à la coopération intense entre l'allemand Helmut Schmidt et le français Valéry Giscard d'Estaing pendant les années 1974-1981, entre Helmut Kohl et François Mitterand ensuite durant la période 1981-1995 – la construction européenne a accompli des progrès considérables.

En un demi-siècle, cette association franco-allemande, ayant progressivement entraîné une majorité des pays européens, a permis d'ancrer le continent dans la paix. Il s'agit là d'un succès immense, dont on ne mesure généralement pas l'importance. Que l'on songe au nombre incalculable de guerres que l'Europe a engendrées depuis ses origines romaines, ainsi qu'aux millions de morts, de mutilés et de blessés, jusqu'à l'apothéose de la première guerre prétendument mondiale, mais profondément européenne, de 1914-1918 et de son deuxième acte, la deuxième guerre mondiale de 1939-

---

[120] Selon KRISTENSEN, Hans M, et NORRIS, Robert S, (septembre/octobre 2013).

[121] Selon la même source, ce chiffre ne tient pas compte de plus de 5'000 ogives désactivées, mais non démantelées.

1945 ![122] Que l'on songe à toutes les cruautés et indignités commises par des représentants de cette civilisation en Europe et ailleurs dans le monde !

Le contraste en Europe entre le présent serein et ce passé si sombre est proprement sidérant. À l'évidence certains esprits dans cette « vieille Europe[123] » ont su retenir les leçons de l'histoire, tandis que d'autres malheureusement y rechignent encore.

S'il est légitime de reconnaître une mission à un peuple ou à une civilisation, on pourrait dire que c'est aujourd'hui la mission de l'Europe, sa mission première, non de conclure des accords commerciaux avec les autres puissances planétaires, mais de mettre un terme à la logique de la guerre. Il faudrait qu'elle proclame haut et fort l'intérêt général de l'humanité et mette en œuvre, en son nom, les moyens qui permettront de renoncer définitivement à la guerre entre les nations de la Terre.

Certes, il ne suffit pas d'énoncer un principe. Encore faut-il y apporter de la substance.

Un premier objectif devrait être la suppression complète de toutes les armes non-conventionnelles : nucléaires, biologiques et chimiques. Il est difficile en effet d'imaginer un projet crédible de lutte contre la dissémination nucléaire dans lequel les grandes puissances ne donneraient pas l'exemple et s'autoriseraient de conserver leur propre arsenal nucléaire. Les Etats-Unis, la Grande-Bretagne et la France peuvent-ils sérieusement exiger de l'Iran, ou de la Corée du Nord, qu'ils renoncent à s'équiper de l'arme atomique dès lors qu'eux-mêmes ont la ferme intention de conserver leur propre arsenal nucléaire ?

Ce premier objectif est surtout de nature symbolique. Depuis le largage de la deuxième bombe atomique états-unienne sur Nagasaki en 1945, tous les conflits armés, à l'exception de certains usages limités d'armes chimiques, ont eu recours aux armes conventionnelles. Cependant, déclarer que l'on renonce aux armements nucléaires, vu la place importante qu'ils occupent dans les représentations sociales, revient à donner un message fort en faveur du désarmement.

Un message symbolique ne suffira toutefois pas à mettre un terme à l'effet d'entraînement, que les dépenses d'armement exercent sur l'ensemble

---

[122] Selon l'étude de M. Leitenberg, la première guerre mondiale aurait provoqué entre 13 et 15 millions de morts, la seconde guerre mondiale entre 65 et 75 millions de morts.

[123] Allusion au discours du 22 janvier 2003 de Donald Rumsfeld, secrétaire états-unien à la défense, qui qualifiait la France et l'Allemagne, défavorables à son projet de guerre en Irak, de « vieille Europe » par opposition aux pays d'Europe orientale qui adhéraient à son projet.

de l'économie, et à freiner une croissance économique aux effets délétères. Ce qui est nécessaire c'est de placer un plafond en termes absolus aux dépenses d'armement de chaque pays ou du moins des grandes et moyennes puissances. On peut imaginer les principes suivants :

1. Tous les pays signataires de l'accord renoncent dès son entrée en vigueur à accroître leurs dépenses d'armement exprimées, tant en pourcentage du PIB qu'en termes absolus, c'est-à-dire en dollars (ou euros) par habitant.

2. Les pays les plus fortement armés acceptent de réduire leurs dépenses d'armement à un niveau équivalent au niveau moyen, ce niveau moyen correspondant à la somme des dépenses mondiales d'armement divisée par le chiffre de la population mondiale.

3. Une fois cet objectif de réduction atteint, on peut concevoir un deuxième objectif de réduction, qui consisterait à baisser le niveau d'armement au même niveau que le niveau moyen en 1960. Pourquoi 1960 ? C'est une date qui correspond approximativement à une période où l'empreinte écologique de la plupart des pays était encore supportable. En outre cette année sert de référence à des projets en matière de développement durable, tels que par exemple le projet suisse de Société à 2'000 watts.

Si les nations sont obligées de réduire les sommes qu'elles consacrent à l'armement, certaines d'entre elles seront fort naturellement tentées, pour assurer leur sécurité, de conclure des alliances défensives régionales. L'histoire, notamment la période précédant la première guerre mondiale, a montré que, suivant les clauses qu'ils contiennent, les traités d'alliance, plutôt que de procurer au monde une protection contre les risques d'agression étrangère, peuvent devenir un facteur de risque supplémentaire de survenance de conflit armé. Il sera donc important que tous les Etats s'engagent à renoncer à introduire certaines clauses « à risque » dans les traités d'alliance qu'ils pourraient être amenés à conclure.

Si un édifice tel que celui, qui vient d'être décrit, se mettait en place, le risque de survenance d'un grave conflit armé serait considérablement réduit et le niveau de peur dans les chancelleries serait alors abaissé.

Toutefois, par rapport à la croissance et à sa lourde empreinte sur la nature, c'est principalement la guerre économique qui en est responsable. C'est donc également à cette dernière qu'il conviendrait de mettre un terme.

Henry Wallace, l'homme qui voulait interdire la bombe.

Le 6 août 1945, sur ordre du président Harry Truman, la première bombe atomique jamais utilisée comme arme de guerre était larguée sur la ville d'Hiroshima, provoquant la mort de quelques 140'000 personnes, ainsi que de grandes souffrances pour des milliers d'autres. Certains commentateurs de ce terrible événement suggèrent qu'il aurait pu en être autrement, en particulier si le principal rival de Truman, lors de la succession du président Roosevelt, n'avait pas été évincé.

Ce rival, Henry Wallace, avait été vice-président sous le mandat précédent de Franklin D. Roosevelt entre 1941 et 1945. Toutefois, au moment de se présenter pour son dernier mandat, Roosevelt, cédant aux pressions de l'aile conservatrice du pari démocrate, qui jugeait Wallace trop progressiste, prit Truman comme colistier, reléguant Wallace au poste de secrétaire au commerce.

Après les bombardements d'Hiroshima et de Nagasaki, Henry Wallace déploya des efforts considérables pour tenter d'écarter les périls inhérents au nucléaire militaire, qu'il voyait poindre à l'horizon. Il partageait la conviction des physiciens nucléaires, notamment Robert Oppenheimer, que tout pays avec de bons scientifiques serait capable de développer l'énergie nucléaire dans ses usages tant militaires que civils. Alors quel sens y aurait-il à agir comme s'il s'agissait d'un savoir occulte?

Wallace, de même que d'autres membres de l'administration Truman, était convaincu que, si la connaissance que les Etats-Unis avaient de l'atome, était partagée à des fins pacifiques, la Russie ne se sentirait pas menacée et ne serait pas tentée par une course à aux armements atomiques. Il fallait donc que les États-Unis partagent leur savoir sur l'énergie nucléaire.

Il se rendait bien compte que si, à l'inverse, les Etats-Unis poursuivaient une politique de confrontation avec la Russie, celle-ci se lancerait avec frénésie dans la construction de sa propre bombe. Et il voyait bien que la politique prônée par Churchill, à laquelle Truman semblait prêter l'oreille, dénonçant l'établissement d'un rideau de fer à travers le continent européen et visant à constituer une coalition de pays anglophones destinée à tenir la dragée haute à la Russie, ferait planer un risque de confrontation militaire.

> Persuadé qu'une course à l'armement nucléaire présenterait une menace pour la survie de l'humanité, il préconisait de placer toutes les armes atomiques sous contrôle international, afin de les détruire ensuite. Plutôt que de promouvoir les applications militaires de l'atome, estimait-il, les États-Unis devaient promouvoir ses applications civiles. Le contrôle de l'énergie atomique aux États-Unis devait, selon Wallace, être totalement hors des mains des militaires et incomber à une commission de l'énergie atomique composée exclusivement de civils.
>
> Ce fut malheureusement la politique de la confrontation qui l'emportât, pavant le chemin à une formidable escalade à l'armement nucléaire qui dura un bon quart de siècle. L'équilibre de la terreur avait commencé.

♦ Mettre un terme à la guerre économique.

Nous avons vu que le maintien, par les pays du Nord, d'un excédent commercial investi dans les économies du Sud crée une situation de surproduction permanente, qui se trouve au cœur de la guerre économique. Ce type de pratique établit, entre pays du Sud déficitaires et pays excédentaires du Nord, un lien de dépendance qui n'est pas propice au bon développement à long terme des pays dépendants. Il entretient en outre une dynamique d'augmentation continue de la production des pays excédentaires, dont les conséquences dommageables ont largement été détaillées dans cet ouvrage. Si l'on veut arrêter cette croissance irrationnelle, il convient de mettre un terme à ce processus d'évolution asymétrique.

Comment ? La formule proposée ici consiste à fixer un niveau tolérable d'endettement d'un pays et de mettre ensuite en œuvre un mécanisme tel que les parties concernées, débiteurs et créanciers, aient chacune intérêt à ce que l'emprunteur ne dépasse pas ce seuil d'endettement. Le niveau d'endettement tolérable pourrait être exprimé de deux façons, soit en termes de pourcentage de l'endettement global du pays par rapport au PIB (ou, mieux, un PIN révisé selon les principes indiqués plus haut) soit en termes de pourcentage du service de la dette par rapport à ses recettes d'exportation. Le gouvernement de tout pays débiteur, qui se trouverait en dépassement par rapport à l'un de ces plafonds, serait en droit de répudier sa dette excédentaire. Celle-ci serait purement et simplement effacée.

En outre, étant donné que les exportateurs étrangers pourraient être tentés de court-circuiter le risque d'annulation de leur créance en la convertissant en titres de propriété (actions), il conviendrait d'ajouter un plafond supplémentaire, à savoir que le capital-actions des entreprises nationales en mains étrangères ne peut excéder un niveau donné. En cas de dépassement, les actionnaires étrangers en excès se verraient privés de droits de vote, et de dividendes, et verraient la plus-value obtenue en cas de vente de leurs actions entièrement fiscalisée.

De telles règles inciteraient les entreprises du Nord ayant un excès de trésorerie à veiller à ce que leurs placements ne produisent pas un rendement au détriment de l'intérêt des pays emprunteurs.

♦ *L'amorce du changement*

On pourra penser que ces propositions de désarmement militaire et financier sont trop ambitieuses et seraient très difficiles, peut-être même impossibles, à mettre en œuvre. Nous pensons néanmoins qu'elles sont réellement indispensables. On voit bien en effet que, malgré le flot de bonnes paroles, qui ont fait le tour de la Terre depuis le rapport au Club de Rome sur les limites de la croissance, les politiques destinées à freiner le pillage « bien intentionné » de la planète ont eu une efficacité dérisoire.

Certes, nous pouvons penser que, ni les Etats-nations, ni l'Union européenne, ne trouveront en eux-mêmes les ressources pour changer de mode de fonctionnement et lancer le processus qui vient d'être décrit. Ils ne bougeront que sous la pression des citoyens. Or il existe un précédent, qui a vu de lourds appareils étatiques se transformer en profondeur sous une forte pression citoyenne. Nous voulons parler des peuples de l'Europe de l'Est. Dans le cadre d'un vaste mouvement non-violent, qui a démarré en Pologne en 1980 avec la création du syndicat Solidarnosc, et qui a culminé avec la chute du mur de Berlin en 1989, ces peuples se sont libérés d'une structure de gouvernance inefficace et nocive.

C'est probablement sous la pression de mouvements de cette nature que les changements structurels susceptibles d'amener une fin à la course à la croissance et à la dégradation de la planète seront finalement mis en œuvre. Des prémisses ont déjà fait leur apparition sous forme d'actions organisées dans un esprit de non-violence. Le mouvement de protestation altermondialiste, qui s'est fait connaître lors du sommet de l'OMC de Seattle en novembre 1999, en est une première illustration. Le printemps arabe dans ses débuts en a été une autre. Dans le même esprit, en Espagne en mai 2011, à la suite du manifeste de Stéphane Hessel « Indignez-vous », qui y a eu un large succès, le mouvement des *indignados* a vu le jour, dénonçant la corruption et les mœurs politiques du moment. Le mouvement *Occupy Wall Street* de protestation pacifique dénonçant les abus du capitalisme financier a vu le jour à New York en septembre de la même année. A la veille de la COP 21, le sommet mondial sur le climat, qui s'est tenu à Paris en 2015, des centaines de milliers de personnes de par le monde ont manifesté pour indiquer aux décideurs la voie à suivre.

Nous ne pensons donc pas que le pessimisme soit de mise. La pression de la base peut constituer un levier de changement puissant.

* * * *

Maintenant que nous avons suggéré comment arrêter le moteur de la croissance, il convient d'examiner comment les gouvernements pourraient assurer le plein emploi sans recourir à des politiques de relance aux conséquences délétères pour l'environnement et pour l'humanité de demain.

Citoyens unis contre le réchauffement

Ainsi que nous l'avons vu dans les chapitres 9 et 10, le changement climatique n'est de loin pas le seul problème environnemental qui mérite notre attention. Mais, avec 21 conférences internationales à lui avoir été consacrées depuis 1992, il est aujourd'hui celui qui a le plus frappé les imaginations. En outre, la manière dont il est géré nous donne une indication de la façon dont les autres périls environnementaux seront probablement traités à l'avenir. On comprend ainsi les attentes considérables que le public et les décideurs du monde plaçaient dans la conférence de Paris, la COP 21, qui avait été agendée du 30 novembre au 12 décembre 2015. C'est ainsi qu'au cours du week-end précédant le début des négociations, la société civile a donné aux négociateurs un signal fort : plus de 785'000 personnes dans 175 pays sont descendues dans la rue pour participer à plus de 2'300 événements.

Ces évènements étaient organisés par différentes ONG, notamment la Coalition Climat 21 en France, ainsi que, au plan international, Avaaz et 350.org. Ces ONG de création récente exercent des pressions de plus en plus fortes sur les gouvernements afin de les rappeler à leurs devoirs. On peut voir en elles les nouvelles formes de la démocratie dans un monde, où les gouvernements esquivent trop souvent leurs responsabilités. Si la vigueur de ces jeunes ONG constitue un signe encourageant du souci de nos contemporains pour l'intérêt général, ce changement dans les pratiques de gouvernance, qui privilégie la pression populaire au détriment de mécanismes constitutionnels de plus en plus grippés, à de quoi inquiéter. Il semble donc que nous ayons de plus en plus besoin d'une refondation des structures de gouvernance de la société afin de rendre celles-ci congruentes avec la réalité et les problèmes de notre époque.

Mais qui sont donc ces nouveaux acteurs de la vie citoyenne ?

• La Coalition Climat 21, née en 2014 à l'initiative du RAC (Réseau Action Climat), du CRID (Centre de Recherche et d'Information pour le Développement) et d'Attac (Association pour la Taxation des Transactions pour l'Aide aux Citoyens), regroupe plus de 130 organisations de la société civile, des syndicats, des associations de solidarité, des organisations confessionnelles, des ONG de défense des droits humains et de l'environnement. A son origine, on trouve l'échec en 2009 de la conférence de Copenhague (COP 15), mais aussi le piétinement des négociations lors de la Conférence de Varsovie en 2013 (COP 19).

● Avaaz a été fondé en janvier 2007 par Ricken Patel, ancien consultant auprès de l'ONU. Avaaz se décrit comme un mouvement mondial en ligne avec une mission démocratique simple: fédérer les citoyens de toutes les nations pour réduire l'écart entre le monde tel qu'il est et le monde voulu par le plus grand nombre. Le mouvement agit pour faire en sorte que l'opinion et les valeurs des citoyens du monde influent sur les décisions qui nous concernent tous. Animé par une équipe de professionnels, soutenu par des bénévoles, Avaaz est actif dans de nombreux pays. Chaque année ses priorités générales, consultables sur son site, sont définies à partir d'un sondage proposé à ses membres. Ses principaux moyens d'action sont la diffusion de pétitions, le financement d'encarts dans les médias, l'envoi de messages et d'appels téléphoniques aux dirigeants, l'organisation de manifestations et d'événements.

● Le mouvement 350.org a été créé aux Etats-Unis en 2008 par un groupe d'universitaires animés par Bill Mc Kibben, journaliste et écologiste états-unien qui a beaucoup écrit sur l'impact du réchauffement climatique. Le mouvement a un seul but : mobiliser les citoyens du monde pour lutter contre le changement climatique en faisant pression, si nécessaire, sur les gouvernements et en organisant des actions de désobéissance civique. Un de leurs premiers combats a été la lutte contre la construction de l'oléoduc Keystone XL, qui devait permettre au pétrole extrait des sables bitumineux de la province canadienne de l'Alberta d'atteindre le Golfe du Mexique afin d'être exporté aux quatre coins de la planète. Au terme d'une mobilisation de sept ans, le Président Obama annonçait le 6 novembre 2015 la décision de l'administration américaine de renoncer au projet. Le chiffre de 350 est à lui seul tout un programme, comme l'explique le Dr. James Hansen : « Si l'humanité veut conserver une planète similaire à celle sur laquelle la civilisation s'est développée et à laquelle la vie sur terre est acclimatée, les indices paléo climatiques et le changement climatique en cours suggèrent que le CO_2 doit être réduit de son niveau actuel de 400 ppm à 350 ppm au maximum ».

2. Plein emploi

Les grandeurs économiques, telles que le produit intérieur d'un pays, ses exportations ou ses dépenses publiques – ce que les économistes appellent les agrégats macroéconomiques – évoluent dans le temps. Les bureaux de statistiques, tels que Eurostat et les offices statistiques nationaux, enregistrent chaque année la valeur de ces agrégats et suivent leurs variations au fil du temps. Nous connaissons tous ces graphiques arides qui reproduisent leurs évolutions en dents-de-scie.

Lorsqu'ils analysent les variations de ces agrégats, en particulier celles du PIB, les économistes établissent une distinction fondamentale entre la tendance à long terme, sur 20 ou 40 ans, qui est réputée refléter la structure de base de l'économie, et les variations à plus court terme, de 3 à 6 ans, qui reflètent la conjoncture économique. La tendance de base de l'économie des pays du Nord ces vingt dernières années est ainsi caractérisée par une croissance, de l'ordre de 2%. Par comparaison, durant les trente glorieuses, la tendance des économies du Nord était à une croissance qui dépassait les 4%. Toutefois, notre système économique étant fondamentalement instable, cette tendance, qui constitue une moyenne de données annuelles, résulte d'une succession de périodes d'expansion, avec un taux de croissance plutôt élevé, et de contraction ou de récession, avec un faible taux de croissance, voire une croissance négative.

Au-delà des statistiques, la récession se traduit dans la dure réalité par des pertes d'emploi, un appauvrissement d'une partie de la population, de la souffrance humaine. Ceci a été particulièrement vrai lors de la grande dépression des années 1930, une époque qui ne connaissait pas le système de protection sociale actuel. Il était alors indispensable d'agir pour soulager toute cette souffrance humaine. Aux Etats-Unis, l'administration Roosevelt mit en œuvre le *New Deal*, une politique volontariste, qui s'était fixé pour objectif de remettre au travail des millions de personnes, grâce à des travaux d'intérêt public financés au besoin par l'emprunt, si le budget de l'Etat n'y suffisait pas. Ce type de politique, dite de relance, a été théorisé par l'économiste britannique John Maynard Keynes.

L'intérêt de la relance, telle que la concevait Keynes, n'est pas seulement de remettre au travail des millions de sans emploi en creusant un trou immense dans le budget de l'Etat. Keynes se rendait fort bien compte que la plus grande partie des salaires distribués dans le cadre du plan de relance ne serait certainement pas conservée sous forme d'épargne mais, bien au contraire, consacrée à des dépenses supplémentaires : dépenses alimentaires, vestimentaires, dépenses de loisirs, etc. Ces nouvelles dépenses, rendues possibles par l'argent injecté dans l'économie, augmenteraient ainsi les revenus de nombreux commerçants. Ces derniers ensuite dépenseraient davantage, améliorant à leur tour la situation de nombreux secteurs d'activité. Un effet boule-de-neige se trouve ainsi à l'œuvre et l'accroissement de l'activité économique induite par le plan de relance est d'une ampleur bien plus importante que le plan de relance lui-même. Ce dernier, disent les économistes, a un effet multiplicateur. À chaque étape, où un revenu est perçu, une part importante de ce revenu, disons 60% pour prendre un chiffre moyen, est consacrée à des dépenses, qui constitueront un revenu pour les personnes qui reçoivent cet argent. L'augmentation de l'activité économique, qui en résulte, peut dès lors atteindre à terme jusqu'à 3 fois le montant initial du plan de relance ; 5 fois si 80% des revenus sont dépensés à chaque étape. Ce multiplicateur constitue certes un maximum théorique. Dans la réalité différents facteurs interviendront qui auront pour effet de réduire son ampleur. En outre il faudra un certain temps pour que ses effets se manifestent.

L'augmentation de l'activité économique induite par le plan de relance aura également une conséquence intéressante pour l'Etat, celle d'augmenter la masse des revenus imposables au niveau du pays, permettant de dégager un excédent budgétaire au cours des années suivantes, excédent qui permettra de rembourser les emprunts ayant servi au financement du programme de relance.

Pour Keynes la relance est clairement un outil de gestion conjoncturelle, destiné à ramener l'activité économique à son niveau « normal », qui est le niveau antérieur à la récession. Il ne s'agit pas à ses yeux, comme c'est devenu de nos jours l'habitude, d'utiliser systématiquement la politique de relance chaque fois que le niveau de la croissance est jugé insatisfaisant. Keynes n'était pas un partisan de la croissance pour la croissance. Il estimait que les besoins humains réels sont limités et qu'une fois satisfaits, il y aurait tout lieu de réduire le temps que chacun consacre à des activités productives. Dans un écrit, déjà évoqué, qui date de 1931, il envisageait qu'un siècle plus tard, soit *grosso modo* de nos jours, le temps de travail requis n'excèderait pas en moyenne les 15 heures par semaine.[124]

Certes de nos jours les gouvernements s'engagent rarement dans des plans de relance massifs. Ils prennent néanmoins de nombreuses mesures favorisant l'expansion des entreprises dans le but déclaré d'encourager l'embauche et la création d'emplois. Les mesures adoptées sont très variées : allègements fiscaux pour les entreprises et les personnes à revenu élevé ; stages en entreprise pour les jeunes financés par l'Etat ; faibles taux d'intérêt pour alléger le coût du crédit ; mesures au cas par cas d'exemptions fiscales. Et cette liste n'est pas limitative.

Il ne semble pourtant pas que ces mesures de stimulation de l'économie et d'incitation à la croissance atteignent leur objectif. Les taux de croissance dans les pays du Nord restent faibles et les déficits publics grandissants n'empêchent pas le chômage de se maintenir à un niveau élevé. En outre, pendant les années de haute conjoncture caractérisées par des taux de croissance supérieurs à la moyenne, les gouvernements n'obtiennent pas suffisamment de nouvelles recettes fiscales pour rembourser leurs dettes, comme le voudrait la véritable relance keynésienne. Enfin il se fait que de surcroît – il est important de le rappeler encore – non seulement les politiques de relan-

---

[124] J.M. Keynes (1931).

ce ne sont pas efficaces et entretiennent une spirale de déficits, mais la croissance, qu'elles provoquent ou accentuent, contribue à aggraver la dégradation de notre environnement naturel qui a déjà atteint des niveaux dramatiques. C'est même là, estimons nous, que se situe leur principal effet pervers.

Faudrait-il dès lors renoncer à la politique de plein emploi ? Faudrait-il accepter que des milliers, voire des millions de personnes, soient privées de la reconnaissance sociale et de la gratification personnelle que représente le fait de disposer d'un contrat et d'une place de travail ? Faut-il accepter que des millions de personnes soient obligées de vivre dans le dénuement ? Assurément pas.

Comment gérer alors le problème du sous-emploi ?

♦ *Dysfonctionnement des économies modernes*

Pour mieux répondre à cette question, nous commencerons par faire une observation.

La manière, dont les Etats modernes gèrent le problème du sous-emploi, repose sur une inversion entre la fin et les moyens. Dans la politique de l'emploi actuelle, la croissance intervient comme un moyen au service de la disparition, ou du moins de la forte réduction, du sous-emploi. On pourrait dire, en forçant à peine la note, que les responsables de l'économie agissent comme si le but de l'activité économique était de garantir à chacun une place de travail. Dès lors, si cela peut y contribuer, ils sont disposés à laisser produire des biens inutiles en quantités sans cesse plus importantes. On assiste bel et bien à une inversion pure et simple de la fin et des moyens. En effet le but premier de la production économique, depuis la nuit des temps, a été de répondre aux besoins humains et sociaux. Quand on sait les difficultés, que l'homme a rencontrées au cours des siècles passés, à simplement répondre à ses besoins de base, cette inversion de la logique des choses apparaît comme profondément irrationnelle et contraire au bon sens.

Relevons que, de surcroît, cette inversion entre la fin et les moyens révèle un dysfonctionnement profond des économies contemporaines. Il semble bien en effet qu'il faille qualifier ainsi le fait que, lorsqu'elle ne se trouve pas en situation de croissance, l'économie d'un pays moderne fait disparaître chaque année des emplois par milliers.

Ce dysfonctionnement n'est pas reconnu par le discours officiel, qui donne à ce phénomène de destruction d'emplois à grande échelle l'apparence d'une qualité, en y faisant référence en termes d'augmentation de la productivité. Cette propriété fâcheuse de l'économie pouvait bien apparaître comme une qualité aux débuts de la révolution industrielle, époque où régnait une grande pauvreté. Un accroissement continu des quantités des biens produits ne pouvait à cette époque que constituer une bénédiction.

Cependant, lorsque les besoins essentiels de la population sont satisfaits, comme c'est généralement le cas dans les pays du Nord, le fait qu'un nombre croissant de personnes se trouvent dans l'impossibilité de trouver un emploi rémunéré, est réellement problématique. Et, que les décideurs ne voient pas d'autre façon d'y apporter remède que de favoriser une dégradation accélérée des écosystèmes terrestres à travers une poursuite obstinée de la croissance, constitue, estimons nous, une aberration profonde.

La société moderne semble ainsi se trouver condamnée à une surabondance de biens, qui l'entraîne paradoxalement vers sa perte, à l'instar du roi Midas qui, selon la mythologie, avait reçu de Dionysos le don de transformer en or tout ce qu'il touchait, y compris la nourriture, et se trouvait ainsi menacé de mourir de faim au milieu de son or.

Si l'on veut éviter de poursuivre la destruction des écosystèmes, le dysfonctionnement, que nous venons de signaler, met les élites au défi de trouver le moyen d'éviter les drames du sous-emploi et du chômage de longue durée sans s'engager dans une politique délétère de relance de la croissance.

Afin de bien cerner le problème, il faut être conscient que la capacité productive de l'économie d'un pays, qui dépend largement du niveau de productivité du travail, obéit à une logique propre, indépendante des facteurs, qui déterminent le niveau des besoins humains et sociaux, auxquels l'économie doit satisfaire. On ne doit donc pas s'attendre à une coïncidence systématique, ou automatique, entre l'offre globale d'une économie et le niveau des besoins globaux. Aussi loin que nos connaissances historiques nous permettent de remonter dans le temps et jusqu'au XIXe siècle, l'humanité flirtait en permanence avec la pénurie, c'est-à-dire que l'offre globale de l'économie était toujours en retrait par rapport aux besoins. Ensuite, au cours du siècle précédent, la capacité de production des économies du Nord est devenue excédentaire par rapport aux besoins ; nous ignorons ici volontairement le phénomène de la consommation ostentatoire qui relève, non des besoins, mais des désirs. Les pays du Nord se trouvent donc depuis cette époque dans une situation économique, qui se caractérise par un excédent de la production d'ensemble de l'économie sur les besoins réels.

A partir de ce constat, on s'aperçoit qu'assurer le plein emploi ne peut se faire que de deux manières, voire par une combinaison des deux :
    1. Mettre un terme à l'augmentation de la productivité du travail
    2. Réduire l'offre globale de travail, donc le temps consacré au travail.

Accordons-nous un petit moment de réflexion sur chacune de ces deux possibilités.

◆ *Optimiser les facteurs de production en réduisant la productivité du travail*

Beaucoup de nos contemporains, profondément imprégnés de l'idée de progrès, ont souvent une idée fausse de la productivité. Ils s'imaginent en effet qu'une amélioration de la productivité équivaut à un gain net, une augmentation de la quantité produite par personne sans aucune contrepartie tangible, sans aucun coût. Ils la voient comme un bénéfice intégral, une sorte de création *ex nihilo*. Ceci est pure illusion.

L'exemple de l'informatique, qui conditionne en grande partie la conception qu'ont nos contemporains de la technique, semble à première vue leur donner raison. Nous voyons d'année en année les ordinateurs de bureau capables de traiter de plus en plus rapidement des quantités de données de plus en plus grandes et de stocker des informations en quantités proprement ébouriffantes. Et ceci s'accompagne d'une tendance à la baisse des prix des divers micro-ordinateurs, *smart phones* et tablettes numériques. Cela paraît magique. Semblant conforter cette intuition, un principe empirique, énoncé en 1975 par Gordon Moore et connu sous l'appellation de loi de Moore, postule que le nombre de transistors par microprocesseur double tous les deux ans. L'informatique apparaît donc, de prime abord, comme un domaine où la performance augmente de manière phénoménale sans coûts supplémentaires et sans limites apparentes.

Mais en réalité cette impression d'absence de limites aux possibilités d'amélioration des performances des ordinateurs est trompeuse. Si le pronostic de Moore s'est révélé étonnamment juste pendant plus de 30 ans, la fréquence d'horloge des processeurs[125] tend depuis quelques années à stagner en raison de difficultés de dissipation de la chaleur engendrée par leur fonctionnement. On estime de surcroît que la loi de Moore pourrait cesser de s'appliquer peu vers 2020. En effet lorsque la taille des transistors sera de l'ordre de 20 nm[126], l'industrie des semi-conducteurs sera confrontée aux effets quantiques, qui semblent devoir imposer une limite physique aux performances des puces électroniques.

---

[125] La fréquence d'horloge d'un processeur correspond au nombre d'impulsions qu'il engendre en une seconde. Elle s'exprime en Hertz (Hz), un Hertz équivalant à une impulsion par seconde. Ainsi un processeur d'une fréquence d'horloge de 100 MHz (Mégahertz) produit 100 million d'impulsions par seconde.

[126] Vingt nanomètres sont équivalents à vingt milliardièmes de mètre ou vingt millionièmes de millimètre.

De surcroît, comme le montre l'encadré « TICS et environnement », si les nouvelles générations d'ordinateurs présentent des performances sans cesse améliorées, l'industrie des technologies de l'information et des télécommunications n'a pas que des vertus. Elle impose une charge très réelle, et rapidement croissante, à l'environnement.

L'exemple de l'informatique est certes impressionnant. Mais on ne peut pas faire de ce secteur un exemple représentatif de l'économie dans son ensemble. Contrairement aux machines de l'industrie, les ordinateurs ne fabriquent pas de biens. Ils traitent, transportent et stockent des informations en très grandes quantités et à de très grandes vitesses. Les *bits* d'information n'ont toutefois pas de masse ; ils ne constituent pas de la matière, encore moins des marchandises. Le traitement de l'information par les ordinateurs ne constitue donc pas une production économique ; il permet simplement à ceux, qui savent en tirer parti, une rationalisation extrême de l'organisation ; ce que faisait déjà le taylorisme[127], l'organisation scientifique du travail, lorsqu'elle préconisait la mise en place de chaînes de montage dans l'industrie automobile. Le rôle des ordinateurs dans les processus de production n'est donc pas de créer des biens sans consommation de ressources, chose impossible, mais de rationaliser les processus de production en exploitant les informations disponibles.

Ce bref détour par l'industrie des ordinateurs était destiné à améliorer la compréhension de notre propos. Revenons en maintenant aux thèmes de l'incidence de la productivité sur l'emploi.

Que ce soit pour lutter contre la pénurie menaçante ou accroître la puissance de la nation, les sociétés occidentales se sont efforcées, pendant des siècles, d'accroître leur richesse, notamment par l'augmentation du niveau de production de leur agriculture et de leur industrie.

Lorsqu'on souhaite augmenter les quantités produites d'un bien, on augmente les quantités des différentes ressources ou facteurs de production utilisés. Or l'augmentation de la production se heurte assez rapidement à une limite. Cette limite est déterminée par le facteur le plus cher et le moins disponible, qui crée un goulet d'étranglement, un blocage, qui empêche de poursuivre l'augmentation de la production.

Dans le cas de l'élevage et de l'agriculture dans des régions densément peuplées c'est la terre disponible qui constitue le facteur bloquant. Dans la

---

[127] Frederick Winslow Taylor (1856-1915) est le créateur de l'organisation scientifique du travail, une méthode destinée à mettre en œuvre une organisation rationnelle du travail en vue d'augmenter la productivité.

plupart des industries, cela a longtemps été de travail humain. Etant donné qu'il n'est pas possible d'accroître les quantités utilisables du facteur de production bloquant à un prix raisonnable, on va tenter d'obtenir plus de production sans augmenter les quantités de ce facteur. Comment ? En modifiant les techniques de production, de manière à substituer un facteur abondant au facteur rare. Dans le cas de l'élevage, par exemple, plutôt que d'acquérir des pâturages supplémentaires pour nourrir les bêtes, on leur apportera du fourrage. Dans l'agriculture on introduira des engrais dans le sol, qui permettront ainsi à chaque hectare de terrain de fournir un rendement plus élevé. Et dans la plupart des industries on mettra au point de nouvelles techniques de production, en particulier la mécanisation, qui permettent de produire davantage avec le même nombre de travailleurs.

En effet l'essentiel des gains de productivité réalisés depuis le début de la révolution industrielle provient de la substitution de l'activité des machines au travail humain. La contrepartie de l'accroissement spectaculaire de la productivité par travailleur tout au long de l'ère industrielle, dans la plupart des secteurs, a été une augmentation phénoménale des quantités de ressources naturelles utilisées par la machine de production, en particulier les métaux, dont sont faites les machines, et les énergies fossiles qu'elles utilisent. Aujourd'hui ces ressources naturelles sont menacées d'épuisement. De surcroît, en ce qui concerne les énergies fossiles, celles-ci constituent le principal facteur à l'origine du phénomène du changement climatique, qui occasionne des préjudices importants à de nombreux habitants de la planète. Dès lors, de nos jours le goulet d'étranglement des processus de production, le maillon faible, qui impose sa limite à la quantité de biens produits, n'est plus, comme par le passé, le facteur de production humain, mais les ressources naturelles, qui deviennent rares ou qui polluent.

Comment se fait-il que les entreprises n'aient pas adapté leurs processus de production à ce changement profond de leur environnement économique ?

Ainsi que nous l'avons signalé dans un chapitre précédent, c'est à l'économiste britannique A.C. Pigou que l'on doit la résolution de cette énigme. Pigou a observé que les entreprises ne supportent souvent pas la totalité du coût réel, ou coût social, des ressources, qu'elles utilisent dans le cadre de leurs processus de production. Elles ne s'acquittent que d'une partie de ces coûts, la différence entre le cout réel et le coût, qu'elles supportent, est appelé coût externe.

L'utilisation d'énergies fossiles et de matières premières non-renouvelables engendre des coûts externes importants. Les graves inconvénients découlant de la surexploitation de ces ressources ne se traduisent pas, comme on s'y attendrait, par un renchérissement de leur prix. Les coûts externes liés à la pollution et à la surexploitation des ressources n'affectent dès lors pas les comptes d'exploitation des entreprises et celles-ci ne sont pas incitées à réduire le recours à ces ressources largement surexploitées. Elles en consomment donc beaucoup plus que si elles en supportaient la totalité des coûts réels. Nous nous trouvons là en présence d'un sérieux dysfonctionnement du système économique.

Si la ressource énergie est sur-utilisée, le facteur travail, dont elle constitue un substitut, se trouve par voie de conséquence sous-utilisé, entraînant ainsi un niveau excessif de chômage. Par rapport à la thématique de l'emploi, il est essentiel d'améliorer le rendement énergétique, ainsi que la productivité des ressources naturelles engagées dans l'économie, puisque la contrepartie de cet accroissement de la productivité spécifique des facteurs énergie et capital naturel sera une baisse de la productivité du travail.

Il conviendrait donc d'optimiser la combinaison des facteurs de production, c'est-à-dire de rétablir un équilibre entre l'utilisation, qui est faite des différentes ressources, et leur coût social. Ceci se traduirait par une diminution de la consommation d'énergie et de l'emprise des activités de production sur l'environnement, ainsi que par un recours plus fréquent au facteur travail.

Par rapport à la question du plein emploi, on s'aperçoit que l'optimisation des facteurs de production, qui découlera d'une internalisation des coûts externes, aura un effet positif, puisqu'il rendra le facteur travail proportionnellement meilleur marché. Ceci devrait logiquement inciter les entreprises à moins investir dans les machines, à dépenser moins pour les énergies fossiles et à embaucher davantage. L'internalisation des coûts externes constitue dès lors une action précieuse en faveur de l'emploi, puisque la conséquence de la mise en œuvre des moyens d'accroître la productivité des ressources naturelles freinera, voir mettra provisoirement un terme, à la destruction des places de travail.

TICs et environnement[128]

La miniaturisation croissante des ordinateurs, tablettes et *smart phones* n'entraîne pas de réduction de leur impact sur l'environnement. Bien au contraire, celui-ci augmente rapidement. La majeure partie de la consommation énergétique des technologies de l'information provient des réseaux, nécessaires au transport de ces informations vers l'internaute, et des serveurs, qui stockent les informations de manière centralisée. Et ces derniers se sont multipliés de manière impressionnante.

On compte actuellement près de 2,5 milliards d'utilisateurs d'internet, soit plus du double qu'en 2007. Les utilisateurs du moteur de recherche Google effectuent environ 4'717 milliards de recherches chaque jour. L'ensemble du web contiendrait quelque 7,4 milliards de pages, volume qui double tous les deux ans. En 2016 les données stockées dans les centres de données devraient représenter environ 1'000 exabytes[129], c'est-à-dire mille milliards de milliards de bytes, ou de mots informatiques.

La création, le transport et le stockage de telles quantités d'information engendrent évidemment un lourd impact environnemental et énergétique.

La consommation énergétique d'Internet représenterait déjà entre 1,5% et 2% de la consommation totale d'électricité, équivalent à la production de 30 centrales nucléaires.

Aux Etats-Unis les centres de données, où sont stockées les données partagées sur le réseau, consommeraient plus d'électricité que l'industrie automobile. La consommation électrique de ces centres devrait augmenter de 10% chaque année.

De surcroît, de nombreux centres de données, afin de ne pas être tributaires de pannes du secteur, sont alimentés par des générateurs diesels, gros producteurs de gaz à effet de serre et en 2020, les *datacenters* états-uniens pourraient fort bien rejeter autant de CO_2 que l'aviation commerciale.

---

[128] La situation décrite correspond à fin 2014.

[129] Un exabyte correspond à un milliard de milliard d'octets (byte, en anglais).

> Si la consommation d'énergie spécifique pour une puissance de traitement donnée a baissé constamment depuis les débuts de l'informatique, l'impact d'ensemble de cette industrie sur l'environnement est croissant, tout particulièrement depuis une dizaine d'années avec internet et l'informatique en nuage. Les centres de données, qui stockent des quantités colossales d'informations, contribuent pour une part appréciable à l'effet de serre du fait qu'elles sont souvent pourvues en électricité par des générateurs électriques alimentés au diesel. Il s'agit d'un exemple frappant de l'effet rebond, qui veut que, malgré un impact unitaire en diminution constante, l'impact global d'une industrie croisse du simple fait que l'augmentation considérable du volume découlant de la baisse des coûts unitaires fait plus que compenser la réduction unitaire.

♦ *Réduire le temps de travail*

Nous venons de voir que l'optimisation des facteurs de production de nombreux processus productifs se manifestera par une productivité accrue des facteurs capital et énergie, et donc par une moindre productivité du travail. Au niveau de l'économie dans soin ensemble, ceci se traduira par la nécessité d'augmenter le nombre des postes de travail pour fournir les mêmes prestations.

Rien ne garantit toutefois que cette plus grande intensité des processus de production en travail suffira à mettre un terme au sous-emploi. N'oublions pas que l'évolution de la demande globale d'une population d'une part et les besoins de la machine économique en travail humain d'autre part obéissent à deux dynamiques différentes et qu'il n'existe pas de mécanisme, qui assure automatiquement l'équilibre entre la quantité de main d'œuvre disponible sur le marché du travail et la quantité de main d'œuvre requise pour satisfaire la demande. Il se pourrait donc fort bien que, malgré l'internalisation des coûts externes de l'économie, la demande de travail, c'est-à-dire l'offre d'emplois, continue à baisser. Et si les besoins de l'économie en facteur travail baissent face à un nombre toujours aussi important de personnes compétentes et désireuses de trouver un emploi, ceci engendrera une forte pression à la baisse sur les salaires et à la dégradation générale des conditions de travail.

Pareille évolution pourrait être évitée par une réduction de l'offre de travail, c'est-à-dire du volume de travail total que la société met à la disposition de la production économique. Et si, à chaque personne désireuse d'accéder à un travail rémunéré, on veut continuer de garantir ce droit, cette réduction signifie une diminution générale du temps de travail.

Pareille proposition peut paraître surprenante, voire incongrue, à un moment où la plupart des gouvernements des pays du Nord, invoquant le vieillissement de la population, parlent de faire exactement l'inverse, à savoir d'augmenter le temps de travail en retardant l'âge de la retraite. Comment expliquer pareil paradoxe ?

Il est clair que ces deux recommandations opposées reposent chacune sur une analyse différente de la réalité économique et de son évolution future.

Notre recommandation de mettre un terme à l'augmentation sans fin de la quantité de biens produits découle d'une réflexion sur les besoins réels de l'être humain. Cette réflexion nous a amenés à estimer tout d'abord que ses besoins matériels sont limités et ensuite que la quantité de biens produits peut être réduite – et donc également l'impact de l'économie sur l'environnement – en prolongeant la durée de vie des objets utilisés. En suivant ces deux lignes directrices on peut fortement réduire l'empreinte écologique de l'humanité.

Ceux, qui recommandent d'augmenter le temps de travail, et donc la quantité de travail disponible pour l'économie, en retardant l'âge de la retraite, adhèrent à l'opinion dominante qui voudrait que les besoins humains soient illimités. Si on suppose les besoins illimités, ne pas permettre aux retraités d'augmenter leur consommation revient alors à les condamner à l'appauvrissement en termes relatifs. Par ailleurs, compte tenu de la tendance démographique au vieillissement de la population, permettre à une part plus importante de la population aux besoins croissants de vivre de rentes, qui sont payées par les personnes actives, imposerait à ces dernières une charge considérable sous forme de cotisations de prévoyance-vieillesse.

Cette seconde vision repose sur deux, voire trois, erreurs.

La première est bien entendu de postuler le caractère illimité des besoins humains, croyance que nous nous sommes attachés à dénoncer dans le cadre de cette réflexion.

La deuxième erreur est de considérer en termes relatifs la contribution de la population active à l'entretien des aînés et de considérer qu'il existerait un plafond à la part du revenu de leur travail, que les personnes actives peuvent consacrer à l'entretien des personnes retraitées. En réalité les besoins dignes d'être satisfaits se définissent de manière concrète (nourriture, logement, loisirs, etc.), c'est-à-dire en termes absolus, et la proportion des revenus du travail des personnes actives, qui peut être consacrée à l'entretien des aînés, est fonction de la productivité du travail. Plus grande est la productivité du travail, plus importante sera la part de leurs revenus que les personnes actives pourront se permettre de consacrer à l'entretien des aînés. Il n'y aurait donc pas de raison d'imaginer un plafond rigide en termes de pourcentage de leur revenu que les personnes actives peuvent consacrer à financer des rentes.

La troisième erreur est de voir la question de la demande et de l'offre globale de travail en termes purement quantitatifs et non qualitatifs. Or, si on examine cette question en termes qualitatifs, c'est-à-dire en termes de caractéristiques de la main d'œuvre disponible, on s'aperçoit que les entreprises rechignent à engager des personnes de plus de 50 ou 55 ans. Dès lors retarder l'âge de la retraite risquerait fort de se traduire par le remplacement d'une catégorie de personnes sans activité, les retraités, par une autre, les chômeurs âgés qui se retrouveraient rapidement en fin de droits d'indemnités de chômage.

Nous avons vu par ailleurs que des penseurs tels que Keynes, Fourastié et Rifkin ont vu dans la diminution du temps de travail une évolution logique, et même souhaitable, de la société. Quelles formes peut prendre cette réduction du temps de travail ? Réduire le temps de travail doit se comprendre, pas nécessairement comme la réduction du temps hebdomadaire de travail, mais plutôt comme la diminution du temps consacré au travail au cours d'une vie humaine. Il semble que réduire la durée hebdomadaire du travail ne soit pas la meilleure façon de procéder, étant donné que le rythme hebdomadaire, que nous connaissons, est largement institutionnalisé et donc difficile à modifier. Cette réduction peut se concevoir de multiples autres façons : allongement de la période de formation avant emploi, introduction tout au long de la vie professionnelle de congés de formation et de perfectionnement, introduction d'une forme de service public, qui ne soit pas nécessairement militaire. Les possibilités ne manquent pas.

3. Croissance et progrès social

Nous avons examiné dans le chapitre précédent la question de savoir si le PIB constitue une mesure adéquate des prestations, que l'économie met à la disposition de l'ensemble des consommateurs, et nous nous sommes ralliés à la position exposée par Stiglitz, Senn et Fitoussi[130], qu'il faudrait lui préférer un autre indicateur, le PIN (Produit intérieur net), mais un PIN révisé, qui inclurait les dépenses défensives, dont font partie les activités environnementales de remise en état du capital naturel de l'économie.

---

[130] J. Stiglitz, A. Sen, J-P. Fitoussi, op. cit..

Nous allons maintenant montrer pourquoi il ne faudrait pas assimiler à un drame un renoncement volontaire à la croissance – que nous recommandons par ailleurs vivement.

Soyons clairs : croire que la poursuite de la croissance constitue pour un gouvernement une obligation, la politique indispensable à la satisfaction des principaux besoins de la société, constitue une illusion, une illusion très largement répandue, une illusion martelée à longueur d'année par nos décideurs, une illusion accréditée par certains des économistes les plus distingués et relayée par la presse. Qu'elle soit si largement diffusée n'empêche pas cette idée de constituer réellement une illusion profonde. A l'époque, où le progrès social et la croissance évoluaient dans le même sens, pareille illusion était sans incidence et donc sans importance. Elle pouvait donc bien passer inaperçue. Il en va différemment maintenant que ces deux trajectoires divergent.

On entend parfois évoqué le point de vue que, certes, compte tenu de leur niveau de vie élevé et des effets néfastes de la pollution engendrée par les pays du Nord, ceux-ci pourraient peut-être bien se passer de croissance, mais que, en ce qui concerne les pays du Sud, dont une part importante de la population vit dans la pauvreté, une croissance forte leur est indispensable. Semblable affirmation relève de la même illusion.

Cette illusion découle d'un raisonnement boiteux. Elle part du constat que, dans de nombreux pays du Sud, beaucoup de besoins fondamentaux ne sont pas satisfaits ; le niveau général de santé, par exemple, n'atteint pas celui que permettrait la médecine actuelle ; le taux de scolarisation y est souvent très bas, en particulier celui des filles ; dans de nombreuses villes, qui ont connu une expansion rapide, les logements décents manquent cruellement ; les infrastructures sont souvent inadaptées ; parfois même une partie non négligeable de la population souffre de malnutrition.

Il est clair que, si un gouvernement décide de s'attaquer de front à tous ces problèmes, son action aura inévitablement pour conséquence d'augmenter le niveau du PIB, c'est-à-dire d'engendrer de la croissance. En effet, la mise à la disposition de la population des nouvelles prestations – santé, éducation, logements, infrastructures – passera par la création de nouveaux emplois rémunérés et donc par la distribution de revenus supplémentaires, qui pousseront à la hausse les indicateurs de la comptabilité nationale. On voit bien ainsi qu'une croissance du PIB résultera immanquablement de la mise en œuvre de mesures destinées à mieux satisfaire les besoins sociaux d'un pays déshérité.

Cependant cette croissance, que les statistiques de la comptabilité nationale enregistreront, constitue un effet, une conséquence indirecte, des politiques mises en œuvre pour mieux satisfaire les besoins sociaux ; elle n'est pas en soi l'expression des progrès de la société, encore moins leur cause. La véritable mesure des progrès accomplis se lira dans le degré de réalisation des objectifs, que le gouvernement se sera fixé en matière de santé, d'éducation, de construction de logements et d'infrastructures. On voit donc que la croyance aux bienfaits de la croissance découle d'une confusion entre les causes des changements sociaux et leurs effets. La croissance, qui constitue une simple conséquence de certaines politiques économiques et sociales d'un gouvernement, est systématiquement et erronément présentée comme la cause, voire l'expression même, des progrès sociaux. C'est la raison pour laquelle elle est devenue, pour la plupart des hommes politiques, l'objectif à atteindre. Pourtant la cause réelle des progrès de société se trouve bien dans la mise en œuvre, par les décideurs, des moyens propres à répondre aux besoins effectifs de la population dans les lieux du paysage social où ces besoins se manifestent.

De surcroît, l'illusion, qui est ici dénoncée, se trouve entretenue par une autre croyance, celle de la valeur insurpassable du marché comme outil d'allocation efficace et juste des prestations générées par la machine de production économique. C'est la foi en la main invisible d'Adam Smith. De cette croyance découle la conviction que, si l'Etat se contente de mettre en œuvre les moyens susceptibles d'accroître rapidement le niveau général des revenus au sein d'une société, c'est-à-dire de favoriser la croissance, les prestations produites seront infailliblement distribuées là où elles sont nécessaires et à ceux qui en ont le plus besoin.

Il s'agit d'une croyance sans aucun fondement. Rien ne nous assure en effet que le maintien d'une croissance régulière, même dans un pays pauvre, amènera une évolution sociale, que l'on puisse considérer comme positive. Une forte croissance économique peut même coexister avec une détérioration de la situation de pans entiers de la population. L'agronome français René Dumont (1904-2001), examinant au début des années 1980 l'évolution économique dans plusieurs pays d'Amérique latine, avait déjà constaté que l'augmentation en valeur du PIB n'assurait pas la satisfaction des besoins prioritaires de la population. C'est ainsi qu'il avait proposé le terme de mal-développement pour désigner un type de croissance économique, qui ne répond pas aux besoins essentiels du plus grand nombre.

Pour illustrer ce qu'il faut comprendre par une croissance, qui ne répond pas aux besoins d'une communauté, songeons déjà aux projets de pur prestige qui sont lancés chaque année de par le monde, tant dans les pays du Nord que ceux du Sud. Qu'on les appelle éléphants blancs ou grand travaux inutiles, les projets coûteux, qui ne répondent pas aux besoins réels de la société, abondent. En voici quelques exemples connus cités au hasard :

- le surgénérateur français de Creys-Malville, dont le démantèlement a été décidé pour des raisons de sécurité avant même sa mise en exploitation ;

- l'avion civil supersonique Concorde dont les 16 appareils vendus n'ont pas permis de rentabiliser les sommes investies dans sa construction ;

- les barrages d'Assouan en Egypte, qui étaient destinés à protéger des inondations du Nil les régions en aval et à améliorer l'irrigation ; retenant les boues de limon fertile, ils ont rendu improductives une grande partie des terres agricoles, que le fleuve irrigue, et réduit considérablement la population des sardines dans le delta du Nil, y désorganisant le secteur de la pêche ;

- le stade de football de Mané-Garrincha à Brasilia, construit en 1974 et rénové en vue du Mondial de 2014 pour un coût de 620 millions d'euros, un coût qu'il sera impossible de rentabiliser faute d'utilisation récurrente du stade.

L'encadré « Mal-développement sur les rives du lac Victoria » s'étend plus longuement sur un cas de mal-développement dans l'Est africain.

Fort heureusement, il existe également des exemples encourageants de décisions prises en considération des besoins réels, au prix d'une contribution moindre à la croissance, un développement sans croissance en quelque sorte. Pour illustrer le propos, nous citerons l'exemple des transports urbains de la capitale colombienne, Bogota.

Jusqu'à la fin des années 1990, le système de transports publics de la ville était peu performant. Il se composait de milliers de minibus exploités sans coordination par des entreprises indépendantes. Un trajet de 30 km en transports publics à travers cette ville de plus de 6 millions d'habitants prenait facilement deux heures et plus. C'est pourquoi ceux, qui en avaient les moyens, se déplaçaient en véhicules privés. Il existait de surcroît un projet de réseau d'autoroutes surélevées à travers la ville, devisé à un coût de plusieurs milliards de dollars. L'arrivée d'un nouveau maire en 1997 sonna le glas de ce projet grandiose. À sa place fut décidée la création d'un système de bus rapides géré par une entreprise unique. Ce système de transport public fut baptisé TransMilenio. Sa mise en œuvre permit de diviser par deux le temps nécessaire à la traversée de la ville, pour un coût équivalent à une fraction de l'ancien projet d'autoroutes urbaines, entraînant donc une moindre contribution au PIB.

Cet exemple parmi d'autres devrait nous aider à nous défaire de cette idée que, pour que les besoins sociaux soient mieux satisfaits, il serait nécessaire que le PIB augmente. Il faut avoir le courage de reconnaître que mettre en œuvre des politiques de relance, qui incitent à produire toujours plus de n'importe quoi, ne constitue pas de la bonne gouvernance. Gouverner c'est faire des choix, c'est-à-dire décider de ce qui est souhaitable pour la communauté et de ce qui ne l'est pas, établir des priorités et donc également savoir renoncer à certains projets fascinants.

On ne peut donc pas soutenir que la nature de la croissance soit d'apporter le progrès. De surcroît il est essentiel de savoir ce que l'on entend par progrès. Notre réflexion nous a déjà permis de mettre en lumière qu'une certaine conception du progrès, largement répandue, constitue une croyance sans fondement, qui fait du progrès une marche irrésistible vers le mieux, inscrite dans le sens de l'histoire. Nous avons évoqué cette conception trompeuse sous l'appellation de « progrès destin ». Si le progrès a un sens, avons nous observé, ce ne peut être que sous la forme d'une liberté d'action guidée par nos valeurs essentielles. Ceci est vrai tant au niveau individuel qu'au niveau social.

Au niveau de la société, à partir du moment où les besoins de base de ses membres sont satisfaits, avancer dans le sens du progrès ne peut découler directement des évolutions d'une grandeur statistique, quelle qu'elle soit, parce que le progrès social, tout comme l'utilité des économistes, ne constitue pas une grandeur objective que l'on pourrait mesurer. Progresser socialement suppose dès lors, au niveau de chaque organe de décision collective, qu'il y ait une réflexion, un questionnement, sur les valeurs que la société souhaite actualiser.

Progresser socialement implique de déterminer, à la lumière des valeurs de cette société, les besoins individuels et collectifs que les pouvoirs publics choisiront de satisfaire. Cela implique, non pas de favoriser seulement l'augmentation de la somme des revenus en se persuadant que le marché les répartira équitablement, mais de nommer les objectifs importants que la société estime devoir poursuivre et de vérifier par la suite si ces objectifs sont atteints.

Ne pas faire cet exercice d'analyse ne permet pas de juger des progrès réellement accomplis. Accepter les chiffres de la croissance comme indicateur de succès de la politique économique et sociale nous égare alors totalement. Pareille attitude a été et est encore toujours la source de graves dérives. C'est ce qu'ont montré les observations de René Dumont sur le « mal développement » en Amérique latine, ainsi que les recherches de Thomas Piketty dans les pays dits avancés. Malheureusement pareille lacune est très largement répandu.

Non, assurément la croissance économique n'est pas un objectif pertinent. Alors, étant donné que, ainsi que nous l'avons vu, la croissance s'arrêtera quoi que l'homme fasse, mieux vaut y mettre un terme volontairement de manière à maîtriser la situation.

« Mal-développemment » sur les rives du lac Victoria.

Le développement économique dans la région du lac Victoria, aux confins de la Tanzanie de l'Ouganda et du Kenya, nous aide à comprendre ce qu'il faut comprendre par mal-développement.

Vers la fin des années 1950, durant le période coloniale, la perche du Nil, provenant du lac Albert voisin, a été introduite dans le lac Victoria pour agrémenter la pêche sportive. Cette espèce étrangère s'est révélée être un prédateur vorace, faisant disparaître la quasi-totalité des espèces de poissons indigènes, transformant ainsi en profondeur l'écosystème de ce lac.

Suite à l'expansion rapide de cette nouvelle espèce, une pêche industrielle s'est organisée à l'initiative d'investisseurs étrangers et avec l'appui de l'Union européenne. Cette pêche est menée avec des techniques modernes : bateaux à moteurs, usines de traitement du poisson construites sur les rives du lac. Le gros du produit de la pêche est exporté vers l'Europe. Ainsi chaque semaine, des avions cargos venus d'Ukraine, de Hollande ou de Belgique atterrissent à l'aéroport de Mwanza, situé sur la rive tanzanienne du lac, emportant quelques 400 tonnes de filets de perche du Nil surgelés vers l'Europe et l'Asie.

Selon le cinéaste autrichien Hubert Sauper, réalisateur d'un film documentaire sur le sujet, certains avions de fret arriveraient chargés de cargaisons d'armes et de munitions qui seraient déchargés avant l'embarquement des poissons fraîchement pêchés, alimentant ainsi les guerres de l'Afrique centrale.

La contribution de cette pêche industrielle au PIB de l'Ouganda et de la Tanzanie est certainement significative. Pourtant, en raison tant de ses coûts sociaux qu'environnementaux, la durabilité de ce mode de développement a été mise en doute. Dans le cas présent, en effet, le passage, en quelques années, d'un modèle d'économie traditionnelle et locale, à une logique d'échanges mondialisés s'est traduit par certaines conséquences malheureuses :
- la destruction d'emplois, un nouvel emploi en usine détruisant plusieurs emplois traditionnels, jusqu'à huit selon certaines estimations,
- une accentuation de la malnutrition d'une partie significative de la population, découlant de la situation de sous-emploi, doublée d'une augmentation du prix du poisson sur le marché local.

> En matière environnementale, la situation a également de bonnes raisons d'inquiéter. On observe une eutrophisation des eaux ; les apports de matière organique nutritive ont provoqué la chute des teneurs en oxygène et la prolifération anarchique de plantes flottantes comme la jacinthe d'eau qui entravent la navigation. La réduction de la lumière et de l'oxygène a provoqué des modifications de la faune, y compris la disparition de plusieurs espèces. Privée des espèces, qu'elle consommait traditionnellement, la population s'est tournée vers la perche du Nil. Mais, contrairement aux poissons traditionnellement pêchés dans le lac, qui étaient séchés à l'air libre, la chair de perche est conservée par fumage, ce qui accentue la demande de bois et fait peser sur la région la menace de déforestation. Enfin le transport des filets de perches du Nil exportées par avion sur des milliers de kilomètres alourdit considérablement l'empreinte carbone de ce modèle de développement.

4. Faut-il faire le choix de la décroissance ?

Un discours souvent entendu ferait de la décroissance la réponse naturelle aux méfaits de la croissance économique. Que faut-il comprendre par là ? En tous cas pas, semble-t-il, qu'il faille privilégier une politique, qui aurait pour objectif de réaliser une croissance négative du PIB. Nul n'ignore, en effet, qu'une telle trajectoire, une fois engagée, mènerait à des fermetures d'entreprises par centaines, des pertes d'emplois par milliers, ainsi que le retour à la pauvreté et à la précarité pour des pans entiers de la population. Qui pourrait en toute lucidité souhaiter cela ?

La forte médiatisation du terme de décroissance a néanmoins suscité une certaine confusion dans les esprits. Bien que les intellectuels, qui se réclament de la décroissance, ne recommanderaient pas de prendre le terme littéralement, celui-ci a acquis une telle résonance que le public s'imagine que les décroissants appellent réellement de leurs vœux une récession généralisée, envisagée comme un remède de cheval nécessaire aux maux dont souffre notre société. Beaucoup de nos contemporains sont dès lors devenus très méfiants à l'égard de toute perspective de changement de cap important, à telle enseigne que ceux, qui s'efforcent de mettre en œuvre une politique économique plus respectueuse de l'environnement et des intérêts de l'humanité de demain, sont systématiquement soupçonnés de vouloir nous imposer une décroissance réelle, c'est-à-dire un appauvrissement général de la population. La méfiance de nos contemporains les amène à préférer le *statu quo* avec tous ses effets délétères, pour la seule raison que, par opposition au point d'interrogation que représentent les politiques de changement, ils savent, ou croient savoir, les perspectives qu'il nous offre.

Ce mot choc de décroissance, même s'il ne reflète pas les recommandations de ceux qui s'en réclament, a rendu un très mauvais service à la cause, que ses inventeurs entendent défendre, et embrouillé le débat sur l'économie soutenable, au point d'en détourner une grande partie du public. Il s'agit en somme d'un auto-goal, dont les conséquences sont malheureuses.

Et c'est, de toute évidence, bien plus une question de mots que de substance, de forme plutôt que de fond. Les mots fonctionnent en effet un peu comme des flacons et les mots qui choquent nous jouent parfois des tours, en particulier lorsque l'étiquette du flacon ne reflète pas son contenu, c'est-à-dire la véritable pensée de leur auteur. Dans un tel esprit, l'expression de société post-croissance nous semble plus heureuse, puisqu'elle ne véhicule pas cette ambiguïté que traîne derrière lui le terme de décroissance.[131]

Parler de décroissance revient à se situer dans une vision unidimensionnelle reposant sur une logique du tiers exclu, qui ne laisse la place que pour une chose ou son contraire. Dans cette optique, dès lors que la société se serait totalement trompée de direction, elle n'a pas d'autre choix que de faire un virage à 180 degrés et de revenir en arrière. A l'inverse, parler de post-croissance revient à se situer dans une perspective pluridimensionnelle où, entre une chose et son contraire, il reste encore des possibilités.

Que le lecteur ne s'imagine cependant pas que la société post-croissance ne constitue qu'une subtilité sémantique destinée à masquer le projet de virage à 180 degrés, que le terme de décroissance semble désigner comme programme. Entre la destruction de la planète, que nous offre l'idéologie de la croissance, et la destruction massive d'emplois, que semblent nous promettre les décroissants, il existe des alternatives réelles. Et un des buts poursuivis par notre réflexion est de contribuer à en dégager.

Proposer une alternative ne signifie pas choisir la solution médiane, soit une faible croissance avec un impact moindre sur l'environnement. Non. Cela signifie regarder la réalité sous un angle nouveau, en commençant par examiner de manière critique le regard, que les chantres de la croissance jettent sur la réalité sociale, et se demander si ce regard est juste, s'il est réellement pertinent. Cela signifie ensuite s'interroger sur les besoins réels des hommes en société et les moyens d'y répondre.

---

[131] L'expression de société post-croissance n'est pas nouvelle : elle a notamment été utilisée dans le cadre d'un film documentaire réalisé en 2014 par Marie-Monique Robin, présenté sur les ondes par la chaine de télévision ARTE, et intitulé « Sacrée croissance ».

Que la croissance économique s'accompagne d'une dégradation dramatique des écosystèmes terrestres, exposant l'humanité à des risques sérieux, est un constat, qui a été répété avec insistance tout au long de la présente réflexion. Que, pour mettre un terme à la dégradation de l'environnement et aux périls qu'elle fait peser sur l'humanité, il est essentiel de réduire considérablement l'empreinte écologique de l'humanité et nécessaire, pour mener à bien cette réduction, de renoncer à la politique de croissance, nous semble difficilement contestable. Il ne s'ensuit toutefois pas que de viser simplement un taux de croissance négatif, mettant en œuvre, sur une période prolongée, une contraction profonde de l'économie, constituerait une politique avisée. Au contraire, cela reviendrait, en quelque sorte, à jeter le bébé avec l'eau du bain. Ce n'est donc pas notre recette.

Lorsque nous avons examiné l'idéologie de la croissance, dans le cadre de notre réflexion, nous avons mis le doigt sur les illusions profondes dont elle souffre. Une de ces illusions consiste à croire en l'efficacité infaillible du marché et à s'imaginer qu'il suffirait d'augmenter l'ensemble des revenus mesurés à l'aune du PIB, c'est à dire les moyens mis au service de l'économie, pour que tous les besoins humains soient automatiquement satisfaits les uns après les autres. Le phénomène largement répandu du mal-développement, que nous avons signalé, constitue un démenti cinglant de cette idée simpliste. De plus, l'extension actuelle des dérèglements des écosystèmes en constitue un autre tout aussi brutal. Une conclusion s'impose donc : répondre aux besoins humains et sociaux ne peut être assuré de manière fiable en confiant cette tâche au seul marché laissé à lui même, c'est-à-dire à un système privé de tout contrôle.

Pourtant ceux, qui prônent la décroissance et la simplicité volontaire pour tous, ne semblent pas s'être totalement affranchis de cette illusion, dont souffrent les chantres de la croissance. Là où ils diffèrent fondamentalement de ces derniers c'est essentiellement au niveau de leur hiérarchie des valeurs. Si les avocats de la croissance insistent sur l'importance des bienfaits qu'apporterait l'abondance matérielle, que le marché a pour mission de nous fournir, et minimisent les problèmes d'épuisement de ressources et de dégradation de la planète, les décroissants, quant à eux, partant de ce dernier aspect, qu'ils mettent en exergue, voudraient interdire ou du moins fortement limiter la jouissance des biens matériels, comme le ferait un dieu vengeur, qui imposerait aux hommes une sévère punition pour avoir transgressé sa loi.

Par ailleurs, décroissants et partisans de la simplicité volontaire ne dénoncent pas la perversion fondamentale, que nous avons relevée, qui fait que les politiques de croissance servent les rivalités entre puissances, dont l'environnement, mais également la plus grande partie de l'humanité, font les frais, laissant peser au dessus de nos têtes des menaces de conflits armés, sans oublier les menaces sur l'avenir de notre espèce.

Mais alors, si nous ne préconisons pas la décroissance pour mettre un terme aux effets nocifs de la croissance économique, alors que recommandons nous ?

Nous recommandons en premier lieu aux pouvoirs publics de s'affranchir du discours simplificateur des chantres de la croissance et de veiller réellement à l'intérêt général.

Veiller à l'intérêt général c'est, pour commencer, se donner les moyens de respecter les frontières planétaires déjà évoquées, qui constituent une contrainte physique à la survie de l'humanité. Respecter ces frontières impliquera probablement de devoir changer en profondeur certaines habitudes, y compris peut-être de renoncer totalement aux énergies fossiles, et donc de réduire considérablement les activités qui en font un grand usage. Nous pensons notamment aux transports automobile et aérien.

Veiller à l'intérêt général c'est ensuite, tout en respectant la contrainte qui vient d'être évoquée, s'efforcer de satisfaire les besoins des hommes vivant en société. Le marché ne méritant qu'une confiance limitée, cela implique de renoncer à donner carte blanche à ce dernier et d'identifier les besoins réels, de les hiérarchiser et d'établir des priorités.

La société post-croissance sera donc celle, qui aura définitivement abandonné toute référence au PIB dans l'évaluation d'ensemble de sa politique économique, pour la bonne et simple raison que ce dernier ne mesure rien de réel. L'utilité, ou le bien-être d'un peuple, ne correspondent pas, nous l'avons souligné, à une grandeur objective que l'on pourrait mesurer scientifiquement; il en va de même du bien-être général, du bonheur national ou du progrès social. On ne peut donc construire un instrument propre à mesurer la bonne gouvernance et aucun indice dès lors ne peut donner aux décideurs la juste mesure du succès de leur politique. Il faut alors renoncer à mesurer l'efficacité de la politique de nos gouvernants à l'aide d'un indice de référence unique pour lui préférer des indicateurs ponctuels, adaptés à des projets spécifiques, et surtout la concertation permanente avec les gouvernés.

Toutefois devoir renoncer à mesurer le succès de leur politique heurte les habitudes de nos dirigeants. Il serait donc difficile de l'imposer du jour au lendemain. Comme des fumeurs invétérés, on ne peut pas leur supprimer brutalement l'objet de leur dépendance. Il leur faut donc, dans l'immédiat, une sorte d'*ersatz*. Ceux qui cherchent à renoncer à la cigarette commencent, avant le sevrage total, par une période de vapotage au moyen d'une cigarette électronique. Il en va de même pour les drogués de la croissance. Avant de se passer totalement de boussole, il faut qu'on remplace leur boussole ensorcelée par une boussole de substitution. Cette boussole de substitution, ce nouvel indicateur, devrait donner une idée approximative du bien fondé des politiques adoptées par rapport à quelques grandeurs clés.

Alors, s'il faut choisir un indicateur, nous proposons celui, déjà évoqué plus haut, qui a été conçu par Nic Marks : l'indice de la planète heureuse.

Sa première qualité est de mettre l'accent sur ce qui, à la réflexion, apparaît réellement important, aussi bien positivement, c'est-à-dire pour ce qu'il nous importe de rechercher, que négativement, pour ce qu'il nous importe de fuir. Du côté positif, le bonheur semble bien être la chose la plus importante pour la plupart de nos contemporains ; l'indice reflète donc le sentiment de bonheur tel que l'expérimentent les personnes interrogées. Du côté négatif, ce qu'il importe d'éviter coûte que coûte, c'est la détérioration de la planète, qui assure notre survie ; l'indice est donc affecté négativement par l'empreinte écologique.

La deuxième qualité majeure de l'indice de la planète heureuse est d'être simple et donc aisé à comprendre. Il combine les chiffres de l'espérance de vie, la perception du bonheur et l'empreinte écologique, suivant une règle de trois : pas de recours à des séries statistiques multiples, sophistiquées et incompréhensibles pour le commun des mortels.

Peut-être le lecteur reprochera-t-il à cet indicateur de manquer d'objectivité et par conséquent de ne pas être assez rigoureux comme instrument devant permettre d'asseoir des choix politiques. A notre sens, il s'agit là, bien au contraire, d'une qualité supplémentaire. C'est bien un des thèmes centraux de notre réflexion que de soutenir qu'il n'existe pas de grandeur mesurable scientifiquement, qui corresponde au bonheur d'un peuple. Il n'y a dès lors pas de moyen plus rigoureux de savoir si les habitants d'un pays sont heureux que de leur poser individuellement la question. Ce qui implique que, si un gouvernement souhaite que son peuple soit satisfait de sa politique, il sera obligé d'écouter en permanence ses concitoyens pour s'assurer de l'adéquation de ses choix et de contrôler les incidences de toutes ses décisions.

On pourrait également reprocher à cet indice d'ignorer des variables sociales importantes, telles que le niveau d'éducation, la sécurité, le sous-emploi, etc. Certes cet indicateur est très approximatif, mais trop l'affiner nuirait à une de ses principales qualités, la simplicité ; sans compter que les deux principales variables sociales qui le composent, l'espérance de vie et la perception du bonheur, constituent la résultante de nombreuses autres variables, qu'il ne mesure pas, mais reflète néanmoins indirectement. L'espérance de vie traduit le niveau de santé. Le sentiment de bonheur résulte de nombreux éléments, notamment du sentiment d'être en sécurité, ainsi que d'une bonne intégration sociale par le travail, qui lui-même résulte, entre autres choses, d'un système de formation adéquat et est le reflet d'un faible niveau de chômage.

Pour le reste, une politique économique, qui veille à répondre aux besoins réels d'une population, tout en réduisant au minimum son empreinte écologique, respectera des principes de bon sens. Elle bannira toute pression à la consommation ; il ne sera ainsi plus question d'obsolescence programmée, ni de techniques de ventes intempestives. Au lieu de remplacer les objets, quand ils sont passés de mode ou qu'ils sont « dépassés » par une innovation de plus, la durabilité sera encouragée ; les objets d'usage courants pourront être conservés vingt ans et plus, pour autant que soit systématiquement encouragée la réparation des objets ayant subi une panne. Et en matière de production, il conviendra de s'orienter vers une économie circulaire, dans laquelle les objets en fin de vie sont transformés en matière première pour de nouveaux objets.

En guise de conclusion.

Arrivés au terme de notre cheminement, nous résumons maintenant, pour conclure, les principales étapes de ce parcours.

« Pourquoi la croissance ? » C'est par cette interrogation qu'il a débuté. Et la première réponse, qui nous est venue, est que la croissance, semble t-il, devrait nous apporter le progrès social.

En effet, bien que le progrès social n'en constitue pas la motivation principale, c'est à cette notion qu'est inextricablement lié, dans les représentations sociales occidentales, le débat sur la croissance. Ceci tient probablement à des raisons historiques. C'est ainsi que la période de deux siècles commençant en 1776[132] a connu à la fois un accroissement considérable des capacités productives des économies occidentales et un progrès de société difficilement contestable, qui a permis à une grande partie de la population de s'extraire d'un destin marqué par le dénuement et la pénibilité des conditions de vie. La croissance de la production a certes été un des moteurs des progrès de société et de civilisation, mais pas le seul, ni même le principal. D'autres facteurs y ont largement contribué, tels que :

- l'influence des idées des philosophes des Lumières,
- la vision humaniste de nombreuses élites intellectuelles, qui ont œuvré pour l'avancement des sciences et de l'éducation,
- le développement des idées philanthropiques, qui ont permis la disparition de l'esclavage, ainsi qu'un recul de la pénibilité des conditions de vie pour une grande partie de la population,
- enfin l'amélioration de l'hygiène et des connaissances médicales, qui ont permis d'augmenter la salubrité des villes et de relever considérablement le niveau de santé de la population.

Ainsi la croissance économique a certainement joué un rôle dans les progrès accomplis depuis les débuts de la révolution industrielle, mais un rôle limité. Malgré cela, nombre de nos contemporains considèrent aujourd'hui que la poursuite de la croissance serait essentielle à l'accomplissement du progrès social et à la réalisation de l'intérêt général, à telle enseigne que de mettre en cause les politiques d'incitation à la croissance est souvent perçu comme une mise en question de la mission même de l'Etat. Telle est la re-

---

[132] Cette date correspond à l'année de parution du livre fréquemment cité d'Adam Smith, « La richesse des nations », ainsi qu'à l'année de la déclaration d'indépendance des Etats-Unis d'Amérique. Elle coïncide en outre approximativement avec le début de la révolution industrielle en Grande Bretagne.

présentation sociale la plus largement répandue aujourd'hui, le paradigme dominant[133], pourrait-on dire.

Selon cette vision des choses, pour assurer le progrès social, il suffirait qu'un gouvernement veille à ce que le niveau des revenus distribués par l'économie, c'est-à-dire le PIB, augmente, sans qu'il lui soit nécessaire de choisir des priorités ou de trancher entre les différentes prestations, que l'économie est capable de fournir, de même qu'entre les différents bénéficiaires possibles de ces prestations. Cette vision repose sur l'hypothèse tacite que, grâce au phénomène mystérieux qu'évoque la « main invisible » d'Adam Smith, les prestations supplémentaires, que la croissance autorise, profiteront inévitablement à celles et ceux qui en ont besoin. Elle nous laisse croire que, grâce à une croissance soutenue, chacun de nous pourra un jour dans un proche avenir – qui est sans cesse repoussé – satisfaire ses désirs les plus fous.

Ce n'est que pure mythe. Semblable position revient à escamoter totalement la nécessaire réflexion sur le progrès social et sur l'adéquation des nouvelles prestations que la croissance permet à l'économie de fournir.

Les coûts environnementaux de la croissance – disparition d'un nombre considérable d'écosystèmes – ainsi que ses coûts sociaux – aggravation profonde des inégalités – nous ont amenés à faire le constat suivant : la croissance a maintenant atteint ses limites et un gouvernement qui continuerait aujourd'hui de soutenir que sa seule responsabilité sociale consiste à

---

[133] Ce terme n'est pas pris ici dans le sens que lui accordent la grammaire ou la linguistique, mais celui qu'il revêt en épistémologie. La notion de paradigme y a été popularisée par le philosophe et historien des sciences Thomas Kuhn dans son ouvrage « La Structure des révolutions scientifiques » paru en 1962, dans lequel il s'intéresse aux facteurs sociaux qui interviennent dans l'évolution des sciences.

Le paradigme constitue un système de représentations, un modèle cohérent, qui repose sur une base acceptée par un groupe social dans un domaine particulier (modèle théorique ou courant de pensée). Il s'agit d'une forme de schéma de pensée. Cependant le terme est parfois utilisé de manière assez libre, pour aller jusqu'à désigner une idéologie.

Selon Kuhn, les progrès en sciences évoluent en boucle. Un certain modèle de la réalité, un paradigme, adopté par une communauté scientifique se maintient tant qu'il ne rencontre pas d'obstacle, c'est-à-dire une anomalie qu'il se trouve incapable d'expliquer et d'intégrer. Lorsqu'une telle anomalie se manifeste, une crise surgit dans le monde scientifique. Cette crise perdure tant que le problème n'est pas résolu. Si le paradigme existant se révèle décidément incapable d'intégrer l'anomalie, il y aura alors adoption d'un nouveau paradigme, un nouveau système de représentation. L'acceptation du nouveau paradigme ne se fait toutefois pas sans difficultés ; il est tout d'abord ignoré, avant d'être attaqué, voire même ridiculisé, pour finalement recueillir un large consensus et sceller ainsi la mort de l'ancien paradigme. C'est alors le retour à la science normale, qui tiendra jusqu'à la prochaine anomalie majeure.

maintenir un niveau de croissance minimum, manquerait sérieusement de crédibilité.

Paradoxalement le concept de développement durable – initié par le rapport Brundtland de 1987 et immédiatement adopté par la communauté internationale – qui devait prémunir les gouvernements des dérives de la croissance, a contribué à crédibiliser cette position indéfendable. Il a été défini ainsi : le développement durable est un développement qui répond aux besoins du présent sans compromettre la capacité des générations futures à répondre à leurs propres besoins. Étonnamment, cette définition – de même que ses implications – est passée presque inaperçue. Ce qui a principalement retenu l'attention des commentateurs, ce sont les considérations relatives aux trois piliers du développement durable également contenues dans ce rapport : l'efficacité économique, l'équité sociale et la qualité environnementale. Les commentaires relatifs à ces trois piliers, pour autant qu'on ignore la définition première du développement durable, semblent donner une crédibilité nouvelle au concept de développement, auquel réfère l'expression d'efficacité économique, et que beaucoup considèrent comme synonyme de croissance. La croissance semble ainsi mise sur le même pied que l'équité sociale et la qualité environnementale. Elle se trouve même privilégiée, puisqu'elle est citée en premier. D'aucuns ont donc vu dans cette construction une légitimation de la croissance.

De surcroît, le rapport Brundtland, par cette notion des trois piliers du développement durable, rend – certes involontairement – un très mauvais service aux générations futures. En effet, étant donné qu'elle met la qualité environnementale sur le même pied que les deux autre piliers, l'efficacité économique et l'équité sociale, elle passe sous silence le fait que, si l'économique et le social relèvent en grande partie de considérations idéologiques, la qualité environnementale constitue une nécessité vitale, puisqu'elle ne représente rien de moins qu'une condition de survie de l'humanité. En effet, si les gouvernements peuvent sans crise majeur manifester des désaccords en matière économique et sociale, l'humanité ne survivrait tout simplement pas à un refus net de faire face au défi environnemental. Ainsi, faire face aux problèmes environnementaux relève en définitive d'une simple question de bonne gouvernance, sans la moindre prise de position idéologique. Malheureusement, ceci est rarement compris.

Il ne pourrait toutefois être question, dans le souci de mettre un terme à la dégradation de notre environnement, de simplement choisir la décroissance, c'est-à-dire de soutenir que, parce que l'humanité doit réduire considérablement son empreinte écologique, elle devrait réduire le niveau de l'activité économique dans la même proportion. Il semble bien que pareille proposition reste, elle aussi, victime du mythe de la main invisible. Peut-on être assuré qu'en cas de contraction volontaire de l'activité économique, ceux dont les besoins fondamentaux sont aujourd'hui déjà inadéquatement pourvus, ne se verront pas privés du peu qui leur échoit et que la diminution de la production n'affectera que le superflu des personnes les plus aisées ? Rien ne permet de l'affirmer.

Une autre possibilité, opter pour une économie entièrement étatisée, dans laquelle l'Etat serait seul autorisé à produire, afin de garantir une répartition équitable des biens produits en quantité restreinte, ne constitue pas non plus une solution. L'effondrement des économies centralisées d'Europe orientale à la fin des années 1980 témoigne de l'inefficacité d'un tel type d'organisation économique.

Non. Nous sommes arrivés à la conclusion que, en réponse aux mythes qui entourent le phénomène de la croissance, nous avons besoin d'un nouveau modèle social et de nouveaux indicateurs, en un mot d'un nouveau paradigme. Par adopter un nouveau paradigme, nous voulons signifier qu'il convient, dans le cadre de la gouvernance économique, de reconnaître l'inadéquation de la gouvernance économique actuelle, qui se montre incapable de faire face aux crises de notre époque, et d'en tirer pleinement les leçons.

La principale leçon est que, en matière de progrès social, le niveau du PIB ne constitue pas la considération essentielle. L'exigence de progrès social doit se concevoir autrement. En effet, toute distribution de revenus – ce que mesure le PIB – se fait en contrepartie de la fourniture de biens et de la prestation de services. Contrairement à ce que suggère l'intuition, ce qui permet d'évaluer les bénéfices réels de la croissance – et de l'économie en général – en termes de progrès social, ce n'est pas tant l'importance des revenus supplémentaires, qu'elle permet de distribuer d'année en année, que la nature, la qualité et la destination des prestations fournies en contrepartie de ces revenus.

Dans une optique de saine gouvernance, il est essentiel de s'interroger sur les prestations à fournir. Faut-il fabriquer des téléviseurs ou des machines à laver ? Faut-il construire des routes ou des logements sociaux ? Faut-il favoriser le tourisme ou développer des industries locales, alphabétiser les zones rurales, élever le niveau de santé de la population ? Voilà des questions concrètes entre lesquelles une société soucieuse de l'intérêt général est amenée à trancher.

A partir du moment où l'on se pose ce type d'interrogations, on se rend vite compte qu'il importe de fixer une hiérarchie des besoins sociaux prioritaires et, quelque soit le niveau de PIB – que ce dernier croisse ou qu'il décroisse – ce qui est essentiel c'est que les besoins jugés prioritaires par la société soient satisfaits en premier. Non seulement un gouvernement soucieux de l'intérêt général devrait-il, se poser ces questions, mais il devrait également être en mesure de renoncer à un projet générateur de croissance, si des doutes sérieux existent quant à ses avantages réels pour la société.

Le PIB, l'indicateur économique qui mesure la croissance, ne nous indique pas comment trancher entre les différentes prestations et les différents projets qui, dans un pays, sont à la recherche d'un financement. Alors, si le PIB n'est pas en mesure de déterminer les besoins prioritaires, qu'est-ce qui pourrait alors nous y aider ? Existe-t-il un indicateur, voire un ensemble d'indicateurs, qui permettraient de déterminer de manière scientifique quels investissements ou quelles prestations sociales doivent être privilégiés ? Hélas non. Ce sont seulement des mécanismes judicieux de choix collectifs faisant appel à la concertation avec les groupes sociaux concernés, complétés du bon sens des décideurs, qui permettront de faire les bons choix. Finalement, veiller au progrès social revient tout simplement, plutôt que d'assurer une croissance soutenue, à veiller à une saine gouvernance au service de l'intérêt général et à nommer, à travers des processus institutionnels établis, les objectifs de la politique économique et sociale.

Mais comment le respect des écosystèmes terrestres s'intègre t-il dans un tel schéma ? C'est là précisément qu'interviennent les neuf frontières planétaires identifiées par l'équipe de Johan Rockström. Le respect de ces frontières constitue une contrainte à laquelle toute politique économique doit satisfaire. C'est une simple question de saine gouvernance. Et pour être efficace, la mise en œuvre des moyens propres à assurer le respect de ces frontières devra être assurée par des institutions de niveau planétaire.

* * * *

Actuellement la croissance de la production se poursuit ; elle se poursuit faiblement dans les pays du Nord, mais elle se poursuit néanmoins malgré un bilan qui, avons nous tenté de montrer à travers ces pages, est malheureusement négatif.

Alors, si la croissance n'est plus une bonne affaire, pourquoi les gouvernements des Etats modernes la poursuivent-ils avec tant d'obstination ? Quelles sont, au-delà des justifications officielles qui relèvent du mythe, leurs motivations profondes ?

Nous devons à Sigmund Freud, le fondateur de la psychanalyse, d'avoir popularisé cette vérité, que l'être humain agit souvent en fonction de motivations qui n'ont rien de rationnel. Ceci est vrai des citoyens ordinaires, mais également des élites dirigeantes. Et notre perplexité devant la gestion inadéquate des grands problèmes environnementaux provient sans doute du fait que nous avons oublié cette vérité essentielle. Nous estimons que ceux, qui tiennent entre leurs mains nos destinées, se doivent d'agir avec sagesse et nous ne concevons pas qu'ils puissent être guidés par d'autres motivations, fussent-elles inconscientes.

Il serait utile de renoncer à notre préjugé rationaliste et de nous interroger sur la nature véritable des motivations humaines, y compris celles des décideurs publics et privés dans l'exercice de leurs fonctions. De fait, ceci était un des objets de la présente réflexion. Et, parmi les facteurs déterminant les motivations humaines à l'origine de la course à la croissance, notre démarche nous a permis d'en identifier trois qui jouent un rôle fondamental : les représentations de la réalité, les systèmes de valeurs et les émotions.

En matière de représentations de la réalité sociale, l'homme contemporain se révèle profondément imprégné d'une croyance au progrès. En schématisant, on peut dire que la croyance au progrès est l'expression d'une représentation linéaire du temps. Celui-ci est conçu comme doté d'un sens, d'une direction, de telle sorte qu'il est supposé évoluer nécessairement vers le mieux, à telle enseigne que le sort du plus grand nombre va inévitablement en s'améliorant au fil du temps, indépendamment de leur volonté. Et, liée à cette conception du progrès, figure la conviction que « plus » est synonyme de « mieux » ; celui qui possède beaucoup de biens est ainsi considéré comme supérieur à celui qui en possède peu. Nous avons toutefois été amenés, dans le cadre de cette réflexion, à mettre en cause la croyance au progrès, sous-jacente à l'idéologie de la croissance, en raison du fait que ses conséquences sont délétères : destruction de la biosphère et menaces sur l'avenir de l'humanité.

En matière de valeurs, le deuxième facteur de motivation, quoi qu'en disent les propagandistes de l'utilitarisme, cette doctrine morale qui a marqué en profondeur la pensée économique, nos contemporains ne sont pas mus par une éthique de la responsabilité. Ils ne sont pas principalement soucieux des conséquences des leurs actes. Ils agissent pour la plupart, au contraire, selon la logique d'une éthique de la vertu, qui les pousse à incarner les valeurs auxquelles ils sont attachés. Parmi les valeurs de nos contemporains, deux d'entre elles contribuent significativement à moduler leur attitude face à la croissance : la volonté de domination sur la nature et surtout l'esprit de compétition. Notre société a fait de l'esprit de compétition une vertu première. Pourtant celui-ci alimente des rivalités à tous les niveaux, au point que la logique de compétition imprègne chaque aspect de la vie en société : activités sportives, vie professionnelle, monde politique. Même la consommation, lorsqu'elle devient ostentatoire, relève de la compétition, puisque l'acquisition de biens coûteux n'est alors pas destinée à couvrir un besoin, mais constitue un message destiné à affirmer, ou du moins revendiquer, un statut social supérieur.

Dans le jeu de la rivalité, sauf à accepter de se mépriser lui-même, le vaincu cherchera toujours une occasion de revanche, afin de se prouver sa valeur et de reconquérir son estime personnelle. Il s'armera donc dans le but de préparer cette revanche. Par conséquent, tant que le vaincu vivra, le vainqueur sera en souci. Afin de garder son avantage et de vouer à l'échec toute tentative de l'autre de redresser la tête, le vainqueur devra sans cesse renforcer son propre armement. Dans cette rivalité permanente, aucun niveau d'armement n'est suffisant, l'accroissement de l'armement de l'un justifiant l'augmentation de l'armement de l'autre. Dans la guerre symbolique, qui se joue sur la scène de l'économie, la croissance des ressources consommées (les munitions de la compétition) est ainsi autoentretenue : elle est sans fin. En d'autres termes, toutes les ressources de la planète ne suffiront pas à fournir aux camps en compétition un armement suffisant à l'accomplissement de leur dessein.

Ces traits culturels ainsi grossièrement décrits sont, pensons-nous, les constituants essentiels du moteur de la croissance. À ces deux constituants, vient s'ajouter un troisième, une émotion, la peur, notamment la peur de l'autre, qui exacerbe les manifestations de l'esprit de compétition et fait planer, au niveau le plus élevé, celui des nations, un risque permanent de survenance de conflits armés dévastateurs, comme le XXe siècle en a connu à deux reprises.

Annexe – Pollutions chimiques

Les quelques pages qui suivent effectuent un petit tour d'horizon des principales pollutions chimiques.

Hydrocarbures

La consommation considérable d'énergies fossiles par l'économie mondialisée, principalement sous la forme d'hydrocarbures (pétrole), s'accompagne d'une contamination importante et croissante de l'air, des eaux continentales, de l'océan, ainsi que des sols, par les innombrables substances polluantes produites par leur exploitation et leur combustion.

Les pollutions marines imputables à l'exploitation des produits pétroliers sont connues : marées noires provenant d'accidents de transport, de fuites de puits offshore, du raffinage ou des déballastages « sauvages » de pétroliers. On a évalué à quelque 5 millions de tonnes par an la quantité totale d'hydrocarbures introduite dans les océans par l'ensemble des activités humaines. C'est le déballastage, ou nettoyage des soutes des pétroliers, avec de l'eau de mer après déchargement qui constitue la cause majeure de pollution des océans par les hydrocarbures, soit près de 90% des rejets d'hydrocarbures en mer. En effet quelque 20% des *tankers* se débarrassent toujours de cette eau souillée de pétrole en la rejetant en haute mer ou dans les eaux littorales.

Lors de marées noires, l'impact de la pollution pétrolière sur les êtres vivants est considérable. Ainsi, suite au naufrage de l'Erika en 1999, on a pu estimer entre 100'000 et 300'000 le nombre d'oiseaux de mer qui ont péri. Même en dehors de ces accidents spectaculaires, la pollution chronique des océans par le pétrole présente des effets désastreux sur les populations d'oiseaux marins. Ainsi dans l'ensemble de l'Atlantique Nord les rejets d'hydrocarbures provoqueraient chaque année, toutes espèces confondues, la mort de quelque 500'000 individus.

La pollution chronique par le pétrole exerce aussi des effets dommageables sur les ressources vivantes de la mer. Ainsi, de faibles quantités de pétrole diminuent l'activité photosynthétique des algues et du phytoplancton. Les poissons qui vivent dans des zones contaminées accumulent des hydrocarbures dans leurs muscles, les rendant impropres à la consommation.

Les hydrocarbures imbrûlés rejetés dans l'air par les échappements des véhicules à moteur, ainsi que les polluants secondaires auxquels ils donnent lieu (benzopyrène, benzanthracène, fluoranthrène, etc.), constituent des contaminants prépondérants dans les atmosphères polluées des grandes agglomérations. Ils sont particulièrement abondants dans les fumées, les suies et les échappements de moteurs (diesels notamment). Les hydrocarbures imbrûlés réagissent également avec des oxydes d'azote pour produire des PAN (peroxyacylnitrates), polluants secondaires beaucoup plus nocifs que les contaminants primaires dont ils proviennent.

Radionucléides

Les usages pacifiques de l'énergie nucléaire, et a fortiori ses applications militaires, soulèvent toute une série de problèmes et présentent un potentiel de pollution important.

Causes de la pollution nucléaire

Depuis les travaux de mise au point de la première bombe A par les Etats-Unis durant la deuxième guerre mondiale et jusqu'au traité de 1963 qui les a interdit, les essais atmosphériques de bombes nucléaires ont constitué la principale source de pollution radioactive de la biosphère.

Après la crise pétrolière de 1973 on a pu observer un important développement de l'industrie électronucléaire, la puissance électronucléaire installée passant ainsi de 45 GWe[134] en 1973 à 328 GWe en 1990, faisant alors de l'usage « pacifique » de l'atome la principale préoccupation en matière de pollution radioactive.

Les risques de pollution radioactive s'échelonnent sur tout le cycle de vie des centrales électronucléaires depuis l'extraction du combustible jusqu'à l'entreposage des déchets radioactifs et le démantèlement des centrales.

Au niveau des mines d'uranium, il existe un danger d'irradiation des mineurs par le radon, un gaz rare radioactif émettant un rayonnement alpha. Par ailleurs, dans certains cas, les rejets des résidus de l'extraction par ces mines est susceptible de provoquer une pollution des eaux superficielles par diverses substances radioactives, notamment le radium.

Toutefois les principaux problèmes de contamination de l'environnement propres à l'industrie nucléaire se situent à l'endroit des usines de retraitement des combustibles irradiés. Ces installations ont pour objet de séparer des combustibles irradiés en provenance des centrales, la matière fissile résiduelle (uranium 235 non brûlé) et le plutonium, qui se forme durant le fonctionnement du réacteur.

Ces usines produisent comme sous-produit de leurs activités des déchets hautement radioactifs. Ainsi, le programme électronucléaire français nécessi-

---

[134] GWe est l'abréviation de Giga Watts électriques.

te le retraitement annuel de quelque 800 tonnes de combustibles irradiés. Aux États-Unis, les autorités responsables du nucléaire ont décidé, depuis le début des années 1980, de ne pas procéder au retraitement des combustibles irradiés et de stocker ceux-ci dans des piscines.

Conséquences radioécologiques

La pollution nucléaire se traduit par une augmentation de la quantité d'irradiation à laquelle l'homme est soumis. Cette pollution s'ajoute aux effets de l'irradiation naturelle (rayons cosmiques, vents solaires, radioactivité de l'air, des roches, etc.) à laquelle tous les êtres vivants sont soumis en milieu terrestre.

En l'absence de guerre nucléaire, la seule cause d'irradiation aigüe à laquelle les populations humaines peuvent être exposées résulte d'accidents survenant à des installations nucléaires civiles, tels que les catastrophes de Tchernobyl en avril 1986 et Fukushima en mars 2011. En dehors de ces accidents, la principale forme de contamination à laquelle l'espèce humaine est exposée provient de la pollution de sa nourriture par le jeu des phénomènes de concentration des radionucléides dans les chaînes alimentaires. Les radioéléments les plus dangereux de ce point de vue sont, en règle générale, ceux qui possèdent une activité biologique spécifique intense, comme l'iode 131 par exemple, ainsi que les radioéléments de période assez longue[135], supérieure à l'année, qui leur permet donc d'irradier l'organisme qu'ils contaminent pendant une durée prolongée. C'est le cas par exemple du strontium 90 dont la période est de 28 ans et qui, étant chimiquement voisin du calcium, se fixe dans les os. C'est également le cas du césium 137, proche du potassium, dont la période est de trente-deux ans et qui se fixe dans les muscles. On a pu observer une concentration de ces éléments radioactifs dans la chaîne alimentaire. En particulier suite à l'accident de Tchernobyl, on a assisté en Europe centrale et septentrionale à une contamination importante du lait et de la viande. Pour cette raison, plusieurs milliers de tonnes de lait en poudre avaient été détruit en Allemagne. En outre des milliers de rennes jugés impropres à la consommation humaine avaient été abattus en Laponie, car leurs muscles renfermaient des doses excessives de césium 137.

Pour les populations humaines directement exposées, la pollution nucléaire entraîne une augmentation de la probabilité d'effets carcinogènes et de mutations génétiques provoquées par l'exposition permanente à de faibles

---

[135] Le temps nécessaire pour qu'un élément radioactif perde la moitié de sa radioactivité s'appelle la période, ou demi-vie, de l'élément. Ce temps est connu pour la plupart des éléments radioactifs. Ainsi la période du Bérylium 7 est de 53 jours, celle du césium 137 de 30 ans, celle du carbone 14, beaucoup utilisé comme technique de datation, de 5'730 ans. La période du plutonium 239 est de plus de 24'000 ans !

doses de radiations. Les experts estiment qu'un doublement de la dose d'irradiation naturelle, à laquelle l'homme est soumis, augmenterait de 20% le taux de mutation, et qu'une exposition à une dose de 20 millisieverts (mSv) par an pendant toute une vie accroîtrait de 10% la mortalité par cancer.

Enfin, une autre conséquence redoutable de la pollution nucléaire pour les populations humaines tient, en certaines circonstances, en la contamination des sols qui peut rendre certaines zones inutilisables pendant des décennies. Tel est le cas de la zone d'exclusion entourant la centrale Tchernobyl.

Le problème des déchets radioactifs

Le problème des déchets radioactifs constitue la question la plus préoccupante associée au développement de l'énergie nucléaire, eu égard aux masses considérables de combustibles irradiés qui devront un jour être retraités ou stockés. Pour se débarrasser des déchets radioactifs, l'industrie nucléaire est assez désarmée, car elle ne peut ni détruire – dans le contexte technique actuel – ni modifier les rayonnements émis. Elle ne peut donc protéger l'homme et le milieu naturel qu'en diminuant la densité du rayonnement par dilution ou interposition d'écrans.

La durée pendant laquelle ces déchets radioactifs devront être stockés à l'extérieur de la biosphère est réellement considérable. Comme il faut attendre une vingtaine de périodes pour qu'ils se désactivent de façon suffisante par décroissance radioactive, cela implique des durées de stockage particulièrement longues, à l'échelle des temps historiques. À titre d'exemple, cette durée doit s'étendre sur six cent quarante ans dans le cas des déchets renfermant du césium 137 (dont la période est de 32 ans) et sur quatre cent quatre-vingt-dix mille ans dans le cas de déchets renfermant du plutonium 239 (qui a une période de 24'500 ans) !

Qui pourrait se porter garant de l'étanchéité des conteneurs pendant de telles durées ?

DDT

Le dichlorodiphényltrichloroéthane, ou DDT, a été le premier insecticide moderne, développé au début de la seconde guerre mondiale. Il fut utilisé avec beaucoup de succès dans la lutte contre les moustiques responsables du paludisme et du typhus, ainsi que d'autres insectes vecteurs de maladies. Il a également été utilisé comme insecticide agricole. Après la mise en garde par la biologiste américaine Rachel Carson en 1962, dans son livre *Silent Spring*, contre les effets cancérigènes du DDT, ce dernier fut interdit dans de nombreux pays.

On a pu montrer que les composés organochlorés, tels que le DDT et le PCB, contaminaient la biomasse marine, même dans les zones les plus reculées de l'océan. On trouve ainsi des concentrations parfois importantes de composés organochlorés non biodégradables (DDT ou PCB) dans l'organisme des ours blancs du Grand Nord canadien, ainsi que dans celui des manchots de l'Antarctique.

Plus de 4 millions de tonnes de DDT ont été dispersées dans le monde depuis sa mise au point dans les années 1940. Compte tenu du temps moyen de résidence dans les biotopes de cet insecticide, il en subsistera des quantités appréciables dans les milieux qu'il a contaminés plus d'un siècle après son interdiction. L'insertion de ces pesticides dans les chaînes alimentaires n'est plus à démontrer et concerne en dernière analyse l'homme, qui est situé en bout de chaîne alimentaire.

Le DDT n'est de loin pas le seul pesticide utilisé à large échelle dans l'agriculture. Il n'est pas non plus le seul à présenter des dangers. La consommation mondiale de pesticides approchait les deux millions de tonnes à la fin du XXe siècle. Certains de ces produits, comme le dimefox ou l'aldicarbe, ont une toxicité particulièrement élevée qui les place dans une catégorie de toxicité voisine des armes chimiques. La persistance (qui est fonction du temps de demi-vie) de certains insecticides organochlorés, tels que le chlordécone, molécule longtemps utilisée pour lutter contre les charançons dans les bananeraies des Antilles, se compte en siècles.

PCB

Les polychlorobiphényles (PCB) sont des composés aromatiques chlorés. Ils ont été utilisés à partir des années 1930 dans la fabrication de transformateurs électriques en raison de leurs propriétés isolantes. Ils ont également été utilisés dans la production d'encres et de peintures en raison de leur stabilité chimique et physique.

Les PCB sont toxiques et persistants. Ils s'accumulent dans les écosystèmes terrestres et aquatiques, et se répandent à la surface du globe par l'intermédiaire de processus atmosphériques. Ils sont responsables d'une vaste palette d'effets toxiques chroniques. Ils endommagent en particulier le système immunitaire et le système nerveux central. Ils ont en outre un effet néfaste sur les mécanismes de régulation endocrinienne du développement de l'individu. C'est en raison de leur toxicité qu'ils ont été interdits dans la plupart des pays industrialisés vers le milieu des années 1980.

Une partie significative de ces substances s'est diffusée dans l'environnement, où elles se trouvent souvent encore aujourd'hui en raison de leur grande stabilité. Ainsi les Grands Lacs nord-américains présentent une pollution chronique marquée par une amplification importante des PCB dans la chaîne alimentaire des poissons. Alors que la teneur en PCB de leurs eaux atteint en moyenne 0,005 ppm, elle peut atteindre environ 4,53 ppm dans les tissus des truites et 124 ppm dans les œufs de goélands, animaux se trouvant au bout de la chaîne alimentaire. Cette pollution a conduit les autorités à interdire la consommation des poissons pêchés dans les lacs et les cours d'eau touchés.

Dioxines

Les dioxines constituent une classe regroupant quelque 210 composés organiques polychlorés désignés sous le sigle général de PCDD (pour polychlorodibenzodioxines). Elles se forment notamment lors de combustions incomplètes de résidus renfermant des PCB et autres composés organochlorés ou lors de l'incinération de déchets d'origine urbaine ou industrielle.

Les dioxines sont non biodégradables et présentent un fort pouvoir contaminant pour les sols et les eaux. Elles sont cancérigènes à des concentrations parfois inférieures à une partie par million.

La toxicité de la dioxine a été portée à la connaissance du public lors de divers accidents et intoxications accidentelles : en particulier l'accident de Seveso en 1976, ainsi que la découverte en 1999 des « poulets à la dioxine » qui a entraîné l'interdiction de la commercialisation d'animaux domestiques (porcs, bovins, volailles) produits dans un grand nombre d'élevages industriels en Belgique et en France.

La toxicité de la dioxine reste un problème d'actualité du fait que des incinérateurs d'ordures présentent des rejets de dioxine qui dépassent les normes admises par l'Union européenne, soit une concentration en PCDD inférieure à 0,1 ng/m^3. [136]

Métaux lourds

La notion de métaux lourds est un concept empirique qui couvre généralement les métaux qui n'ont pas de rôle biologique dans les êtres vivants et qui sont toxiques, souvent à faible dose. On inclut dans cette catégorie des éléments tels que mercure, cadmium, niobium, antimoine, vanadium, zinc, arsenic. Il s'agit d'éléments fortement toxiques qui contribuent à la pollution des eaux continentales. N'oublions pas que le mercure, sous la forme de méthyle de mercure, fut le responsable entre 1932 et 1968 de la maladie de

---

[136] Lire : un dixième de nanogramme par mètre cube, c'est-à-dire un millionième de milligramme par mètre cube.

Minamata au Japon, maladie qui a affecté plus de 10'000 personnes, dont 900 sont décédées.

Dans la nature, les métaux lourds existent surtout sous forme de minerai, et sont plutôt rares à l'état libre. Dans l'industrie, on les utilise pour fabriquer des circuits électroniques, des batteries, des accumulateurs et certaines piles. Ils ne se dégradent pas une fois libérés dans l'environnement. Même leur incinération et leur traitement par les stations d'épuration ne les éliminent pas. Ils peuvent se retrouver sous forme de poussières dans l'air ou polluer les eaux et les sols, lorsque les scories d'incinération et les boues d'épuration sont mises en décharge. Ils s'accumulent ainsi dans les plantes et les algues, puis dans les animaux qui mangent ces végétaux, enfin dans le corps humain.

En s'accumulant dans le foie, les reins ou le cerveau, les métaux lourds provoquent toute une série de maux, surtout chez les enfants: atteintes neurologiques, mauvais développement intellectuel, maladies des reins, cancers.

L'anhydride sulfureux

L'anhydride sulfureux (SO_2) constitue un des plus sérieux polluants atmosphériques. Il se transforme rapidement en acide sulfurique, qui joue un rôle essentiel dans la formation des smogs acides des villes des régions tempérées.

L'acide sulfurique contribue également, avec l'acide nitrique formé à partir des oxydes d'azote, à l'apparition des pluies acides. Celles-ci sont à l'origine de sérieux dommages à la végétation, en particulier dans les forêts de conifères, qui présentent, dans l'ensemble des pays industrialisés depuis la fin des années 1970, divers signes de dégénérescence. Au début des années 2000 en Europe on estimait que de 1% à 4% des arbres des forêts feuillues étaient morts sur pied selon les pays et jusqu'à 8% de ceux des forêts de résineux. Les pluies acides sont actuellement en recul dans les pays du Nord, mais progressent dans les pays nouvellement industrialisés du Sud.

Les animaux et l'homme souffrent également de la pollution de l'air par le SO_2. La santé des mammifères est affectée à partir de concentrations de l'ordre de 0,5 ppm. En conjonction avec la fumée de tabac, le SO_2 peut provoquer chez l'homme l'apparition de la bronchite chronique et de l'emphysème pulmonaire.

L'oxyde de carbone

L'oxyde ou monoxyde de carbone (CO)[137] produit par les combustions incomplètes de moteurs représente en masse le principal polluant de l'air. Son seuil de toxicité est estimé à 100 ppm. Dans les atmosphères urbaines polluées, il se rencontre couramment à des teneurs comprises entre 20 et 40 ppm, Il s'attaque au système respiratoire en bloquant la fixation de l'oxygène par l'hémoglobine.

Les oxydes d'azote

Dans des atmosphères urbaines polluées et ensoleillées, les oxydes d'azote se transforment, par réaction chimique, en composés très dangereux : ozone et peroxyacylnitrates (PAN). Les PAN sont très toxiques pour les végétaux et les animaux. Avec une concentration d'une dizaine de ppb[138], ils induisent déjà une forte irritation des muqueuses oculaires et bronchiques chez les mammifères. Or des taux de PAN supérieurs à 50 ppb sont relevés régulièrement dans diverses villes d'Amérique du Nord.

Les dérivés fluorés

Les fluorures sont rejetés dans l'air principalement par l'industrie électrochimique et celle de l'aluminium. La contamination des sols qui en résulte s'avère particulièrement nocive pour de nombreuses plantes cultivées et sauvages, ainsi que pour les forêts de conifères. Elle s'accompagne également d'une concentration du fluor dans les chaînes alimentaires des animaux domestiques et de l'homme. Ainsi, de nombreux cas de fluorose, affection qui provoque des lésions dentaires et osseuses, ont été signalés chez le bétail se nourrissant d'herbages contaminés par des rejets de fluor.

Sels minéraux

Les sels minéraux représentent des polluants majeurs des eaux continentales. Le rejet de chlorure de sodium par des installations minières peut nuire à la potabilité des eaux superficielles, voire à certains usages industriels. Des millions de tonnes de sel ont été déversées annuellement dans le Rhin par les Potasses d'Alsace pendant des dizaines d'années provoquant en aval de graves problèmes d'environnement transfrontaliers.

---

[137] A ne pas confondre avec le dioxyde de carbone (CO_2), principale substance à l'origine de l'effet de serre.

[138] ppb se lit « parties par milliard.

Bibliographie

♦ *Livres*

BAIROCH, Paul. *Mythes et paradoxes de l'histoire économique*. Paris. Editions la Découverte. 1994.

BAUCHAU, Henry. *Antigone*. Arles. Actes Sud.1997.

BOURG, Dominique, ROCH, Philippe. *Crise écologique, crise des valeurs ?Défis pour l'anthropologie et la spiritualité*. Genève. Labor et Fides. 2010.

BRONOWSKI, Jacob. *The ascent of man*. London, British Broadcasting Corporation. 1973.

CARSON, Rachel. *Silent Spring*. Boston. Houghton Mifflin. 1962.

CLARK, Christopher. *The sleepwalkers – How Europe went to war in 1914*. London. Penguin books. 2013.

DERUDDER, Philippe. *Rendre la création monétaire à la Société Civile – Vers une économie au service de l'homme et de la planète*. Barret-sur-Méouge. Yves Michel. 2005.

DIAMOND, Jared. *Effondrement – Comment les sociétés décident de leur disparition ou de leur survie*. Traduit de l'anglais par Agnès BOTZ et Jean-Luc FIDEL. Paris. Gallimard. 2006.

DORST Jean. *Avant que Nature meure*. Neuchâtel. Delachaux et Niestlé. 1965.

DUBUIS, Etienne. *L'assassinat de dirigeants étrangers par les Etats-Unis – Un siècle de complots au service de la puissance américaine*. Lausanne, Editions Favre. 2011.

FOURASTIE, Jean. *Les 40.000 heures*. Paris. Gonthier. 1965.

FOURASTIE, Jean. *Les Trente Glorieuses ou la révolution invisible de 1946 à 1975*. Paris. Fayard. 1979.

FOURASTIE, Jean. Pouvoir d'Achat. *Encyclopaedia Universalis*. 1989.

GADREY, Jean. *Adieu à la croissance – Bien vivre dans un monde solidaire*. Paris. Les petits matins/Alternatives économiques. 2012.

GEORGESCU-ROEGEN, Nicholas. *Demain la décroissance – Entropie/ écologie/ économie*. Traduit de l'anglais par Jacques Grinevald. Lausanne. Editions Pierre-Marcel Favre. 1979.

GOLEMAN, Daniel. *Emotional intelligence*. New York. Bantam Books. 1995.

GORZ, André. *Métamorphoses du travail – Quête du sens*. Paris. Galilée. 1988.

HAMMER, Michael, CHAMPY, James. *Reengineering the corporation – A manifesto for business revolution*. New York. Harper Collins. 1994.

HUNT, Lynn. *L'invention des droits de l'homme – Histoire. psychologie et politique*. Traduit de l'anglais par Sylvie KLEIMAN-LAFON. Genève. Editions Markus Haller. 2013.

JACKSON, Tim. *Prospérité sans croissance – La transition vers une économie durable*. Traduit de l'anglais. Bruxelles. De Boeck. 2010.

JONAS, Hans. *Le Principe Responsabilité*. Traduit de l'allemand par Jean GREISCH . Paris. Editions du Cerf. 1991.

KENNEDY, Margrit. *Le poison des intérêts – Sortons d'une imposture ruineuse !* Gap. Editions Yves Michel. 2013.

KEYNES, John Maynard. *Essais de persuasion - Perspectives économiques pour nos petits-enfants*. Traduit de l'anglais par Herbert JACOBY. Paris. Librairie Gallimard. 1933.

KEYNES, John Maynard. *Théorie générale de l'emploi, de l'intérêt et de la monnaie*. Traduit de l'anglais par Jean DE LARGENTAYE. Paris. Payot. 1988.

LEWIS William A. *The Theory of Economic Growth*. London. George Allen & Unwin. 1955.

LIETAER, Bernard, ARNSPERGER, Christian, GOERNER, Sally [et al.]. *Halte à la toute puissance des banques ! Pour un système monétaire durable*, Paris. Odile Jacob. 2012.

MAALOUF, Amin. *Les Désorientés*. Paris. Grasset. 2014.

MEADOWS, Donella H, MEADOWS, Dennis L, RANDERS, Jørgen. BEHRENS [et al.]. *The Limits to Growth*. New York. Universe Books. 1972.

MEADOWS, Donella H, MEADOWS, Dennis L, RANDERS, Jørgen. *Limits to Growth: The 30 Year Update*. White River Junction. Chelsea Green Publishing. 2004.

MEDA, Dominique. *La mystique de la croissance – Comment s'en libérer*. Paris. Flammarion. 2013.

MULLER, Jean-Marie. *L'impératif de désobéissance – Fondements philosophiques et stratégiques de la désobéissance civile*. Le Pré Saint Servais. Editions le passager clandestin. 2011.

OGIEN, Ruwen. *L'influence de l'odeur des croissants chauds sur la bonté humaine et autres questions de philosophie morale expérimentale*. Paris. Grasset. 2011.

ORESKES, Naomi , CONWAY, Erik M. *Les marchands de doutes*. Traduit de l'anglais par Jacques TREINER. Paris. Editions le Pommier. 2014.
PIKETTY, Thomas. *Les hauts revenus en France au XXème siècle*. Paris. Grasset. 2001.
RHODES, Richard. *Why they kill*. Alfred Knopf. New York. 1999.
RIFKIN, Jeremy. *La Fin du travail*. Traduit de l'anglais par Pierre Rouve. Paris. La Découverte. 1997.
RIST, Gilbert. *Le développement – Histoire d'une croyance occidentale*. 3e édition. Paris. Presses de Sciences Po. 2007.
ROCH, Philippe. *Le penseur paléolithique – La philosophie écologiste de Robert Hainard*. Genève. Labor et Fides. 2014.
ROSTOW Walt W. *The Stages of Economic Growth A Non-Communist Manifesto*. Cambridge. Cambridge University Press. 1960.
STEVENS, Michel. *Revenons sur Terre – Comment échapper à l'enlisement des négociations sur le changement climatique*. Paris. L'Harmattan. 2011.
STIGLITZ, Joseph. La grande désillusion. Traduit de l'anglais par Paul CHEMLA. Paris. Fayard. 2002.
STIGLITZ, Joseph, SEN, Amartya, FITOUSSI, Jean-Paul. *Vers de nouveaux systèmes de mesure*. Paris. Odile Jacob. 2009.
TEILHARD DE CHARDIN, Pierre. *Le Phénomène humain*. Paris. Seuil. 1955.
THUILLIER, Pierre. *La revanche des sorcières*. Paris. Belin. 1997.
WELSER, Harald. Les guerres du climat – Pourquoi on tue au XXIe siècle. Paris. Gallimard. 2009.

♦ *Articles de presse*

BEATTIE, Alan. Les gens très riches s'octroient la part du lion de la croissance. *Le Temps*. 4 juillet 2011.
BELLANGER, Boris, NOUYRIGAT, Vincent. Alerte à la pénurie ! Les 26 minerais qui vont nous manquer. *Science & Vie*. Mai 2012. No 1136. Pages 52-71.
HAINARD, Robert. Notre civilisation est une croisade contre la nature. *Journal de Genève*. 13 août 1971.
LRD. Dessiner la carte des « frontières planétaires » de l'humanité. *LaRevueDurable*. Mars-avril 2011. No 41. Pages 18-22.

MASLOW, A. A Theory of Human Motivation. *Psychological Review*. July 1943, Vol 50 No 4. Pages 370-396.

ROCKSTRÖM, Johan [et al.] A Safe Operating Space for Humanity. *Nature*. 24 september 2009. Vol 461. Pages 472-475.

ROTH, Jean-Pierre. L'excédent commercial ne nuit pas à la santé. *Le Temps*. 2 avril 2014.

♦ *Textes et informations en ligne*

ANDREFF, Wladimir. Pourquoi le coût des jeux olympiques est-il toujours sous-estimé?. [en ligne]. Octobre 2012. [Consulté le 09.04.2016]. Disponible à l'adresse : revistas.ucm.es/index.php/PADE/article/download/41093/39328

BOLT, J, VAN ZANDEN, J,L. *The First Update of the Maddison Project; Re-Estimating Growth Before 1820. Maddison Project Working Paper 4*. [en ligne]. Groningen. University of Groningen. 2013. [Consulté le 09.04.2016]. Disponible à l'adresse :
http://www.ggdc.net/maddison/maddison-project/data.htm

CENTER FOR RESPONSIVE POLITICS. The Money Behind the Elections. *OpenSecrets.org*. [en ligne]. Mars 2013. [Consulté le 09.04.2016]. Disponible à l'adresse :
http://www.opensecrets.org/bigpicture/index.php?display=T

CENTRE EUROPE-TIERS MONDE (CETIM). *La dette extérieure des pays en développement* [en ligne]. [consulté le 01.07.2014]. Disponible à l'adresse :
 http://www.cetim.ch/fr/interventions/276/la-dette-exterieure-des-pays-en-developpement

CLARKE, R., VALENTIN, J. The History of ICRP and the Evolution of its Policies. *Annals of the ICRP* [en ligne]. February 2009. Volume 39. Issue 1 . Pages 75-110. [consulté le 09.04.2016]. Disponible à l'adresse :
http://www.icrp.org/docs/The%20History%20of%20ICRP%20and%20the%20Evolution%20of%20its%20Policies.pdf

ÉVEILLARD, Philippe. Engrais. *Encyclopaedia Universalis*. 2012, [version CD].

INTERNATIONAL MONETARY FUND (IMF). *World Economic Outlook Database* [en ligne]. *October 2015 edition*. [Consulté le 27.04.2016]. Disponible à l'adresse :
http://www.imf.org/external/pubs/ft/weo/2015/02/weodata/index.aspx

KING HUBBERT, Marion. *Exponential Growth as a Transient Phenomenon in Human History* [en ligne]. Texte présenté au 4e congrès international du World Wildlife Fund à San Francisco. 1976. [consulté le 01.07.2014]. Disponible à l'adresse :
http://www.hubbertpeak.com/Hubbert/wwf1976/

KRISTENSEN, Hans M. NORRIS, Robert S. Global nuclear weapons inventories, 1945–2013. *Bulletin of the Atomic Scientists* [en ligne]. September/October 2013. Vol 69. Issue 5. Pages 75-81. [Consulté le 27.04.2016]. Disponible à l'adresse :
http://bos.sagepub.com/content/69/5/75/F2.expansion.html

LEITENBERG, Milton. Deaths in Wars and Conflicts in the 20th Century. 3rd edition [en ligne]. Edited by Matthew Evangelista, 2004. [Consulté en ligne le 02.07.2014]. Disponible à l'adresse :
http://pacs.einaudi.cornell.edu/node/8140

STOCKHOLM UNIVERSITY. Stockholm Resilience Centre [en ligne]. July 2010. [Consulté le 02.07.2014]. Disponible à l'adresse :
http://www.stockholmresilience.org/planetary-boundaries

THE ECONOMIST, Goodness has nothing to do with it [en ligne]. 14 septembre 2011. [consulté le 27.04.2016]. Disponible à l'adresse:
http://www.economist.com/node/21530078

Liste des encadrés

Qu'est-ce que la productivité ? 18

Amin Maalouf nous parle de guerre symbolique 33

Un progrès technique sans fin est-il possible ? 78

Désir mimétique et rivalité selon René Girard. 95

Facteurs influençant la croissance. 101

Jeremy Bentham et les droits de l'homme. 118

Poches de pauvreté dans une société d'abondance. 126

Les avantages supposés du commerce international. 137

Décroissance et objecteurs de croissance 145

Le Brahmane Sissa et ses grains de blé. 150

Henry Wallace, l'homme qui voulait interdire la bombe. 217

Citoyens unis contre le réchauffement 221

TICs et environnement. 231

« Mal-développemment » sur les rives du lac Victoria. 240

Table des matières

Préface 9

Introduction   La boussole de la civilisation technologique 11

Chapitre 1 Les raisons de la politique de croissance 15

    1. La croissance, c'est quoi ? 16

    2. Faire advenir le progrès social 19

    3. Assurer le plein emploi 21

    4. Résorber la dette publique 22

    5. Asseoir son hégémonie 27

Chapitre 2 Les valeurs qui sous-tendent la politique de croissance..... 39

    1. Attachement aux biens matériels 40

    2. Travail 41

    3. Compétition et dépassement de soi 43

    4. Domination de la nature 44

    5. Technophilie 46

Chapitre 3 Les représentations sociales 49

    1. Le progrès 49

    2. L'héritage utilitariste 60

    3. L'insatiabilité des besoins humains 62

Chapitre 4 L'esprit de compétition est-il une vertu ? 65

Chapitre 5 Qu'est-ce que le progrès ? 73

    1. Le progrès-destin 73

    2. Le progrès-liberté 76

    3. Progrès et modernité 79

    4. Réalité historique des progrès sociaux accomplis 80

Chapitre 6 Deux illusions majeures de l'idéologie de la croissance 89

    1. Les besoins supposés illimités de l'homme 89

    2. Le bonheur du plus grand nombre : critique de l'utilitarisme ... 104

Chapitre 7 Coût social de la croissance 119

    1. Les limites du progrès social 119

    2. La progression des inégalités 121

    3. L'histoire récente des grands pays industrialisés 126

Chapitre 8 Coût politique de la croissance 131

Chapitre 9 Coût environnemental de la croissance 141

    1. Croissance exponentielle dans un monde fini 146

    2. Les atteintes portées à l'environnement 155

Chapitre 10 Les neuf frontières planétaires 165

    1. Changement climatique 166

    2. Diminution de l'ozone stratosphérique 167

    3. Acidification des océans 168

    4. Cycles de l'azote et du phosphore 170

    5. Affectation des terres 172

    6. Perte de la biodiversité 173

    7. Disponibilité de l'eau douce 175

    8. Charge en aérosols 176

    9. Pollution chimique 177

Chapitre 11 Changer de boussole - Les alternatives au PIB 179

    1. Signification du PIB 179

    2. Aperçu de quelques indicateurs alternatifs 187

    3. Contraintes externes et choix sociaux 192

Chapitre 12 Alternatives à la politique de croissance 203

    1. Lutte pour l'hégémonie 204

    2. Plein emploi 222

    3. Croissance et progrès social 234

    4. Faut-il faire le choix de la décroissance ? 241

En guise de conclusion. 247

Annexe – Pollutions chimiques 255

Bibliographie 263

Liste des encadrés 269

Table des matières 271

Environnement, Écologie et Développement
aux éditions L'Harmattan

Dernières parutions

LE NOUVEAU MANUEL DE GESTION
des associations et ONG de développement (CD inclus)
Vincent Fernand
Ce manuel est un outil de travail et de gestion pour les dirigeants d'ONG/OP des pays du Sud. Il est composé d'un manuel de 320 pages et d'un CD permettant d'accéder à 200 outils de gestion et d'organisation d'ONG/OP ainsi qu'aux textes complets des cinq premiers manuels de gestion de l'auteur. Une mine d'exemples qui vous permettront d'améliorer la gestion, le développement et l'autonomie financière de votre organisation.
(35.00 euros, 316 p., Broché, Illustré en noir et blanc) ISBN : 978-2-343-05489-6, ISBN EBOOK : 978-2-336-37297-6

THÉORIE DU STOCK FROID
Développer rapidement les pays pauvres
Ducrocq François
Les pertes colossales en récoltes, parfois jusqu'à la moitié de ce qu'un paysan peut retirer de la terre, constituent le frein économique majeur pour les pays en développement. Cet ouvrage propose une approche nouvelle du stockage de produits alimentaires frais dans la théorie microéconomique, laquelle perçoit traditionnellement le stock comme un résidu. Tout au contraire, le stock a un impact déterminant dans l'accumulation primitive du capital des pays les plus pauvres.
(Coll. Rue des écoles, série Essais, 26.00 euros, 250 p.) ISBN : 978-2-343-04660-0, ISBN EBOOK : 978-2-336-37278-5

COMMENT ENTREPRENDRE EN AFRIQUE ?
Balises du porteur de projet de création d'entreprise
Lam Ibrahima Théo
Préface de Dr. Alain Capo Chichi – Postface de Cheikh Ahmed Tidiane Ba
Ce précis, basé sur une étude de cas d'entreprise durable et inclusive, donne le ton pour la valorisation des ressources locales, la promotion de l'entrepeneuriat chez les jeunes, l'*empowerment* surtout des femmes pour leur autonomisation continue, des solutions adaptées aux réalités africaines et surtout une création de valeur collective sûre. Sur tout le continent, des jeunes courageux, des femmes infatigables s'organisent, représentant une force économique indéniable.
(14.50 euros, 142 p.) ISBN : 978-2-343-05783-5, ISBN EBOOK : 978-2-336-37293-8

PAYS (LES) ACP DANS LE COMMERCE MONDIAL
Foé Aristide
Depuis les années 2000, l'Union européenne négocie avec les pays ACP des Accords de Partenariat Économique (APE) en substitution aux anciens accords de Lomé et de Cotonou. Dans ce cadre, les pays du Sud concernés seraient amenés à ouvrir leurs marchés à la plupart des produits en provenance de l'Union européenne. Selon l'auteur, les pays africains n'ont rien à craindre des accords de partenariat économique. Il implore les gouvernements et autres autorités compétentes d'informer et sensibiliser leurs populations de la nécessité d'une relation nouvelle, gagnant/gagnant, avec les partenaires occidentaux.
(24.00 euros, 238 p.)
ISBN : 978-2-343-04638-9, ISBN EBOOK : 978-2-336-36097-3

UN EXEMPLE DE COOPÉRATION NORD-SUD
Margny-lès-Compiègne et Méhanna (France-Niger)
Hellal Dany - Préface de Jacques Arrignon
Par ce témoignage, l'auteur a souhaité évoquer les jalons d'un échange Nord-Sud, qui pourrait être l'histoire de n'importe quelle commune autre que Margny ou Méhanna, afin de donner à de nouvelles générations l'envie d'entreprendre des échanges et des projets à taille humaine, dans un monde où tout semble difficile. La coopération décentralisée permet de s'enrichir les uns les autres par les différents savoir-faire et fait ici découvrir un continent ou «solidarité» et «sens du bonheur» ont toute leur authenticité.
(10.50 euros, 70 p.)
ISBN : 978-2-343-03967-1, ISBN EBOOK : 978-2-336-36065-2

GUIDE DE L'ACCOMPAGNEMENT DES PORTEURS DE PROJETS D'AUTO-EMPLOI
Rosanvallon André
En Afrique, la crise de l'emploi constitue un défi majeur pour les politiques de développement. Il faut créer massivement des emplois dans le secteur moderne (privé, public ou semi-public) et dans le secteur informel (à condition qu'il s'agisse d'emplois décents). Ces opportunités sont limitées. Il reste alors la création d'emploi par l'auto-emploi au sein d'activités génératrices de revenus. Il convient aujourd'hui de renforcer les dispositifs, d'accompagner les porteurs de projets et de renforcer les compétences de leurs agents.
(Coll. La Librairie des Humanités, 18.00 euros, 174 p.)
ISBN : 978-2-343-00319-1, ISBN EBOOK : 978-2-296-53114-7

TERRES RARES : ENJEU GÉOPOLITIQUE DU XXIe SIÈCLE
Chine, Etats-Unis, Europe, Japon, Groenland
Degeorges Damien - Préface de Per Stig Moller, ancien ministre danois des Affaires étrangères (2001-2010) ; postface de Palle Christiansen, ministre groenlandais de l'Éducation, de la Recherche et de la Coopération nordique
Groupe de métaux aux caractéristiques indispensables pour de nombreuses applications civiles et militaires, les terres rares se retrouvent dans les technologies vertes ainsi que dans les technologies au coeur de notre société (téléphones portables, écrans plats). Elles revêtent une dimension géopolitique majeure depuis que la Chine, qui contrôle 97% de la production mondiale, a réduit ses exportations. États-Unis, Europe et économies de l'Asie-Pacifique se tournent désormais vers un des principaux eldorados en la matière : le Groenland.
(Coll. Un autre regard / Paris School of Business, 10.50 euros, 78 p.)
ISBN : 978-2-336-00222-4, ISBN EBOOK : 978-2-296-50837-8

DES EXTRÊMES DANS LE MONDE, DE DHAKA À DOHA
Le Quément Joël
Cet essai interpelle sur des réalités économiques et sociales fortement inégales dans le monde, en particulier en Asie et dans le golfe Persique. Le XXIe siècle se caractérise par une forte croissance de la population dans certaines régions du monde et par des flux migratoires puissants. Que dire des tensions nées de ces déséquilibres ? Comment répondre à l'explosion des besoins en alimentation, énergies, infrastructures ? Y a-t-il des formes nouvelles de partage des richesses possibles ?
(14.00 euros, 126 p.)
ISBN : 978-2-336-00313-9, ISBN EBOOK : 978-2-296-50933-7

DIMENSION (LA) SACRIFICIELLE DE LA GUERRE
Essai sur la martyrologie politique
Mashimango Abou-Bar Abelard
Préface de Pascal Hintermeyer
Voici une analyse polémologique fondée sur une approche multidisciplinaire et une culture de la sociologie politique dont les suggestions - comme la ritualisation de la guerre, la martyrologie, les mythes, la question de l'honneur et du prestige, et la dimension sacrificielle des stratégies

- conduisent, à la fois, à l'examen exploratoire de la dynamique guerrière et à une réflexion approfondie des conflits armés contemporains.
(Coll. Questions contemporaines, 22.50 euros, 226 p.)
ISBN : 978-2-336-00363-4, ISBN EBOOK : 978-2-296-50824-8

DIMENSIONS OF WAR
Understanding War as a Complex Adaptive System
Solvit Samuel
With today mutable identities and various kinds of warfare, how do we further our understanding of war? Reviewing influential war theories from Machiavelli to the present, this book analyses how they reduce war in terms of time, space, interaction, purpose, aim, and/or evolution. Considering war as a complex adaptive system allows us to increase our overall comprehension of contemporary wars.
(Coll. Diplomacy and Strategy, 15.50 euros, 152 p.)
ISBN : 978-2-296-99721-9, ISBN EBOOK : 978-2-296-50839-2

UN MONDE DE FEU
Réchauffement environnemental et surchauffe sociale
Berger Corinne, Roques Jean-Luc
Les phénomènes de surchauffe environnementaux et sociaux observés de nos jours semblent difficilement maîtrisables. Le monde est plus que jamais en feu. N'existe-t-il pas un certain parallélisme entre réchauffement environnemental et embrasement social ? Pour se protéger, on assiste à un retour au foyer que l'on retrouve dans des dynamiques de ségrégations territoriales. Ces comportements n'attisent-ils pas le feu ? Existe-t-il des solutions ?
(Coll. Sociologies et Environnement, 20.00 euros, 202 p.)
ISBN : 978-2-336-00453-2, ISBN EBOOK : 978-2-296-50940-5

SOLIDARITÉS (LES) À L'ÉPREUVE DES CRISES
Sous la direction de Béatrice Muller, Jean-Claude Barbier, Maryse Bresson
Notre système de protection sociale n'a pas échappé aux réformes engagées en Europe dans le contexte de crise. Il est perçu à la fois comme un rempart à la crise et comme un obstacle à une reprise économique. Les auteurs tentent donc de comprendre comment ces différentes idées pénètrent les réalités des solidarités publiques et privées.
(Coll. Institut de la Ville et du Développement, 25.00 euros, 246 p.)
ISBN : 978-2-336-00322-1, ISBN EBOOK : 978-2-296-50987-0

ÉVALUATION (L') DES POLITIQUES PUBLIQUES
Défi d'une société en tension
Sous la direction de Gaëlle Baron et Nicolas Matyjasik
L'évaluation des politiques publiques constitue un instrument à disposition des pouvoirs publics pour engager les mutations nécessaires de leur action. Elle doit accompagner et si possible précéder ces évolutions. L'implication des citoyens et la diffusion grand public sont par exemple des réponses aux attentes de participation à la décision publique. L'évaluation doit aussi adapter ses méthodologies et identifier les priorités d'intervention.
(Coll. La Librairie des Humanités, 29.00 euros, 282 p.)
ISBN : 978-2-336-00445-7, ISBN EBOOK : 978-2-296-50864-4

ÉDUQUER À LA BIODIVERSITÉ POUR UN DÉVELOPPEMENT DURABLE
Réflexions et expérimentations
Matagne Patrick
Il était utile d'aborder d'une autre façon ce champ où biodiversité et développement s'entrecroisent dans une perspective pédagogique et expérimentale. Ce livre croise les scènes de la nature avec les scènes de l'homme et de la société. Voici un manuel utile aux étudiants, enseignants, formateurs, chercheurs et éducateurs en environnement et développement durable.
(Coll. Biologie, écologie, agronomie, 13.00 euros, 112 p.)
ISBN : 978-2-296-99354-9, ISBN EBOOK : 978-2-296-50914-6

TERRE (LA), QUESTION VITALE AU XXIᵉ SIÈCLE
Sous la direction de Belkacem Belmekki, Madhu Benoit, Michel Naumann, Joëlle Weeks
Comment l'Inde et l'Afrique ont-elles construit le rapport de l'homme à la terre ? C'est la quête d'une unité perdue et celle d'une possible reconquête de la terre que restitue cette étude. Elle se décline en trois mouvements : mythologies et religions offrent à la réflexion contemporaine un cadre intellectuel, spirituel et écologique. Le récit se clôture sur le thème d'une reconquête vitale qui allie spiritualité et développement durable, économie et écologie, richesse linguistique et patrimoniale.
(Coll. Discours identitaires dans la mondialisation, 23.00 euros, 230 p.)
ISBN : 978-2-336-00120-3, ISBN EBOOK : 978-2-296-50991-7

GENRE, CHANGEMENTS AGRAIRES ET ALIMENTATION
Sous la direction de Christine Verschuur
Cet ouvrage propose de donner matière à réfléchir sur les processus d'appauvrissement des paysannes et paysans. Près d'un milliard de personnes ont faim dans le monde et paradoxalement 70 % d'entre elles font partie de familles paysannes. Les ressources naturelles et techniques sont pourtant suffisantes pour assurer une alimentation correcte de l'humanité. Cet éclairage nouveau prétend contribuer à expliquer les inégalités d'accès à l'alimentation dans le développement rural.
(Coll. Cahier du genre et développement, 47.00 euros, 480 p.)
ISBN : 978-2-296-99303-7, ISBN EBOOK : 978-2-296-50608-4

ÉCOLOGIE ET ÉVOLUTION DU MONDE VIVANT (Volume 1)
Le vie est une transmission d'information
Godron Michel
Comment résoudre les problèmes écologiques mondiaux qui se posent aujourd'hui ? Quels changements de nos mentalités et quelles innovations techniques seront nécessaires ? Ce volume répond à la question «Qu'est-ce que la vie ?» Depuis qu'elle est apparue sur terre, l'évolution des êtres vivants a suivi un «modèle» écologique et cybernétique très général, qui a conduit à la biodiversité actuelle, qui dépend elle-même des climats et des sols.
(Coll. Biologie, écologie, agronomie, 54.50 euros, 612 p.)
ISBN : 978-2-296-55870-0

ÉCOLOGIE ET ÉVOLUTION DU MONDE VIVANT (Volume 2)
L'échelle crée le phénomène
Godron Michel
Comment résoudre les problèmes écologiques mondiaux qui se posent aujourd'hui ? Quels changements de nos mentalités et quelles innovations techniques seront nécessaires ? Ce volume présente l'étude statistique de la répartition écologique des plantes et des animaux à l'échelle biogéographique des continents et des étages de végétation ainsi qu'à l'échelle des communautés végétales et animales et des paysages.
(Coll. Biologie, écologie, agronomie, 38.00 euros, 388 p.)
ISBN : 978-2-296-55871-7

ÉCOLOGIE ET ÉVOLUTION DU MONDE VIVANT (Volume 3)
Les problèmes écologiques actuels
Godron Michel
Comment résoudre les problèmes écologiques mondiaux ? Quels changements de nos mentalités et quelles innovations techniques seront nécessaires ? Ce volume retrace l'arrivée discrète de l'Homme dans la biosphère, amorcée depuis deux millions d'années, et son emprise écologique du Paléolithique à nos jours. Il se termine par l'analyse des problèmes écologiques actuels, qui sont surtout le fruit délétère de notre société de surconsommation.
(Coll. Biologie, écologie, agronomie, 61.00 euros, 750 p.)
ISBN : 978-2-296-55872-4

L'HARMATTAN ITALIA
Via Degli Artisti 15; 10124 Torino
harmattan.italia@gmail.com

L'HARMATTAN HONGRIE
Könyvesbolt ; Kossuth L. u. 14-16
1053 Budapest

L'HARMATTAN KINSHASA
185, avenue Nyangwe
Commune de Lingwala
Kinshasa, R.D. Congo
(00243) 998697603 ou (00243) 999229662

L'HARMATTAN CONGO
67, av. E. P. Lumumba
Bât. – Congo Pharmacie (Bib. Nat.)
BP2874 Brazzaville
harmattan.congo@yahoo.fr

L'HARMATTAN GUINÉE
Almamya Rue KA 028, en face
du restaurant Le Cèdre
OKB agency BP 3470 Conakry
(00224) 657 20 85 08 / 664 28 91 96
harmattanguinee@yahoo.fr

L'HARMATTAN MALI
Rue 73, Porte 536, Niamakoro,
Cité Unicef, Bamako
Tél. 00 (223) 20205724 / +(223) 76378082
poudiougopaul@yahoo.fr
pp.harmattan@gmail.com

L'HARMATTAN CAMEROUN
BP 11486
Face à la SNI, immeuble Don Bosco
Yaoundé
(00237) 99 76 61 66
harmattancam@yahoo.fr

L'HARMATTAN CÔTE D'IVOIRE
Résidence Karl / cité des arts
Abidjan-Cocody 03 BP 1588 Abidjan 03
(00225) 05 77 87 31
etien_nda@yahoo.fr

L'HARMATTAN BURKINA
Penou Achille Some
Ouagadougou
(+226) 70 26 88 27

L'HARMATTAN SÉNÉGAL
10 VDN en face Mermoz, après le pont de Fann
BP 45034 Dakar Fann
33 825 98 58 / 33 860 9858
senharmattan@gmail.com / senlibraire@gmail.com
www.harmattansenegal.com

L'HARMATTAN BÉNIN
ISOR-BENIN
01 BP 359 COTONOU-RP
Quartier Gbèdjromèdé,
Rue Agbélenco, Lot 1247 I
Tél : 00 229 21 32 53 79
christian_dablaka123@yahoo.fr

Achevé d'imprimer par Corlet Numérique - 14110 Condé-sur-Noireau
N° d'Imprimeur : 129693 - Dépôt légal : juin 2016 - *Imprimé en France*